中公文庫

あめゆきさんの歌

山田わかの数奇なる生涯

山 崎 朋 子

目次

第一部

サンフランシスコの夕焼け　10
市川房枝さんの話　26
十六歳の花嫁　46
真夜中の電話　75

第二部

雪のシアトル　102
立井信三郎　126
キャメロン＝ハウスの嵐　137
山田嘉吉との出逢い　154
コルマの薔薇　178

立井信三郎拾遺　189

第三部

四谷南伊賀町の道　198
「青鞜」の一員として　209
限りなき〈母性〉の人　237
強姦の子、生んで育てよ　268
わかのアメリカ再訪　286
娼婦更生保護の仕事へ　305

あとがき　324
文春文庫版のためのあとがき　329
解説　城戸久枝　333

明治38年ごろ、サンフランシスコにおける山田嘉吉・わか夫妻（「主婦之友」昭和９年10月号より）

あめゆきさんの歌

山田わかの数奇《さっき》なる生涯

第一部

サンフランシスコの夕焼け

今でも鮮やかによみがえって来る――あの日あの時の夕焼けは、わたしにとっては、美しいという域をはるかに越えて妖異ですらあった。高空を翔《か》ける旅客機の小さな窓より眺めたのだから、地上に在って直接に対面するのとくらべれば、臨場感はずいぶん減殺《げんさい》されていたにちがいない。けれど、それでもなお、赫奕《かくやく》の日輪がかなたの水平線に沈むと同時に幾千条もの金色《こんじき》の矢が虚空に射られ、射られたその矢のするどさが少しずつ鈍っていつしか鮮明な茜色《あかねいろ》の傘と化したその玄妙さに、わたしは、これまでについぞ知らぬ感情を味わったのである。

幼少時代より今日まで、わたしが夕焼け空にたいしていだいてきた感情はといえば、それはひとくちに言って、〈郷愁〉と呼んでもよければまた〈懐郷〉と名づけてもさしつかえない心の波立ちであった。明るい太陽が頭上にかがやいているうちは百万の敵といえども敢えて恐れぬ気持なのだけれど、ひとたび夕風が立って西山の雲が赤く染まると、故知れぬ不安に胸が騒いできて、どこにいても、ああ、ふるさとに帰りたい、家族の待つわが家へ一刻も早く戻りたいと思うのが常だったのである。西欧文明を嫌悪して未だオールド＝ジャパンの面影を残していた明治の日本に帰化した小泉八雲は、『異国情趣と回顧』という書物に収めたエッセイ「赤い夕日」のなかで、西インド諸島の原住民が夕焼けを畏怖する姿を眺めつつ、そこに、獰猛《どうもう》な野獣の横行する夜のおとずれを予感した原始時代よりの人類史的な記憶を見て取っているが、それと自覚することはできなくても、このわたしの裡《うち》にも同様な記憶がひそんでいるのだろうか。

ところが、天往《あまゆ》く飛行機の上でこの妖異な夕焼けを垣間《かいま》見たときだけは、懐郷の思いとは反対に、ああ、日本へ帰りたくない、このままアメリカに滞在をつづけていたい――という焦燥に身を焼かないではいられなかった。というよりも、もっと精確に言うならば、常のわたしとはまるで違った心のゆらぎがあったからこそ、その日その時の夕焼けが、美しさを通り越して妖異に感じられたのであるかもしれない。

時日を記せば一九七五年の十月三十日、わたしは、サンフランシスコより搭乗して日本へ帰る途中だった。観光や気晴しのための旅行ではなく、ある出版社と航空会社の計画になるアメリカ在留邦人向けの講演会に話し手として出席するための旅であり、しかも初めてのアメリカ渡航だったのだが、わたしはこの旅で、アメリカに、サンフランシスコに、後ろ髪を引かれないではいられないものに出逢ってしまっていたのである。そしてその

〈もの〉が一体何であるかを明らかにするには、わたしとしては、それよりおよそ二週間の前、太平洋を飛過してアメリカの大陸に降り立った日に立ち戻らなくてはならないのだ——十月十八日に日本を発って十数時間飛びながら、中途に日附変更線があるためにやはり十月十八日にサンフランシスコ空港へ着いたわたしは、出迎えの自動車で市内へ入った。空港から市内に向かう高速道路を走っているあいだは、高架道路の流れぐあいといい、道路のかたわらに建ちならぶビルディングの有様といい、東京とたいして違わないと思ったが、高速道路よりひとたびサンフランシスコの市街に降りると、印象はまるで一変した。街はすこぶる起伏に富んでおり、道路をはさんで街並があるいは高くあるいは低く眺められ、一瞬、九州の長崎であるかのような錯覚をおぼえた。けれども、長崎は小型車も入れぬ細い道が迷走しているのに、ここでは思い切って幅の広い舗装道路が整然とし、その両側にはモダーンな建物と緑豊かな木立がつづいており、しかも、東京や長崎などのような人の群はどこにも見あたらないのである。アメリカ合衆国屈指の大都会でありながらかくもゆったりとして落着いた風景を見て、わたしは、ああ、やっぱりここは日本でなくてアメリカなんだわ——と心に感じたのであった。

このような心象を持っていわゆるジャパン＝センターにある都《みやこ》ホテルに入ったわたしは、三時間ばかりの休憩ののち、近くの末広亭という日本料理店で開かれたレセプションに列席した。出席者はおよそ百人、領事館員や企業の駐在員のような一時的な滞在者と、サンフランシスコに父母や祖父母の代より住みついているという日本人の双方で、前半はカクテル＝パーティ形式だったが、後半、食事の出るときには全員が任意に席に着いたのだった。

わたしは、このジャパン＝センターでバーを経営しているという中年の女性と雑談をしていたので、食事のときも彼女とならんで椅子に腰を下したのだけれど、その時だった——眼の前に席を占めたひとりの老人が、「山崎さん。あなたは、山田わかという人を知っていますか?」と声をかけてきたのは。

その老人は顔の半分以上がかくれるほどの白い鬚《ひげ》の持主で、還暦過ぎの年齢と感じられたが、しかし背筋も伸びていれば眼付も精悍そのものだった。このような風貌が、あらゆる困苦に耐えぬいてきた移民第一世のそれなのかもしれない——などと思いながら、わたしは答えて、「山田わか?——ええ、知っていますとも、社会学者の山田嘉吉《かきち》の夫人で、大正時代から太平洋戦争前まで大いに活躍した女流評論家ですものね。日本人は熱し易く冷《さ》め易いから、今ではもうすっかり〈過去の人〉あつかいにしてますけど、わたしは女性史の研究者ですから、彼女の著書も四、五冊は持っていますわ。」

するとその老人は、グラスのビールをひと息に飲み乾すと、吾意を得たりといった顔付で体を乗り出した。そして、わたしと隣席のバーの経営者だという女性とを交互に見ながら、おおよそ次のような意味のことを話したのである。

「日本にいる人はほとんど誰も知りますまいが、山田わかさんは、いわゆる苦界《くがい》にいた人なのですよ。そのむかし、こんなに髪の白くなってしまったわたしも知らないむかしのことですが、山田わかさんは、このサンフランシスコで白人専門に客を取っていた売春婦じゃった。源氏名というか綽名《あだな》というか、それはたしか〈アラビヤお八重〉と言ったそうです。――わたしはね、山崎さん、あなたが書かれた『サンダカン八番娼館』という本も読んだし、それを原作として作った映画もこのレストラン末広の前にある映画館で観ましたが、ま、あれとおんなじようなことがアメリカにもあって、山田わかさんもそのひとりじゃったということですな――」

わたしは、持っていたオレンジ＝ジュースのグラスを取り落さんばかりに驚いた。そして咄嗟《とっさ》に平塚らいてうの自叙伝の一節を思い浮かべ、ああ、あれはやっぱり嘘ではなかったのだ、本当のことだったのだ――と思ったのであった。

あらためて記すまでもなく平塚らいてうは、日本における近代的女性解放運動の最初の烽火《のろし》を上げた人であり、一九七一年に八十五歳で亡くなったが、病床においても推敲《すいこう》を怠らなかったというその自叙伝『元始、女性は太陽であった』（大月書店）は、一九七一年より四冊の書物として順次に刊行されていた。わたしは、晩年のらいてう先生とわずかに結ばせていただいた縁により刊行ごとに自叙伝を頂戴していたが、その一冊のうちに、『サンダカン八番娼館』の著者として見落すことのできぬ一節を発見して、その真偽をひそかに気にしていたのである。

その一節というのは第二巻第五篇の「山田わかさんの数奇《さっき》な前半生」と題された章であって、そこには、大正期のはじめ、雑誌「青鞜《せいとう》」を出していたらいてうが山田嘉吉・わか夫妻と知り合った事情につづいて、以下のように綴《つづ》られてあるのだった。

「新婦人協会」の運動のころの平塚らいてう（大正12年）

〈おわかさんは、神奈川県三崎へんの貧農の家に生まれました。家の貧しさ殊に子どもの多い貧農の両親の苦労を見かねて、親のためにただただお金がほしいと思いつめるようになり、アメリカにひとりで出稼ぎに行きました。しかし、アメリカ西海岸での労働生活も思ったほど金になるものでもなく、いろいろなことをして精いっぱい働いているうちに、いつか、淫売窟で働くような羽目に追いこまれてしまいました。一方、嘉吉先生も、きびしい労働をやりながら苦学をつづけていたということですが——カウボーイをやっていた時分、大けがをした話などもきいたことがあります——偶々《たまたま》淫売窟でおわかさんと出合い、おわかさんがあまりにも純真で、善良な女性であることに強く心を惹《ひ》かれ、おわかさんを惜しんで、その境遇から救い出したのだということです。〉

社会学的な知識に裏づけられた女性問題の評論集を幾冊も書き、また欧米の女性解放論の書物の翻訳もしている山田わかという人物を、それまでわたしは漠然とエリート女性のひとりと見てきていたのだったが、その彼女が、事もあろうに売春婦だったというのである。わたしには、どうしても信じられなかった。らいてうはわかの前歴を、「ご夫妻との親しいつきあいのなかで、直接ご本人から聞いた」のだと註記しており、らいてうほどの人が根も葉もないことを書くとは露ほども思わなかったが、にもかかわらずわたしには信ずることができなかったのである。

一体、娼婦の境涯にまで社会的に墜落してしまった女性が、評論家として再生するなどということがあり得るものだろうか。不特定多数の男性に金銭と引き換えにおのれの肉体を提供するという行為は、女性の心身をむしばむばかりでなく、社会からは良俗に反するものとされており、それだけに、ひとたびその苦界に落ちこんだ女性にたいする世間の眼は非常にきびしく、それが彼女たちの新生をさまたげることが多いのだ。そんななかで、しかも現代ならばいざ知らず明治末期より大正期にかけてという女性蔑視のはげしい時代に、売春婦より評論家に転身した女性があったと言われて、誰が本気にできようか――

ところが今、日本ならぬアメリカのサンフランシスコで、らいてう自伝などとは縁もゆかりもなさそうなひとりの老人の口から、山田わかの名前が出、しかも彼女についてらいてう自伝の記述と同じ話が語られたのみならず、彼女の売春婦時代の通称までが告げられたのだ。これは、らいてう自伝のあの記述が嘘でもいつわりでもなく、事実そのものであることを証明するにほかならぬであろう。――わたしが、持っていたオレンジ＝ジュースのグラスを落さんばかりに驚かずにいられなかった由縁《ゆえん》である。

やがてパーティが終ったので、ホテルへ戻ってベッドへ入りはしたものの、わたしはなかなか寝つかれなかった。十数時間の空の旅でからだは綿のように疲れているのに、頭の芯《しん》だけが異様なほどに冴えていて、眼を閉じても、寝返りを打っても、果ては睡眠剤を嚥《の》み下しても、いっかな熟寝《うまい》の淵に沈むことができない。そして輾転《てんてん》として窓外の暗い空に星の移るのを眺めながら、わたしの思いは、いつかふたたび、山田わかというひとりの女流評論家の上に漂って行ったのだった――

わたしは思った――平塚らいてうは山田わかの海外売春婦だったという前半生を「数《さっ》奇《き》」と表現しているけれど、しかし「数奇」なのはその前半生だけなのでなく、その生涯の歩みのすべてにわたっているのだ、と。

一体、これまでに、〈階級〉と〈性〉とのふたつのモメントにおいて疎外された存在としての売春婦にあって、陽光のさんさんと降りそそぐような社会的場所へ転身することのできた人があっただろうか。それが皆無《かいむ》だったと断定することはできなかろうが、しかしそれが如何に至難な道であったかは、これまでに売春婦について二冊の書物を書いたわたしが、誰よりもよく知っている。

宣伝がましくて面映《おもはゆ》いのを敢えて記すと――わたしが今までに出した売春婦についての書物は、『サンダカン八番娼館』という奇妙な題名の一冊と、その続編たる『サンダカンの墓』という一冊である。前者に〈底辺女性史序章〉の副題を附しておいたことからもあきらかなとおり、近代日本の社会的底辺に呻吟しつつ生きてきた多数の女性の集中的表現としていわゆる〈からゆきさん〉を把握しようとこころみたもので、その典型と見なすべき老女とそれを取り巻く人びとのライフ＝ヒストリーを記録したものと規定したらよいだろうか。

そして、この二冊の書物に登場するからゆきさんたちは、ひとり残らず終局的にこの世の敗者であってそれ以外のものではない。『サンダカン八番娼館』の主人公たるおサキさんという老女は、長い辛労の生活のうちより諦念にも似た哲学を編み出し、人生の達人ともいうべき円熟の境地に到達しているけれど、その現実生活は貧窮の極、暗澹《あんたん》たる上にも暗澹たるものでしかあり得なかった。また『サンダカンの墓』では、言葉もかよわぬ異国の男にわれとわが身を切り売らねばならぬ境涯を憎み、苦心の末そこを脱出して新たな人生を歩みはじめた平田ユキと小川芙美なるふたりの女性のけなげな姿を描いているのだが、しかしユキ女は刀折れ矢《や》尽きたかたちで自殺をとげ、芙美女はついに行方知れずとなって、窮極、彼女たちは不幸の域を一歩といえども出ることはできなかったのであった。

ひとたび柳暗花明の街に入った女性たちがその境涯を脱出しようとして遂に成功しなかったのは、決して、彼女たちの努力が足りなかったからではない。彼女たちは渾身《こんしん》の力をふるってありとあらゆる手だてを尽したのだが、〈良識〉ならぬ〈常識〉の眼の光っている世間は苛酷で、現在どのように清潔な職業に就いていても、かつて売春婦であったということを知るや否や彼女たちに〈差別〉という鉄の手枷《てかせ》足枷をはめ、その鉄の手枷足枷の重みが、彼女たちをしてふたたび柳暗花明の巷《ちまた》に舞い戻らせたり、みずからの命を断たしめたりすることとなったのだ。そしてこの一条は、わたしの出逢った幾人かのからゆきさんたちに限ったことでなく、およそ売春という職業ならざる職業に従事したあらゆる女性について言えるので、たとえば森崎和江の記録『からゆきさん』（一九七六年・朝日新聞社）のヒロインのひとりが狂い死に、ひとりが自裁しているという結末も、その有力な証明のひとつだと見なさなくてはならぬであろう。

ところが、そんななかにあって山田わかというひとりの女性は、〈常識〉の矢の雨あれと降りそそぐ海外売春婦という境涯から、あろうことか、時代のリーダーとも言うべき評論家に転身したのである。その美貌や肉体的魅力の故に落籍《らくせき》されて金持の男の妻や妾になったという話はしばしば耳にするし、たまたま持っていた才能のおかげで歌手や女優になったというためしも、ビリー＝ホリディやエディット＝ピアフなどのように稀《ま》れにではあるが有り得ることだ。けれど、切実な人生体験に加えて多大の学識と思考力とを必要とする評論家に変身をとげ、ジャーナリズムの寵児《ちょうじ》として大いに活躍したばかりでなくその国の女性解放思想史の上に消すことのできぬ足跡を印した売春婦があったかと言えば、その答えは否のひと言のほかにはないだろうのに、彼女は、その至難な上にも至難、稀有な上にも稀有な変身をついに為《な》しとげたのである。すなわち、山田わかの前半生だけが「数奇」なのではなくして、その評論家への転生を含む全生涯が「数奇」なのである——と言わなくてはならないのだ。

いつしか東の空がほんのりと白み、強くまたたいていた星の光が薄れかけてきたというのに、わたしはまだ眠れずに輾転を繰り返していた。そして心の裡に思うのだった――〈からゆきさん〉と呼ばれた海外売春婦についての書物を二冊書いたわたしが、はじめてのアメリカ旅行でこのような話に出逢うとは、これまた何と数奇なことだろうか、と。しかも、わたしのこのアメリカ旅行の目的が講演にあり、この講演の主題が〈からゆきさん〉であるにおいてをや。

わたしは、考えをあちらに走らせこちらに戻したりした挙句、結論として、山田わかが〈からゆきさん〉ならぬ〈あめゆきさん〉であったことがアメリカに着いたその日にわたしの耳に入ったのは、決して偶然ではないのだと考えた。霊魂などというものを信じない唯物論者なのだけれど、しかしわたしは、これは山田わかの遺志なのだと感ぜずにはいられなかった。いや、いっそう精確に言うならば、一望万里の太平洋をこのアメリカへ流れてきて異国の男たちにわが身を鬻《ひさ》ぎ、ついに不遇に朽ち果てた幾多の日本女性たちのこの世に留めた無念の思いを、全身に感取しないではいられなかった。そして、そういう無数の〈あめゆきさん〉たちの恨みを晴らすためにも、山田わかの生涯を一冊の書物に書き上げなくてはならない――と心に決したのであった。

その若い日にこのアメリカで売春婦生活を送っていた山田わかが、どのようなプロセスを辿って女性問題の評論家となったのか、今のわたしにはほとんど何ひとつ分らないと言うほかはない。しかし、その経過をあきらかにすることは、人間生活の最底辺に堕ちたとされている女性たちにも、なお、その向上の意思と努力の仕方および生得の才能によっては、その境涯の克服がかならずしも夢でないということを例をもって示すものにほかならぬ。そうだとすれば、わたしは、底辺女性史の可能性のひとつの限界を歩んだ典型として、どうしても、山田わかの生涯を尋ねてみなくてはならない。それがわたしの〈仕事〉なのだ——

間もなく朝が来て、その日からわたしはアメリカの諸方を講演して回るのだったが、出発までの数時間を、わたしは昨夜逢ったあの老人を訪問するのについやした。その老人とは別れぎわに名刺を交換し合ったのだが、そこには清水巌と名前が刷られ、肩書にサンフランシスコにおける日本語新聞として長い歴史を持つ「北米毎日新聞」の社長とあったので、その社へ訪ねて行ったのである。

清水さんは、精悍な顔にほほえみを浮かべながら、「——きっとあなたが、ここへ来られると思っていましたよ。山田わかさんのこと、調べてごらんになりますか」と言い、調べるだけの価値はあるはずですといったふうにみずから頷《うなず》いていた。その清水さんの顔をすばらしいと眺めつつ、わたしは、「ええ、そのつもりです。——けれど、生きていればわかさんは九十代の半ばになるはずですから、その娘時代を直接に見たり聞いたりしている人は、もう、ひとりも生きておられないでしょうね？」と問うたのだった。

左より与謝野晶子、岡本かの子、荻野綾子、神近市子、深尾須磨子、山田わか、生田花世（昭和９年）

すると清水さんは、「わたしなども、古老の口から聞いたから知っているので、シスコ時代の山田わかさんをじかに知っている人というと、さて、誰でしょうな」と首をかしげ、しばしあってからこう答えられたのである。

――「あのふたりに訊《き》かれるのが、おそらく一番良いでしょう。ひとりは北野基次氏といいましてね、歳は九十くらいかな。そのむかし、娼館が軒をつらねていたチャイナ＝タウンでホテルを経営していた人だから、わかさんを見ているかもしれません。そしていまひとりは、泉イエさん。もう九十四、五歳になるでしょう。古くからお多福亭という日本料理レストランをやっていて、このシスコにいた日本人についてなら生き辞引というお婆さんですよ。」

わたしは幾度、そのおふたりを今すぐ紹介してください——と頼みたかったかしれない。しかし、このたびのアメリカ旅行は職業としてのそれであり、スケジュールがすっかり決まっていて、わたしだけが勝手に行動することは許されないし、またわたしは、これまでの経験から、高齢者より話を聞くのには急《せ》いてはならないということも知っていた。

そこでわたしは、清水さんに向かって、「残念でならないのですけれど、そのおふたりをお訪ねしているゆとりがありません。かならず出直して来ますから、そのときには、どうか、そのおふたりの年寄りを紹介してくださいますように」というふうに言わざるを得なかった。そして、なお言葉を尽してその旨を頼み、それから約二週間アメリカ大陸のあちこちで講演をしたのち、ふたたびサンフランシスコへ取って返して帰国の途に就いたのである。

けれど、旅客機に搭乗して飛び立ちはしたものの、わたしは、後ろ髪引かれる思いをどうすることもできない。西の空を染めた茜色《あかねいろ》を眺めているうちに、新たにめぐり逢った主題に胸は高鳴り、一方、娼婦時代の山田わかを直接に見知っているという人たちの高齢の上にも高齢なことを考えると、わたしは、今すぐに、そのふたりの証言を聞き書いて置かなければならないという焦慮に駆られた。そしてそれだからこそ、次第に夜の闇に呑まれて行く夕焼けを見つめながら、ああ、日本へ帰りたくない、このままアメリカに滞在をつづけていたいと、強く強く心に思ったのであった――

市川房枝さんの話

日本へ、東京へ帰り着いてからもなお、わたしの胸には、サンフランシスコを飛び立った機中より見た夕焼けの茜色があざやかに残っていた。というよりも、一日、二日、また一日と経つにつれて、いよいよその玄妙の色を深めてきた――と言わなくては精確でない。そして、その夕焼けがわたしの裡にますます鮮明に甦《よみがえ》ってくるということは、取りもなおさず、山田わかの生涯を何としてでもこの手に把握しなければならない、そのために一日も早くサンフランシスコを再訪して、ふたりの老人の話をこの耳で聞かなくてはならない――という思いに責められることとなったのだった。

わたしは、溜っていたいくつかの仕事を大わらわで片づける一方、山田わかの著書と彼女について書かれた文献を大急ぎで集めはじめた。しかしこれは、簡単なことのように見えて実は思いのほかの難事であった。

女性史研究を思い立った三十歳頃より、わたしはふところの許すかぎり女性史関係の書物を求めてきており、近代日本の女流評論家や女性解放運動家たちの著書もひととおりは集めてあって、山田わかの著書も、その処女評論集『恋愛の社会的意義』（大正九年・東洋出版社）をはじめ五冊ほどを持っていた。けれど、彼女の著書はそのほかにもまだまだ沢山あるにちがいないし、研究文献だってあるにちがいなく、わたしはそれらを古書店と図書館とに求めたのだが、そのいずれにも失望を味わわなくてはならなかったのである。

東京の神田神保町は、古書店が数十軒ひとつの通りに文字どおり庇《ひさし》をならべていることで世界的に有名な町だが、そこを軒なみに捜《さが》しても、ほとんど彼女の著書は見あたらない。たまたま書棚の一隅に〈山田わか〉の名を発見し、心をおどらせて手に取ってみると、それはすでにわたしの所持しているものでしかなかった。そして一方図書館ではどうであったかといえば、蔵書票をいくら丹念に調べても山田わかの著書やその研究文献は皆無に等しく、困りはてたすえ閲覧相談員に彼女の名を告げても、はかばかしい反応がないのである。大正期には「青鞜」のメンバーの有力なひとりとして知られ、昭和戦前期には数百万の読者を誇る「朝日新聞」の身上相談欄回答者として絶大の人気を得ていた山田わかにして、「去る者、日々に疎《うと》し」でしかないのであろうか――

それでもわたしは、なお数冊のわかの著書と、彼女について綴られた幾篇かの文献とを入手することができて、あたかも海綿が水を吸うようないきおいで読破した。近代日本のいわゆる私小説作家の著作であれば、それを通読することによって、著者の思想はもちろんその生い立ちや家族・郷党関係に至るまでわかってしまうのだが、一般的に評論家の著作にはそのようなことは望めず、そして彼女の著書からもその生い立ちや家族・郷党関係などをうかがい知ることはできなかった。「全く闇雲に閉ざされた闇黒界を躓《つまず》きながら、血まみれになつてやうやく息だけ続けてゐた間」とか、「男性の不品行のために悲惨な状態に陥《おちい》れる家庭や、物慾のために心にもない媚《こび》を男に呈する女や、とにかく肉慾・物慾にのみ蠢動《しゅんどう》してゐる浅間しい生活のみを見せつけられてゐた私は」とかいったふうに、かつての暗澹たる境涯を示すらしい抽象的な表現は随所に見受けられるのに、その生い立ちの具体的なことはほとんど記されていないのである。

そこでわたしは、次の手だてとして、わかの生前に親しかった人びとに逢って話を聞くことを考えた。明治十二年生まれのわかと親しかった人たちは、前章にその名を記した平塚らいてうをはじめ過半がすでに幽冥《ゆうめい》の人となっているが、それでもまだ山高しげりさんと市川房枝さんが健在であり、あるいはわかの生い立ちやアメリカへ渡るに至った経緯《けいい》なども聞知しておられるかもしれない。わたしは、まず市川さんに宛てて手紙を書き、何時どこへでも参上しますから、どうか、山田わかに関してひとときを割いていただけますようにーーとお願いしたのだった。

一日千秋の思いという慣用句があるけれど、そのときのわたしの待ち遠しさは、一体どのように表現すればよいのだろうか。あらためて記すまでもなく市川さんは、近代日本における最初の進歩的婦人運動団体と見られている新婦人協会を平塚らいてうと共に創立した大正九年以来、婦選実現運動を主軸として始終一貫して婦人運動をつづけてこられ、八十二歳という高齢の今なお壮者をしのぐいきおいで、参議院議員として多面的な活躍をしておられる方である。だから、わかに関して話をしてくださる気持は抱かれたとしても、政治的活動のために寧日《ねいじつ》なく、わたしのために割いてよいような時間は寸分といえどないかもしれない。ほかに山高しげりさんがあるとはいうものの、今となっては山田わかを深く知る最古の人と見なしてさしつかえない市川房枝さんから、もしも否という返事をもらったら、ほどこす手だては全くあるまい――そう考えると、深夜寝ていても胸が苦しくなって来るのだった。

しかし、わたしの願いは空しくなかった。市川さんからはやがて返事があって、それには、十一月中旬の一日、東京永田町の参議院議員会館へ訪ねて来るように――と書かれていたのである。

指定された日時にわたしが参上すると、鶴のような痩身《そうしん》に白髪の美しい市川さんは、わざわざ立って迎え入れて呉れられた。そうして、まるで昔からの知己《ちき》に対してのような親しみをこめた語調で、「山崎さん、とうとうわたしのところへ来ましたね。『サンダカン八すったのである。

予定の時間をはるかに越えて語られたその折の談話は、興《きょう》の赴《おもむ》くままにあちらへ飛びこちらへ移るというふうであったが、まとめればおおよそ以下のごときものであった――

番娼館』を書かれたあなたのことだから、いつかはおわかさんに行き当って、わたしのところへ見えるだろうと思ってましたよ――」と前置いて、山田わかの思い出を話してくだ

*

――わたしがおわかさんを知ったのは、大正七年、わたしが二十五歳のときですよ。わたしゃ明治二十六年に今の愛知県尾西市に生まれてね、学資が要らないからというので愛知県立女子師範学校に入って、卒業すると小学校の教師や名古屋新聞の記者になったりしたが、普通の女の生き方にどうしても倦《あ》き足りない。なんとかして東京へ出たい、出て新しい思想にふれたい――とばかり思っていたんだね。それなもんで、友人のひとりが東京へ出たのをわずかな頼りにして、大正七年の夏、思い切ってとうとう上京しちまった。

上京してから、その旨をアメリカにいる長兄の藤市に知らせたんだね。もともとわたしゃあ男三人女四人の兄妹の三女でね、長兄の藤市はわたしが小学校の頃にもうアメリカへ渡って、サンフランシスコで新聞記者をして相当な収入があったからか、何かというと弟

妹たちを助けてくれていたので、まずその兄に知らせたというわけ。すると兄から、「四谷伊賀町に山田嘉吉《かきち》という方がいるから、おれの妹だと名乗って訪ねて行くがよい。山田先生は、おれがアメリカへ来たとき英語やそのほかの学問を教えてもらった先生で、信頼のできる人だし、何かと便宜《びんぎ》をはからってもらえるだろうから――」と手紙が来ました。そこで山田先生を訪ねて行ったところ、大柄で色の黒い三十代半ばの女の人がいて、それがつまり山田おわかさんだったんだね。

そのときのわたしは、おわかさんが女流評論家だということを、前もってそれほど良く知っちゃいなかったね。明治四十四年に「青鞜」が創刊されたときは、わたしゃまだ師範学校の生徒で、「新しい女は五色《ごしき》の酒を飲む」なんて記事を新聞で見て驚いたことはおぼえてるが、強い印象は受けなかった。名古屋での教員時代に一冊だけ買って読んでね、奥《おく》附《づけ》に編集人＝伊藤野枝とあったのをおぼえているけれども、それほど面白いとは思わなかったし、山田わかという人が翻訳や評論を書いていたとも記憶していない。山田先生のところを訪ねて、あらためておわかさんを女流評論家と認識した――といったような塩梅《あんばい》だったねえ。

その時分の山田家は、おわかさんが女流評論家としていくらか名が知られかけて来てはいたけれども、まだ彼女の収入は多いとは言えなくってね、嘉吉先生の語学塾の収入で暮しを立ててた。嘉吉先生は語学の天才とでも言うのかな、英語・ドイツ語・フランス語・スペイン語といくつもの外国語に堪能で、語学の塾を開いてたんだね。らいてうさんも嘉吉先生の語学の弟子だし、あの伊藤野枝さんと一緒に殺された大杉栄も嘉吉先生からフランス語を教わったんですよ。

そんなふうに、いくつもの国の言葉をひとりで教えてしまうほど語学の達者な学者だったが、しかし嘉吉先生は、それを学校で勉強したんじゃないんだね。おわかさんも小学校四年くらいしか通っていないが、嘉吉先生のほうは小学校の門を二、三年くぐったかどうだか——。何でも八つか九つでもうどこかへ丁稚奉公《でっちぼうこう》に出されて、発奮してアメリカへ渡ってね、皿洗いからカウボーイまでありとあらゆる肉体労働をやりながら、お金を溜めては本を買って、独学で、ドイツ語もフランス語もまたスペイン語も自由自在にしてしまったのだと聞きました。——本当に偉い人ですよ、嘉吉先生は。

こういう山田家を兄の紹介で訪ねて行ったことが、わたしの人生を決めてしまったんだから、面白いと言うのか、それとも恐ろしいと言ったら良いのかねえ。いきなりこんなことを言っても藪から棒でしかないから、順序を立てて話さなくっちゃならないが——わたしが訪ねて行くと嘉吉先生もおわかさんも大いに心に掛けて、自分たちの眼のとどく範囲内にいるようにと、近くに間貸の部屋を見つけてくれた。同じ四谷伊賀町にあった炭屋の二階の四畳半で、部屋代は四円五十銭、当時としては高かったね。ここに住んで勤めに通うことにしたんだが、何しろ東京へ出た理由が新しい思想や生活へのあこがれだから、ただぼんやりと日を過すことは自分に許せない。そこで、新しい思想にふれるにはまず外国語、それも世界のどこへ行っても通用する英語をマスターすることだと考えて、出勤前の二、三十分を、嘉吉先生に英語を教えてもらうことにしたんですよ。地方の女子師範で手ほどきされただけの英語だから、ほとんど力はついてやしない。それなのに、嘉吉先生の持ち出されたテキストは、エレン゠ケイ女史の『恋愛と結婚』の英訳本でね、いや、本当にびっくりした。

そして、そうやって山田家に出入りしているある日、おわかさんから紹介されたのが平塚らいてうさんでねえ。小柄な美しい人で、小さな声で静かにゆっくり話すのが印象的で、〈新しい女〉と世間の評判が姦《かしま》しいからどんなに凄《すご》いかと思ってたもので、眼をまるくしちまったね。ここでらいてうさんと知り合ったことが縁で、新しい婦人運動団体を作ろうじゃないかという話になって大正九年三月に新婦人協会ができて、そのおかげでわたしゃ今日まで婦人運動ひとすじで来ちまったんだから、面白いもんですよ。

前置きばかり長くなっちまったけれども、おわかさんのことに話を戻すと、あの人は、ひとくちに言うと女酋長《しゅうちょう》といった感じの人だったね。女酋長で言葉が少し強すぎるとすれば、まあ、庶民のおっ母さん——とでも言ったらいいかもしれない。日本人としてはずんと大柄で、体が縦にも横にも大きくてね、色はどちらかといえば黒い方で、決して美人じゃあなかったが、くりくりした大きな眼に何かしら人を惹《ひ》きつけるものを持っていた。人が訪ねてきて食事どきになると、それが誰であっても、「一緒に食べてけ、食べてけ」と引き留めて帰さないような人だったね。嘉吉先生のところは決して裕福じゃなかったし、それに子どもの頃からの労働生活で倹約が身に着いていて、魚といえば皿盛りのしか買わないような方針だから、食事といっても粗末なものでしたが、それを「一緒に食べてけ、食べてけ」とすすめる。そういう庶民的な暖ったかさのある人だったよ、おわかさんは。

そういうおっ母さんみたいな暖ったかさのあふれた人だったから、らいてうさんより七、八歳、わたしよりは十四歳も年長だったというのに、わたしたちは誰もみな「山田さん」と言わないで「おわかさん、おわかさん」と呼んでいた。嘉吉先生のことは「山田先生」とか「嘉吉先生」とか言ってたのに、おわかさんは「おわかさん」と呼んでいたのは、軽く見ていたとかいうようなことじゃないので、あの太っ腹で庶民的な包容力には、「山田さん」なんていう澄ました呼び方より「おわかさん」のほうがぴたりと嵌《はま》っていたからですよ。——しかし、これは、おわかさんという人を直《じ》かに見た人でないと、なかなか分ってもらえまいねえ。

それはとにかくとして、さっきもちょっと触れたように、おわかさんは小学校を四年しか行っていない。――もっとも昔の小学校は、今のように六年制じゃなくて、尋常が四年、その上に高等が四年となっていて、義務教育は尋常科だけだったんだがね。そういうおわかさんが評論家にまでなったのは、嘉吉先生がそれこそ手を取って一から十まで教えたからでね、それは山崎さん、あんたも見当がついてるでしょう？　だから嘉吉先生は、おわかさんと夫婦だったけれども、それ以上に、おわかさんの正真正銘《しょうしんしょうめい》の〈先生〉だったというわけだね。

嘉吉先生とおわかさんは、たぶん十二支のひと回りよりもっと歳《とし》が離れていて、父親と娘とまでは行かないが、まあ、それに近い見掛けでした。歳下のおわかさんのほうが、「お父さん、お父さん」と言っては嘉吉先生に甘えてましたが、嘉吉先生が歳を取られたら、今度はおわかさんのほうが親のような恰好になって来たから面白いねえ。

嘉吉先生の晩年のことは別として、わたしが頻繁《ひんぱん》に出入りさせてもらってた大正時代のことで話すと、嘉吉先生、おわかさんのことが心配で心配で、自分の眼のとどかないところへ出せないんだね。――あれは大正八年の夏だったか、前にわたしの勤めていた名古屋新聞が、「夏期婦人講習会を開きたいから、山田わか・平塚らいてう両氏に講演を頼んでほしい」とわたしに言って来た。そこで話の橋渡しをしたんだが、嘉吉先生、心配で心配でおわかさんを出すことができない。とどのつまり、「どうしても——と言うんなら、房枝さん、あんたがおわかに附いて行ってください。それなら講演を引き受けさせましょう」ということになって、わたしも一緒に行きました。そして名古屋の宿へ着いたら、おわかさんが卓袱台《ちゃぶだい》に向かって何かごそごそやってるので、見たら電報頼信紙に書きつけてるんだ——「ブジツイタ　アンシンセヨ」式のをね。

ついでだけれども言っとけば、この名古屋でのそれが、おわかさんもらいてうさんも講演というものをした最初ですよ。おわかさんは、「はじめてで自信がないから——」というので、書いて来た原稿を読み上げたに近い講演だったし、らいてうさんも確かそうだったが、らいてうさんのは声が小さすぎて聴衆にはほとんど聞き取れなかった。それが、慣れというものは大したもので、昭和期に入るとおわかさん、雄弁とは言えないけれども、しかし座談ふうの講演では名手と評判を取るようになるんだからねえ。

——おわかさんが、アメリカで苦界にいたという話ねえ。わたしゃ直《じ》かにおわかさんの口から聞いたことはないけれど、もう大分のむかし、らいてうさんから聞かされたことがあるから、まあ、知ってますよ。らいてうさんの話だと、何でもおわかさんと名古屋へ行って一緒に泊って、そのとき、夜、蚊帳《かや》のなかで、おわかさんがしみじみその前半生を語るのを聞いたというんだねえ。らいてうさんがおわかさんと名古屋へ行ったときというと、たぶん大正八年の夏の名古屋新聞の講演会だね。あの時は、講演会の済んだあと、らいてうさんが「名古屋周辺の製糸・紡績工場に働く女工さんたちの実態を見たい」と言うので、郷里だからとわたしが案内引き受けて、岡崎の工場を見たあと矢作《やはぎ》川の岸にある小さな宿屋に泊ったが、川原に月見草の黄色い花がそれこそいっぱいに咲いていた。——あの時じゃないのかな、おわかさんが打ち明けたとすれば。

おわかさん、その、アメリカの苦界にいた時分の話をらいてうさんにした時ねえ、「わたしは構《かま》わないんだけれど、お父さんが厭がるから、わたしは誰にも話さないのよ。だから、誰にも言わないでね」と念を押したそうですよ。そんなわけだから、おわかさん、滅多《めった》な人にはその話したことがないはずで、当時知ってた人は極くわずかでしかないはずだね。

うん、その話はね、おわかさ

山田わかの思い出を語る市川房枝

んがアメリカ時代に苦界にいたことがあって、そういう生活がいやで逃げ出したというようなことだった。おわかさんは、そういう場所に長年いたのに非常に純真なものを持っていたというから、そこを嘉吉先生が見込んだんでしょう。監視がきびしくて普通では逃げられないので、いわゆる〈女たちの家〉の二階だか三階だかから、シーツを割《さ》いてそれをつないでロープ代りにして脱出したというんだが、その脱出法を教えたり助けたりしたのが嘉吉先生だった——と聞いたような気がするねえ。まるで西部劇みたいな話だが、嘘じゃないでしょうよ——日本にだって大正時代には、救世軍の人たちが吉原の娼婦を脱出させようと工作して、やくざ達から半殺しにされるなんてことが山程もあったんだから。

嘉吉先生は、そうやっておわかさんを脱出させて、結婚して日本へ連れて帰ると、それこそ〈いろは〉から教えてあの人をあれだけのものにしたんだもの、たいしたもんですよ。からだ売ってたことのある人は、ついつい易きに就いてしまってなかなか円熟した女になれないものなんだが、その点でおわかさんは偉い。しかしわたしゃ、それよりももっと嘉吉先生が立派だったと思いますよ——

＊

市川房枝さんのして呉れた話は、わたしには非常に新鮮でしかも感動的だった。日本のみならずおそらくは世界じゅうの男性の大半が、暗黒街にいる女性たちへの同情は惜しまぬであろうし、また彼女たちを救うためなにがしかの手助けをしようという人も少くはないだろうが、そういう所にいた女性を自分の妻にまでしようとする人はほとんどいない。ところが山田嘉吉という人物だけは、われとわが身を切り売る世界に身を置いていた女性を、みずからの生涯の伴侶とする〈勇気〉を持っていたのだ。

しかも、そればかりではない。これまた世の多くの男性たちが、妻を自分の半奴隷としておくための便宜から、彼女の知的に向上することをあまり歓迎しないのが常であるのに、嘉吉は、無学なわかを教え導いて知識人にまで成長させたというのである。すべての男性がこのような生き方をしたならば、この社会にある女性問題の過半はたちどころに解決してしまうだろうし、第一、女性問題それ自体が生まれて来ないにちがいない——。わたしは、四十半ばの今日まで生きてきて、青春独身の時代には知識もあれば思考力もあった女性が、結婚によって家庭内に逼塞《ひっそく》を余儀なくさせられたばかりに知的にいちじるしく退歩したという例をいやというほど見ているので、その実感からしても、嘉吉という男性に心を揺さぶられたのであった。

だが、そうした話のなかでわたしがもっとも強く胸打たれたのは、わかを救出するにあたって、嘉吉がシーツを割いてロープとし、それを垂らして二階もしくは三階から脱出させた――というドラマである。

そういう方法を嘉吉は単に教えただけなのか、それとも手を貸して一緒に脱出したものなのか、詳細はいずれ渡米して生き残りの証人たちより聞くしかないけれど、どちらにしてもこれは大変に危険な仕事だと言わなくてはならない。娼館主の金蔓《かねづる》を逃すわけだから、向こうとしては必死に探索するだろうし、その意味でいのちがけでなくてはできないが、嘉吉をしてそのいのちがけの挙に踏み切らせたのはおそらくわかへの〈愛〉であり、彼女には、彼にいのちを賭けさせるに足りる何か――市川さんの言葉によれば〈純真なもの〉があったのである。そしてわたしは、泥沼に長く身を置きながらその汚辱に骨の髄《ずい》までは侵されず、白蓮華《びゃくれんげ》のような〈純真さ〉を持ちつづけていたというわかという女性を、嘉吉を立派だと思う以上にすばらしいと感じないではいられなかったのであった――

市川さんの談話によって山田わかの生身の姿の幾分か彷彿《ほうふつ》として来たことを、わたしは大いに喜んだが、しかし彼女の生い立ちやアメリカへ行った理由などに関しては、まだ何ひとつわかっていない。そこでわたしは市川さんに、次にはそれらについて問うたのだけれど、残念ながら、それにたいする返答はこうだったのである。――「おわかさんの郷里はね、神奈川県の三浦岬《みうらみさき》、そら、あのペルリの上陸したので有名なところさ。しかしね、わたしゃ、おわかさんの実家のことや生い立ちについては、何にも知っちゃいませんよ。

少しは聞いたのかもしれないが、もう、すっかり忘れてしまってね。」

生きていれば百歳になろうという人の幼少時代や青春期のことがそう易々《やすやす》とわかろうとは思っていなかったが、しかし市川さんから、そのことについては何も知らぬと明瞭に言われてみると、わたしはいささかならず狼狽《ろうばい》せざるを得なかった。するとそういうわたしの気持を察してくだすったのだろう。市川さんは、「そんなら、あんた、おわかさんの孫の弥平治《やへいじ》さんに逢ってみなさい。弥平治さんなら、身内なんだし、わたしたちの知らないことを沢山聞き知っているだろうから――」と言われたのだった。

市川さんの言葉によれば、身を売る仕事をつづけた女性の多くがそうであるように山田わかにも子どもが授からず、そこで嘉吉の甥とわかの姪とを娶合《めあわ》せて養子とし、その間に生まれた子どもが弥平治という人なのだという。わかは晩年、幡《はた》ヶ谷《や》女子学園という名の売春婦更生施設を作ったが、養子は早く病没し、そのあとを受け継いで園長となったのが、わかからすれば孫にあたる弥平治さんその人である。そして、そういう婦人福祉事業にたずさわってきた人だから、わたしの研究の意義を理解して協力もしてくれるのではないでしょうか――というのだった。

目の前で切れてしまった探索《たんさく》の糸がまた繋《つな》がったような思いがして、わたしの胸はときめいた。そこでわたしは、市川さんのもとを辞去すると、それから早速に弥平治さんへ面会を申し入れたのである。心を尽して手紙を綴り、わたしの底辺女性史に賭ける思いをなお精確に汲み取っていただけるようにと、その主題についてわたしのこれまでに書いた二冊の本――『サンダカン八番娼館』と『サンダカンの墓』をもお贈りしたのであった。

しかしながら、首を長くして待つわたしのもとへ、山田弥平治さんよりの返事は一向になかった。やむを得ずわたしは、紹介者の市川さんにその旨を報告。すると市川さんが親切にも直接に連絡を取ってくださり、その結果わたしはようやく、東京永田町にある参議院議員会館の市川さんの部屋で弥平治さんと会見することができたのである。

弥平治さんは、歳の程四十代の半ばくらい、中肉中背のおとなしそうな人だった。わたしは叮嚀《ていねい》に挨拶するとさきに手紙に記したと同じことを改めて述べ、身内の立場よりの協力をお願いしたが、しかし弥平治さんの表情は非常に固かったのである。そして繰返して言われる言葉は、「山田わかは、わたし共にとっては大切なおばあちゃんです。わたしのところには、いま高校と中学に通っている娘たちもいることですし、娘ごころを刺戟するようなことはどうか止めていただきたい」というのだった。

身内の人よりそういう反応の出ることは、わたしも予想しないではなかった。自分の家族のうちにかつて花街《かがい》にいた人があったとして、そのことを取り立てて書かれたとしたら、誰だって愉快な気持はしないだろうし、まして思春期にある娘たちを持っているにおいてをや。そしてそのことは、同じく思春期という不安定期にある娘をひとり持つこのわたしが、誰よりもよく知っている――

わたしには、姻戚《いんせき》を含めて多くの親類関係につながれている弥平治さんの立場と、一個の父親として子どもたちの動揺しやすい心を思い遣《や》ろうとする彼の愛情とが、痛いほどによく分った。そしてわたしは、弥平治さんのそういう気持についつい心を動かされそうになるのだったが、しかしまた一方、強く強く思わないではいられないのだった――山田わかの生涯をあきらかにするということは、親縁につながる人びとの体面や曽孫娘《ひまごむすめ》たちの心理への影響などをはるかに越える社会的な重要事のはずである、と。

女性がその心身の双方をむしばまれてしまうことの多い人肉の街から、山田わかのような人が出たという事実は、同様な立場に身を置いたことのある女性たちにとって、おそらくは暗夜の灯台であるにちがいない。いや、かつて人肉の街に身を置いたことのある女性たちのみならず、さまざまな理由から世間並みの教育を受けられなかったことを嘆いている女性たちにとっても、学習への勇気をあたえてくれるものであるはずだ。同じ女性のひとりであるわたしは、そのような嘆きに身を焼く多くの女性たちへの責任から山田わかの生涯を追究しなければならないし、また弥平治さんには、わかの仕事を受け継いで売春婦更生施設の寮長であったという立場からして、やはり彼女の稀有《けう》な人生をあきらかにする義務があるのではないだろうか。

そして、弥平治さんの娘たちへの配慮という点に関して言えば、彼女たちの曽祖母が幾歳で〈あめゆきさん〉となったのかはまだ不明であるにしても、圧倒的多数の娼婦たちは、思春期にも達せずしてその悲しい境涯に入らざるを得なかったのであった。そういうことを考えるなら、自分の曽祖母がかつて海外売春婦であったという事実の重みに耐えることが、あるいは同じ思春期にアメリカの地獄へ流出したのかもしれない人の曽孫娘としての仕事にほかならぬ――というふうに言いたいのだ。

わたしは弥平治さんに向かって、以上に記したような内心の思いを披瀝《ひれき》し、どうか、山田わかの身内の立場からの協力をいただきたい――と懇願した。しかし、わたしがどんなに言葉を尽してお願いしても、弥平治さんの返答はついに変ることがなかったのであった――山田弥平治さんと会見してからあとの数日、わたしは複雑な思いのなかにいた。眼を閉じれば、サンフランシスコよりの帰途に見た夕焼けのあの茜色がいとも鮮明に見え、早く、一日も早くまたアメリカへ――と気が急《せ》くというのに、その前につきとめなければならぬ肝心かなめのことが分らないのだ。山田わかが生前にもっとも親交あった市川房枝さんも、彼女の生い立ちやアメリカへ渡った事情はほとんど聞知しておらず、そして彼女に関して他人よりも桁違《けたちが》いに多くを知っているはずの遺族から協力を拒《こば》まれた今、わたしはどうしたらよいのだろうか。

サンフランシスコよりの帰途に見た夕焼け空は、やがて一転して夜空に変わったのであったが、このときのわたしの胸中も夜空であった。しかも、あの茜色のあとに来た夜空は美しい濃紺のそれであったのに、わたしの胸中の夜空はといえば、文目《あやめ》も分かず暗澹としていたのだった――

十六歳の花嫁

しかしながらわたしは、その文目《あやめ》も分らぬ暗い淵《ふち》にいつまでも沈んではいなかった。海外売春婦に関する二冊の書物を綴るあいだにわたしの直接・間接にふれた女性たちが、程度の差はあれいずれも非命《ひめい》に倒れているという事実を想起すると、いつまでも坐りこんでなどいられなかったのである。

わたしは決心した——最善の道を閉ざされたのならば、次善の道を行くまでだ、と。彼女の生い立ちやアメリカ行きの事情などについては何ひとつ語ってくれない——とひとたびは感じた山田わかの著書だけれど、それらをふたたび読み、しかも眼光紙背《がんこうしはい》に徹《とお》るまで読みこんだら、そのなかから僅かずつでも真実を拾えるかもしれない。それからまた、神奈川県の三浦半島——彼女が若くしてアメリカへ渡航して以後はほとんど往き来のなかった郷里だけれど、そこを訪ねたら、あるいはその生い立ちのかすかな痕跡《こんせき》が垣間《かいま》見えてこないともかぎらない。そしてわたしは、そう決心するともはや矢も楯もたまらず、すぐさまその細いひとすじの道を歩みはじめたのであった——

処女出版の『恋愛の社会的意義』にはじまるわかの多くの著書をわたしはあらためて注意深く読みなおし、抽象的な表現の蔭にひそむ彼女の幼少時体験の具体相をつかもうとつとめた。そしてその作業を進めながら、一日、わたしは三浦半島へ足を運んだ。良き合意に達せずして終った会見のとき、弥平治さんより、わかの郷里は現在の横須賀市久里浜にあり、山田嘉吉と結婚する前の姓は〈浅葉《あさば》〉であったと耳にしていたので、それを頼りに久里浜へと向かったのである。

東京住まいの長いわたしは東京周辺の地図を見なれており、三浦半島など近いものと感じていたのに、電車でひと駅ずつ近づいてゆく横須賀は思いのほかに遠かった。そしてようやくに着いた横須賀は、今もむかしも軍港の町であり、人殺しを是とする軍隊の悪と悲しみのにじんだ街であった。

将校は別として兵士たちには娯楽もなかなかに許さなかった旧日本海軍時代の横須賀がどのような町であったのかわたしは知らないが、今見るこの町の繁華街は、飲食店といわず洋服店といわず、いずれも英語で記した看板をかかげていた。昼間なのでアメリカの水兵たちの姿はあまり見かけなかったが、灯《ひ》ともし頃ともなれば、日米安全保障条約の取り決めに従って横須賀基地に駐留しているアメリカ海軍の兵士たちが、ひとときの歓楽を求めてバーやキャバレーなどを埋めるのであろう。そうしたバーやキャバレーで働く女性たちのなかには、むろん貞節な人もいるに決まっているが、しかしわたしのかつて聞いたところでは、そのうちの多くは、半ば不可避的《ふかひてき》に、アメリカ兵を相手とする売春の道に堕《お》ちて行くということだ。

そうだとすれば横須賀は、太平洋のこちらの岸にありはするけれど、〈あめゆきさん〉の町だと言ってかならずしも過言でない。そしてわたしは、ほかならぬ山田わかの生まれたのがこの横須賀市であったという事実に、一種言いようのない感慨をおぼえないではいられなかったのであった――

それはともかくとして、まずわたしは市役所をたずね、その戸籍課で〈浅葉わか〉を当ってもらおうとしたが、久里浜関係の戸籍は横須賀市役所にはなく久里浜支所にあるとのこと。そこでわたしは、更に電車に揺られて三浦半島の突端部にあたる久里浜へ出、市役所の支所で調べてもらったところ、〈浅葉わか〉は、旧神奈川県三浦郡久村《くむら》六百九拾九番地＝浅葉弥平治の戸籍に載っていると判明した。

旧三浦郡久村六百九拾九番地とは、二次大戦後に敷かれた市制によって改称された久里浜町の幾丁目幾番にあたるのであろうか。これもまた市役所支所で調べてもらうと、それは、現在の久里浜一丁目十五番附近とわかったのである。

勇躍したわたしは、休む間もなく久里浜一丁目をめざして歩きはじめた。本当はもう少しばかり疲れてきており、休んであたたかなお茶でも飲みたかったのだが、山田わかの故郷の村、彼女が幼少時代に遊びまわったであろう山や川がすぐ近くに在るのだと思うと、ひとりでに胸が高鳴ってきて、到底悠長に休んでなどはいられなかったのだ。

誰もが知っていることだが横須賀は、近代日本開幕のひとつの契機となった黒船の幾たびか来航し、その指揮官だったペリーがはじめて上陸した土地であって、久里浜港の一隅には高さ四メートルの〈北米合衆国水師提督伯理上陸記念碑〉が建っている。そして、その東方やや離れたところが平作《ひらさく》川という川の川口となっており、久里浜一丁目は、この平作川を少しさかのぼったあたりの西岸から丘陵部にかけてであったが、わたしは速歩でそこまで歩きとおしたのである。

しかしながら、静かな山や川のたたずまいを期待していたわたしの眼前にあらわれたのは、東京・横浜のベッド＝タウンとしての小住宅の建ちならぶ町である。一軒々々の敷地が割合いに広く、あちこちに木立があって緑豊かではあるけれど、もはや、わかの幼少時代の面影は残っていまい。列島改造時代と言われる現代のことなのだから、東京・横浜圏に属している三浦半島は変貌をとげていて当然であり、それを理性では承知していながらなおわたしは、感情ではどうしても納得しきれず、そこで一瞬、胸つぶれるような思いを味わうこととなったのであった――

それからの数時間、わたしは、山田わかのうぶすなの土地——かつて三浦郡久村と呼ばれた地区をさまよい歩いた。八幡神社という古くて大きな神社の周辺とその裏手を流れる小川の岸辺から、平作川改修ならびに新田開発の父と仰がれた砂村新左衛門の墓所だという正業寺の裏手を左に折れ、急坂を登った取附《とつつき》に建つ御滝神社のあたりまでである。そしてわたしは、この御滝神社の御手洗《みたらし》で喉をうるおしつつひと休みしているとき、偶然にもこの土地の古老のひとりにめぐり逢うことができたのだった。

ジャンパー姿で七十歳前後と察せられるその老人は、自転車を引いて急坂を登って来たため疲れたらしく、御滝神社の石段の前でしばらく休息されたのだった。「——失礼ですが、昔からこの土地にお住まいの方ですか?」とわたしが声をかけると、老人は、「そうとも。爺さまのそのまた爺さまの代から、わしのとこはこの久村に住んでいるが——おまえ様、何でそんなことを訊《き》きなさる?」と不審のまなざしをわたしに向けた。そこでわたしが、この村から出た山田わかさんについて知りたくて訪ねて来たのだと言うと、石段に腰をおろして次のように語ってくれたのである——

＊

——山田わか女史のことを聞きたいなんて、おまえ様、今どきにしちゃアずいぶん珍しいことを言いなさるお方だが、そうかね、東京から来なすったのかね。このあたりも昔とすっかり変っちまって、たんぼや畑を作ってる家は年毎に減って行く——若い者はみんな月給取りに出て行って、あそこに見えるような小ぢんまりした家に住んでるんだね。年寄りはどしどし死んで、今じゃあ、もう、昔のことを知ってる者アたんとはいない。若い者は、山田わか女史と言ったってまるで知っちゃアいますまい。

六十ぐらいにしか見えないとおまえ様は言われるが、わたしゃアもう七十の上を幾つも出てるでね、まあ、大正時代からの久村のことなら知ってますよ。——この村がいつ頃から久村と呼ばれたのか知らんが、久村という名は、元は久里浜から出たらしい。在郷《ざいご》のことを、むかしはその村の地形や仕事から村方《むらかた》とか山方とか呼んだもんだが、この久村は、〈久里〉の〈浜方〉にたいするその〈村方〉という意味で〈久村〉と呼んだわけだ。しかし久里浜の村方と言ったって、大昔はこのあたりだって海だったんだろうよ——その証拠に、たんぼや畑を鋤《うな》ってると古い貝殻や砂の出て来ることがあるものな。

山田わか女史の実家は、この久村の内じゃあ入口の方に在らアね。——そう、そう、おまえ様の見て来なすったという八幡様のすぐ向かい側よ。浅葉という苗字《みょうじ》はほかの土地にはないそうだが、この三浦半島でも、この久村にあるだけだ。わか女史の実家の浅葉家は、家号というか通称というか、〈モリの家〉とわしら小さい頃は呼んでいたねえ。そうだなあ――〈モリ〉とだけ言うこともあったし、〈モリの店〉と呼ぶ者もあったな。どんな字を書くのかわしゃア知らないが、大方、〈木〉の字を三つ重ねる〈森〉なんじゃあるめえか。今は小ぢんまりとした家にしちまって、昔の面影はひとかけらも残っちゃいないが、あの家は元は大したでかい家で、広くてみごとな屋敷森があったんだ。となりには八幡神社の神森があるし、とにかく、遠くから見たら立派なもんだった。それなもんだから、村の者が「森の家、森の家」と呼んだんだろうよ。

いま、家がでかかった――と話したが、わしの生まれるよりもっと昔には、あの森の家は、屋敷がでかいばかりでなく、久村でも指折りの物持ちだったそうだ。わしの知ってる大正時代には、もうそんな勢いはなくなっていたが、明治時代までは田畑もたんとあるし、その上山まで持っていて、春の種蒔き田植えどきと秋の穫入《とりい》れどきとには、村の若い衆や娘たちを頼むほどだったとよ。おれの爺さまは、「若い時分、森の家の手伝いに行ったことがある」と言ってたっけが、たんぼ仕事のほか、何でも砂糖黍《きび》を作っていて、それを搾《しぼ》ったり煮つめたりする仕事もやらされたそうな。

そういう物持ちの家が、あっと言う間に傾《かし》いでしまうんだから、浮世というものは儚《はか》ねえし又おっかねえもんだ。どうしてそんなになったんだか、わしゃ知らねえが、たんぼや山を切り売り切り売りしてったんだろ。このあたりを歩いて訊いてみなさりゃ、「この田は、むかし森の家のだった」「この山もそうだった」というのが多いだよ。

——わか女史の小さい頃の話は、わしも知っちゃいないねえ。知ってるのはわしの親父だが、もう二十年も前に墓場ん中だ。——しかし、親父から聞いたところだと、わか女史は、わし等の出た久里浜小学校しか出ちゃいないという話だったね。尋常しか卒業しねえで、それで女でいながら評論家つう先生になって、新聞や雑誌に名前や写真が出てたんだから、偉いもんですよ。

わしがかすかにおぼえているのは、わか女史が旦那の先生と一緒に森の家へ来ていたときのことだね。ありゃア何時頃《いつ》だったのかな——わしが未だ尋常の一年か二年の時分だから、明治の末年か大正の初めでしたろう。森の家に、何でもメリケン帰りだちゅう女が来ていて、餓鬼《がき》仲間でうわさしたのをおぼえてるんだ。どういううわさかと言うと、それが赤茄子《あかなす》なんだね。

赤茄子なんて言葉、おまえ様も知りますまいが、この久村の者だって、今となりゃもう婆様連《ばあさんれん》しか知っちゃいないな。つまりトマトのことなんで、明治の末だか大正の初めだかにここへも入って来て、東京へ出すと高く売れるというんで畑へ作りはじめたのは良いが、あの臭味が鼻をついて誰も喜んで食う者はない。そこへ、どこからともなく、「赤茄子は気違い茄子だ。食うと狂い死するそうだ」という話が流れて来たから、子どものわしらは、

「赤茄子、馬鹿茄子、気違い茄子」とどなってトマト畑へは近寄りもしなかった。ところが、森の家へ来ていたメリケン帰りの女だけは、その赤茄子を、平気どころかとても旨《うま》そうに食うというんだね。それで子ども心に肝《きも》をつぶして、いまだにおぼえているわけだが、あれが山田わか女史だったんだねえ。

わか女史、洋服を着ていなかったか——と言いなさるのかね。いいや、洋服じゃァなくて着物じゃった。わしら、子どもじゃったから、メリケン帰りは男も女も洋服にハットかむっているものと思っていたのに、わか女史、裾ひらひらのスカートどころか、うちの母ちゃんと似たり寄ったりの地味な着物を着ていたので、期待はずれで妙な気がした。うっかり道で行き合うと、英語でぺらぺらと話しかけられそうな気がして、もし話しかけられたらどうしようかと思うと胸がとどろいて来てどうしようもなく、畑道を走って逃げ出したんだから、はは、昔の子どもは純情なもんだったよ——

わか女史、アメリカではずいぶん苦労したんだと親父から聞かされたことがあるが、どういうことだったんですかなあ。何でも、日本で言えば吉原のようなところにもいたことがある——と、これは親父からでなくて誰かほかの人から聞いたことがあるが、本当なのか嘘なのかわしは知らない。

まあ、わしが山田わか女史について知ってるのはこれくらいで、さっきも言ったとおり村の年寄りはみんな死に絶えてしまったから、もう、この久村じゃあこれ以上のことは分りますまい。もっともっと知りたかろうが、お気の毒でしたのう。秋ももう末じゃし、日が落ちるとすぐ暗くなるで、気をつけて早くお帰んなされよ。もっとも、東京から小さな汽船で久里浜の桟橋へ上るしか道のなかったわし等の餓鬼時分とちがって、今は電車が二、三十分おきに走ってるだから、日の落ちるのを気にするのなんかは時代遅れなんだがよ――

＊

〈山田わか女史〉という古風な呼び方を律義に最後まで崩さなかったこの老人の態度に、わたしは、かつてふるさと人が彼女に寄せた尊敬の念の片鱗《へんりん》を見たように思った。けれど、老人の言葉によれば、この久里浜でも若い世代は山田わかの名すら知らず、かつてその名に同郷人としての誇りをいだいたことのある老世代は、過半があの世に籍を移してしまっているという。そして彼は、追い打ちをかけるように、「この久村じゃあ、これ以上のことは分りますまい」とも言うのである。

その生い立ちやアメリカ渡航の理由についてせめて痕跡でもつかめるならと思いつつ、わたしの心には、他方ひそかに、その郷里を訪ねれば意外な収穫が得られるかもしれない

——という期待があったようなのだが、やはり時期は遅きに過ぎたのだ。秋の日は釣瓶落《つるべ》しという表現をそのままに西山へ日が落ち、たちまち暮色に染められた久里浜に別れを告げて、わたしは、東京へ戻らなくてはならなかったのであった——

かくしてわたしの三浦半島行きは終ったのだが、しかしこの訪問は無駄ではなかった。——というのは、この探訪より帰ってからわかの著書を再読してみると、それまでに読み取れなかったことがいくつも明らかになって来たからである。すなわち、彼女の著書のなかで抽象的にしか書かれていなかったことが、彼女の郷里の自然的・社会的諸条件に照らして読むと、疑いもなく彼女自身のことだと思い当たり、また、まるで他人《ひと》ごとのように記されている事件が、彼女の生家の状況その他に照らしてみると、彼女みずからの身の上のことだと見当がついて来たりしたのだった。

ここに至って、いよいよわたしは、山田わかの生い立ちとそのアメリカへの旅立ちの経《けい》緯《い》とを綴らなければならないのだが、靴をへだてて痒《かゆ》い足を掻くようなもので、苛《いら》立《だ》たしいことこの上ない。しかし、今のわたしとしてはそれで満足するよりほかはなく、そしてその限りで記すならば、それはおおよそ以下のごときものであったらしい——

——山田わかは旧姓を浅葉といい、明治十二年十二月一日、旧神奈川県三浦郡久村六百九拾九番地に生まれた。父は浅葉弥平治といって、後ほど記すように時代を先取りできる才能ではなく、三浦半島を世界としてものを考える人でしかなかったが、心はあたたかな人であったらしい。前章に記したわかの孫の山田弥平治さんの名が彼女の父の名と同じなのは、彼女が自分の孫にわざわざ父の名を附けたからであって、この一事からでも、彼女が父にたいして深い愛情をいだいていたことがわかるのである。

けれどもこの弥平治という人は、元はといえば浅葉家の嫡子《ちゃくし》ではなく、外から婿入りをして〈森の家〉の浅葉家を継いだ人であった。江戸時代の文化・文政期といえば、シーボルト事件が起ったり大塩平八郎の乱が惹起《じゃっき》されたりした時期であるが、この頃久村に浅葉利三郎なる物持ちの百姓があって、その跡を長男の長治が継いだのだが、長治は男の子に恵まれず、そこで、天保十四年生まれの長女ミヱの婿として、同じ三浦郡金田村の高木忠四郎の次男弥平治が迎えられたのである。弥平治は天保七年の生まれ、ミヱより七歳の年長で、ふたりの結婚は文久二年の二月五日、弥平治二十六歳、ミヱ十九歳のときであった。

こうして浅葉家の人となった弥平治とミヱとのあいだには、明治元年九月に誕生の長男福太郎を頭《かしら》として、三人の男の子と五人の女の子がつぎつぎと生まれた。すなわち、明治四年に次男の忠蔵、つづいて長女の誕生を見たらしいのだが命名にも至らず夭折《ようせつ》、明治七年に二女のヤヱ、西南戦争の年にあたる明治十年には三男の常吉が生まれている。そしてそれより二年のちに生まれたのがわかであり、そのあと四女のタミが明治十六年に、五女のヒサが明治十九年にそれぞれ産声《うぶごえ》を挙げたのである。

三男五女という子沢山のうちのひとりとして生まれたわかは、幼少時代、父母より特にかわいがられるというようなことはなかったらしい。「天ハ人ノ上ニ人ヲ作ラズ、人ノ下ニ人ヲ作ラズ」という福沢諭吉の言葉がすでに書物となっている明治十年代であったが、男尊女卑の風習はまだまだ根強く、長男の福太郎をはじめとする三人の男の子は大事にされても、わかを含む四人の女の子は、あまりいたわられることなく生育したのだった。

山田わかを知る人はこぞってその体軀の偉大だったことを言い、今日に残された写真を見ても、彼女が日本人の標準をはるかに凌駕《りょうが》する体格を持っていたことが分るのだが、幼い頃よりすでに彼女は四肢《しし》人並みすぐれており、そしてそれにふさわしく活潑でしかも天衣無縫《てんいむほう》であったらしい。北風の冷たい冬のあいだは別として、初夏からはたいてい素はだかで、家の前の小池や田のあいだをうねりつつ流れる小川で遊んでいた。おたまじゃくしや源五郎虫などを取るのだったろうが、時に赤蛙を見つけると、田のなかでも草むらでもかまわずに追いかける。そして苦心の末にとらえるといきなり皮を剝《む》いてしまい、草の葉につつんで大事に家へ持ち帰り、いろりの火に焙《あぶ》って食べるのだった。

いかにも明治期らしい村童ぶりだが、こうした遊びのとき一緒なのは、わかのすぐ上の姉と兄——すなわちヤヱと常吉のふたりであった。五歳ちがいの姉と二歳ちがいの兄は、遊びざかりのわかにとって、おそらく、前者は手頃な指導者であり後者は適当な競争相手であったものと思われる。

　この姉のヤヱと兄の常吉のふたりのおかげで幼女期のわかの毎日は楽しかったが、しかし、まずヤヱが学齢に達して久里浜尋常小学校に入学し、つづいて常吉も入学すると、わかの身辺は淋しくなった。わかは、「おれも、学校へ行くんだアー」と地踏鞴《じたたら》を踏み、学校へ行くふたりの後をしばしば追いかけ、ある朝などは、幼い彼女のかつて見知らぬ遠方まで行ってしまい、そこでふたりに撒《ま》かれてしまったという。

　小学校へ行く道順は知らず、わが家へ戻る道筋も分らなくなったわかは、とある家の黒板塀の前で大声を挙げて泣き出した。季節はあたかも夏であり、例によって素はだかだった彼女は、流れる涙を拭ってはその手で黒板塀をこすり、ふたたびその手で涙を拭うので、顔はもちろんのこと胸や腹まで真っ黒になってしまった。そこを通りかかった村の女が慰めの言葉をかけたが、炭小屋から出て来たような有様で、どこの家の何という女の子なのか見当もつかない。「この辺で、はだかで飛びまわっている女の子は〈森の家〉のわかちゃんよりほかにねえが、おめえ、わかちゃんかや?」と訊ねると、その炭の子は泣きじゃくりながら首を縦に振り、そこで村の女が彼女を家へ連れ帰ってくれたのだった——

こんな小事件があったため家に置くのが面倒になって来たからだろうか、父の弥平治は、貝塚先生という小学校の校長に頼んで、学齢に足りないわかを校内で遊ばせてもらうことにした。そして、今度は姉や兄のあとについて堂々と学校へ行くことのできるようになったわかは、次には、授業時間になると教室へ入り、ヤヱのかたわらに坐って、先生の教えるのをおとなしく聞いているのだった。――時期は明治十年代の半ば頃、「邑《ムラ》ニ不学ノ戸《コ》ナカラシムル」ことを宣言した明治五年の「学制ニ関スル仰被出書《オオセイダサレショ》」を戴しての小学校教育ではあったものの、現実の就学率は非常に低く、乳幼児を背中にくりつけて登校する子どもも少くないような状況だったから、わかの場合も容認されたのであったろう。

そのうちに歳月が経って明治十九年四月となり、わかも学齢に達して久里浜尋常小学校へ正式に入学。彼女の喜びは天にものぼるほどで、夜の明けきらぬうちに眼をさまし、登校時間にはまだ間があるというのに、「早く行くべ、早く行くべ」と常吉をうながすのである。そして、こうして毎日通った小学校では、幼時からすでに学校の授業に慣れていたせいかあらゆる学課の成績が良く、一年のときはむろんのこと二年でも三年でも首席を占め、四年生になっても依然として同じであったということだ。

もしもこのままの学業成績で上級の学校へ進んだならば、わかの生涯は、おそらく、幸福ではあったかしれないが平凡なものとなっていたにちがいない。けれどその時、彼女の人生をそのように在らしめない原因のひとつともなった事件が起ったのである。

その事件というのは、父の弥平治と母のミュが、わかを尋常小学校より上の学校にはやらない——と決めたことである。「百姓の女は、自分の名さえ書ければそれで良いもんじゃ。それ以上の学問をさせると、碌《ろく》なことにならん」というのが、父母のわかを高等小学校へ進ませない理由であった。

遊び仲間の誰彼《だれかれ》が高等小学校へ進むのに自分は進めないと知ったわかは、「おれも高等へ行きたい。三度のまんまを二度に減らしてもいいから、高等へ行きたい——」と泣いて父母に哀願したが、しかし父も母も取り合ってはくれなかった。父は「子ども心であんなことを言うので、直《じ》きに忘れる」と言い、母は「高等へ出さない代わり、お針を習わしてやるから」とわかを慰め、それでわかの希望は完全に圧殺されてしまったのである。

第二次世界大戦後の今日でこそ、小学校六年に加えて中学校三年までが義務教育となっているが、近代国民教育がスタートしたときの義務教育は下等小学四年のみであった。明治十九年すなわちわかが小学校へ入学した年に、新たに「小学校令」が制定されて国民教育のいっそうの近代化がはかられたが、しかし義務教育は、四年制の尋常小学校と同じく四年制の高等小学校のうち、前者だけに限られていたのである。だから世の親たちは、子どもを尋常小学校へはやらなくてはならないが、高等小学校へは上げても上げなくてもよいわけで、わかの父母はその後の方の道を選んだのであった。

かくして高等小学校への望みを断たれたわかは、それからの幾年かを、子守りと田畑の仕事とに従事して過した。冬や夏の農閑期には、夜のひとときを母が針の運び方や留め方を教え、また近所の百姓家へ裁縫の稽古に出してくれたけれど、その他の季節には、父母や兄姉と一緒に農業労働をしたのである。今で言えば小学校の五年生だが、しかし幼い頃から体軀に恵まれていたわかだったので、その仕事の質と量は相当なものであったらしい。

彼女の従事した仕事には、田植えもあれば草取りもあったが、しかし、後年まで彼女の印象に残ったのは砂糖作りの仕事であった。頃は初秋、十分に伸びた砂糖黍を畑から刈り取って来て軒下へひと晩積んで置き、翌日から製造に取りかかる。八幡神社の側に開いた庭に轆轤《ろくろ》をすえ、轆轤の頭へ長い棒を結びつけ、その棒の端を牛に引かせて黍から汁をしぼるのだが、その牛を御《ぎょ》すのがわかの役目だったのである。こうしてしぼった青臭い汁を大釜で煮つめ、それから順次に精製して行くのだったが、その過程で少しずつ嘗《な》めるくらいは大目に見られたので、甘味に乏しい農村生活ではあり、長く彼女の記憶に残ることとなったのだろうか。

また、後々まで脳裡《のうり》に残ったもうひとつの仕事は子守りであって、これは、十二歳年上の長兄福太郎が明治二十一年に結婚し、その年のうちに長女のセイが生まれ、三年後に長男の敏治が生まれた頃からはじまった。背中に乳児をくりつけられたわかは、久村のあちこちを歩き、時に久里浜高等小学校の校庭に立つこともあったが、校舎内の子どもたちの声を耳にするにつけわが身の上がかえりみられて、悲しい思いで胸を満たさなくてはならなかったのであった――

しかしながら、子どもごころにも自分の意に添わぬ暮らしであったのに、わかは、性格的にひねくれたりすることなくおおらかに育った。少女時代のわかは、素直で同情心に厚かったらしく、それを示す恰好なエピソードがひとつ伝わっている。すなわち――あるとき汚い女乞食がどこからともなく舞いこんで来て、わかの家に隣接した八幡神社の縁の下に住みついたが、わかはこの女乞食が哀れでならず、当初は自分の食べる物を割いてあたえていた。けれど、それだけでは女乞食のいのちをつなぐことができず、そこで家の食物を持ち出して与えて父母から叱られ、そのことが村の子どもたちに知れて、

森の家のおわかは

乞食の子

わい　わい　わあい――

と囃《はや》し立てられたというのである。

そして、おおらかに育ったのはわかの心のみならずその肉体もであって、幼い頃から人

並みすぐれた体軀を持っていた彼女は、十四、五歳になると早くも〈娘〉と見られて不思議でないようになったらしい。当然ながら、村の若者たちのなかには彼女に思慕を寄せる者もあり、殊に目立ったのは〈虎さん〉という若者であった。

この若者は、わかの著作のいくつかに登場して来るのだけれど、対照資料がないためにその精確な姓名すらわからない。したがって、ここでも〈虎さん〉としか記すことができないのだが、その家は貧農か農村プロレタリアであり、彼の仕事は、あちこちの家の作男にやとわれたり、季節季節の野菜を天秤棒《てんびんぼう》で担《にな》って久里浜や浦賀の町を売り歩くことであった。彼はわかに、所詮は金釘流であったにちがいない恋文を手渡してみたり、裏道に待ち伏せていて裁縫の稽古帰りのわかに声をかけてきたりしたが、体は大きくても心はまだ子どものわかは、はにかんでいるばかりだったという。

この虎さんは、わかの表現によれば、「眉毛の濃い、引きしまつた顔」をしていた。そして後年、彼女がアメリカで暗い生活に明け暮れているあいだじゅう、虎さんの顔は夢に立ちあらわれ、「私をいたはり、私の前に膝まづいて、忠実な奴隷のやうに私にかしづいて呉れた」ということである。おそらくわかにとって、虎さんははじめて自分を愛してくれた男性であり、それだからこそ彼女は、その思い出を「世にも稀な宝を所有して居るやうな誇らかな心持ちで胸の奥に秘めて置」き、「一言も人には洩らさなかつた」のであった――

もしも、わかの家と虎さんの家とが経済的にも家柄的にも対等であったなら、彼は人を介して堂々と結婚の申し込みをすることが可能であり、その申し込みを受けていれば彼女の人生は別なものとなっていたにちがいない。しかし、浅葉家は多大の田畑や山林を持つ家であり、虎さんの家はその日稼ぎのしがない暮らしであってみれば、「おわかさんを嫁に貰い受けたい」などという申し込みはできるはずもなかったし、そうした柵《しがらみ》を破って結婚するには、ふたりの恋はまだまだ熟していなかった。そして運命は、それから間もなく、わかをして別なひとりの男の妻の座にすえたのである。

浅葉家の戸籍を見ると、わかは「明治廿九年八月廿日、同県同郡横須賀町小川、平民荒木喜八弟七治良ニ嫁《カ》ス」と記されている。前にもふれたようにわかは明治十二年十二月一日の生まれだから、このとき数え年の十七歳、満年齢では十六歳であったが、それでは、花なら蕾《つぼみ》ともいうべきこの花嫁を貰った男は一体どのような人物であったのか。

山田わかの書き残した著書を相当丹念に読んでも、この結婚についてふれた記述はほとんど見られず、彼女自身この結婚という事実を抹消したかったのではなかったか――とさえ思われるのだが、荒木七治良は明治二年一月十日の生まれ、彼女よりちょうど十歳の年長であった。戸籍には「荒木喜八弟」としか記されていないので詳細は不明だが、家督を継ぐべき長男でなかったことは確かであり、七治良というその名から推すなら、あるいは七人目の子どもだったのだろうか。そして彼は、その家が如何なる職業であったかも不詳なのだが、その家を継ぐべき資格を持たなかったまさにその故に、自分一個の職業を別途に開拓しなければならず、そこで、横須賀が軍港として活気が帯びて来つつあった時期のこととて、海軍に物資を納めるブローカーのような仕事に就いたらしいのである。

後年関係するようになった雑誌「青鞜《せいとう》」の第四巻第十二号（大正三年一二月）に、わかは「女郎花《おみなえし》」という題の短篇小説を発表しているが、これはどうやら、七治良との結婚生活の一面をフィクショナルに語ったもののように思われる。一篇の内容は、「おきわ」なる東京に住む女主人公が、「相州の或る海辺の町に居る姉」の「おみよ」からつれあいの「八十治」が危篤《きとく》になったという電報を貰い、義兄を見舞い姉をはげますためにその家を訪れ、そこで見聞きしたことを主軸としながら姉夫婦の内心の葛藤《かっとう》の歴史を垣間見る——といったものだ。

「おきわ」の名が〈おわか〉に似ているところといい、「八十治」の文字が〈七治良〉と類縁関係を持っていることといい、またその舞台の「相州の或る海辺の町」が〈横須賀〉を彷彿させる条《くだり》といい、この一篇は、わかの個人史を濃厚に反映している。そして更に克明に読んで行くなら、話者としての「おきわ」すなわち〈わか〉であるのみならず、「八十治」の妻たる「おみよ」もまた〈わか〉の分身だとしなくてはならないのである。

この「女郎花」に露呈しているかぎりで言うならば、わかが荒木七治良と結婚した理由と七治良の人となりとは、以下のごときものであった。作中の「おみよ」が〈わか〉であり、「八十治」が〈七治良〉にほかならぬことを附記して原文を引くとすれば――

〈実際、おみよの此家へ嫁いだのは彼女が未だ十六の年であつた。田舎育ちの初心《うぶ》な小娘は、一家の都合やおせつかいな親類達の犠牲になつて、其のふくよかな、柔かい、世の中に経験のない手を、ゴツゴツした、こはい大きな手に握られた。握つた其の人は、九歳か十歳の時父親に死に別れ、十三四歳から一文商《いちもんあきな》ひをして母親を養つて、遂に町内で一二を争ふほどの資産家とまで成上つた勤倹家であつた。全く、金を貯めると云ふ事が此の人の生涯の目的、其の仕事の全部で、金銭の前には彼の眼中何物もなかつた。若い者は盗人の用心にならないからと云つて、夫婦別々に一人は店へ一人は倉の二階へ寝たり、又おみよの実家が残り少なの田地まで売らうと云ふ逆境に陥つて、親類が皆集つて善後策を講じて居た時、もし金の相談でも持ちかけるやうなら、二十年近くも連添ふた妻を離縁してもいいと云ふ態度を示して居た。〉

七治良は逆境より身を起こした小資産家であったが、しかし、そういう人にしばしば見られるような「勤倹家」、「金を貯めると云ふ事が生涯の目的」となり終っている人であった。つまり端的に言えば守銭奴《しゅせんど》であり、そしてわかがそういう人と結婚したのは、決して彼女の自由な判断と意思によるものでなく、田舎育ちの十六歳という初心を、「一家の都合やおせつかいな親類達の犠牲になつた」ものにほかならなかったのである。

このように見て来れば、次には当然、それでは、わかを十六歳の花嫁に仕立て上げた「一家の都合」とは何だったのかということが問われなくてはならないが、それは、「おみよの実家」――浅葉家が「残り少なの田地まで売ろうと云ふ逆境に陥った」ことであった。この浅葉家の経済的危機はわかの残した他の文章からも裏づけられるので、たとえば彼女が「青鞜」第六巻第一号（大正五年一月）に書いた感想「自分と周囲」や評論集『社会に頷づく女』におさめた「女学校へ行かれぬ諸嬢に」などには、村の財産家の一軒であった彼女の実家の窮迫ぶりが縷述《るじゅつ》されている。そして彼女の父や母は、わが娘を愛していなかったわけではないだろうが、小資産家の七治良と親戚になったなら経済的に助けてもらえるかもしれないと計算もすれば期待もして、ほんの小娘のわかを彼に縁づけたのであった。

かくしてわかと結婚した七治良が、浅葉家の人びとの望みどおりに援助の手を差し伸べてくれたならば、おそらくわかは、いつまでも七治良の妻の座に着いていたであろう。わかに取って、七治良がその衰退した実家を肩入れしてくれることは、すなわち彼の彼女にたいする愛情の証《あか》しにほかならず、十六歳の純情な花嫁は、みずからに寄せてくれる夫の愛情さえあればほかには何も要《い》らなかったと思われるからだ。

だが、残念ながら夫の七治良は、さきに引いた小説「女郎花」でわかが断定しているとおり、「金を貯めると云ふ事が生涯の目的、其の仕事の全部」であり、「金銭の前には眼中何物もない」人物でしかなかった。浅葉家よりは、わかが縁づいてから一、二年のあいだに経済的援助の懇願が幾たびもなされたが、七治良は断々乎としてその懇願を拒絶した。そしてこの鉄壁のごとき拒絶は、未《いま》だ世なれぬ幼な妻には、夫の自分に寄せる愛情の薄さとしか感じられず、この事件を契機として彼女の心は七治良より急速に離れ、離れたその分だけ実家の浅葉家へ、浅葉家を支えようと砕心《さいしん》している長兄の福太郎へ——と傾いて行ったのである。

ここに至ってわたしは、わか自身をして語らしめたいと思う。彼女は、個人誌「婦人と新社会」第百十五号（昭和四年十月）に発表した感想「三十有余年前」において、その時の自分の気持を次のように記しているのである——

〈崩れかかつた旧家——農を業とする——の屋台骨を其の双肩に担つて、倒してはならないとうめいてゐる家兄のゲッソリやつれた顔を見た時に、私はたまらなく淋しい気持ちに襲はれた。そして、兄に対する同情が燃え上がつて行つた。

先祖伝来のあちらの山を売り、こちらの田畑を人手に渡し、残つた分のいくらか！せめて其れだけは兄の手に握らせて置かなければ、大きな家族の生活を支へることが出来ない。にも拘《かかは》らず、それさへも、ともすれば危い状態に陥らうとしてゐた。村で評判になつてゐる程恵まれた強大な体格、立派な顔にやつれが見えて来るのも無理はなかつた。

が、幾分残つた田畑を兄の手にシッカと握らせて家族の生活を保証するには、かなり大きな額の金を要した。私は自分の持つてゐる実力に付ては考へても見ずに、兄の重荷の一半を自分の肩に背負はふと思つた。そして、いよいよさうと決心した時に、自分と云ふ者に何やら価値が出たやうな、生き甲斐があるやうな気持ちを味はふことが出来た。〉

先祖伝来の田畑を失い尽そうとしている浅葉家を救うには「かなり大きな額の金」が必要であり、その金をわかは、兄に代わって自分が作り出そうと決心した——というのである。彼女のこの決意の背後に、妻たる者の切なる願いに一顧《いっこ》もあたえてくれない七治良への憎しみを見たら、間違っているだろうか。

それは兎《と》に角《かく》として、その「かなり大きな額の金」を、わかが一体どのようにして作り出したかと言えば、それはアメリカへ行くことによってであった。小学校四年を卒業しただけの彼女にできた仕事は肉体労働だけであったと思われるが、しかしそれで得られる賃金はたかが知れており、そこで窮極、海外へ出て〈女の性〉を売る仕事に就くよりほかになかったのである。

もっとも、彼女が最初から海外売春婦になるつもりでアメリカへ渡ったのかといえば、おそらくそうではないであろう。『恋愛の社会的意義』におさめられた「亜米利加《アメリカ》の婦人へ」という一文には、彼女とアメリカ社会との関係が一側面だけ語られているのだが、これによるなら、彼女にアメリカ行きをすすめたのは、「もう十五、六年も米国に居て確実に地位を固めた日本人成功者」の「夫人」と称する女性であり、その場所は横浜であった。田舎《いなか》町しか知らないようやく十八歳の人妻は、身分不相応に巨額な金を入手すべく横浜へ出て、あちらこちらと仕事を求めて歩いたあげくおそらくは失望のみを味わった。その時たまたま、アメリカより一時帰国したのだというその「夫人」にぶつかって、「アメリカは非常に景気の良い国で、男は金鉱で働いて金をつかみ放題、女は小間使いでもお針子でも日本の幾倍もの給金を取っている」と聞かされて、大いに心を動かされたのであったろうか。そしてその「夫人」が、おそらくは札束をちらつかせるか身に着けた金の指輪を誇示するかして、「アメリカへ行きさえすれば、ほんの一、二年であなたも大金持になることができ、親御さんに孝行ができますよ」と言い、更に「夫にあてて手紙を書いたので、これを持ってお出でなさい。そうすれば万事うまく取りはからってくれるはずだから」と親切に言われると、彼女はすっかり嬉しくなり、勇躍してアメリカ行きの汽船へ乗りこんだのである。――月日は不詳だが明治二十九年か三十年、いわゆる日清戦争が終って間もなく、三国干渉によって日本が大揺れに揺れている頃のことであった。

茫洋たる太平洋を西から東へ向かう船の上で、わかは、内心にこう叫びつづけた。――十歳も年上でしかも守銭奴の夫よ、妻のわたしよりもお金のほうが幾倍も大事だった七治良よ、さようなら。あなたはわたしの兄を助けてくれなかったけれど、このわたしが、メリケンで働いてお金を送って、美事に実家を建てなおしてみせます。日本では「女だから」とさげすまれているわたしですが、メリケンでは誰もが女に親切だそうだし、この大きくて丈夫な体で小間使いをして一所懸命に働き、いまにかならず、あなたよりももっとお金持になって久里浜へ帰ってみせますからね――

しかしながら、わかの純真なこの願いは、アメリカへ着くと同時に、それこそ微塵に打ち砕かれなくてはならなかった。「もう十五、六年も米国に居て確実に地位を固めた日本人成功者」の「夫人」――すなわちおんな女衒《ぜげん》の言った言葉は、一から十まですべて嘘であって、彼女は、アメリカの土を踏むや否や、待ち構えていたおんな女衒の仲間どもの手にかかり、娼婦として売りとばされてしまったからである。

東南アジアへ流れ出たからゆきさんたちの大半が、「南洋へ行けば、女中として良い給金が取れるから」と女衒にあざむかれて出国したものであることを、わたしたちはすでに知っている。東南アジアでなくてアメリカへ向かった女性たちの場合にも、女衒たちの手だては同じであり、そして山田わかもまた同一の手練手管《てれんてくだ》によって、遂に異郷にその身を鬻《ひさ》ぐ女のひとりとされてしまったのであった――

長々と綴ってしまったが、久里浜訪問に照らしつつわかの著書よりわたしの読み取った彼女の〈あめゆきさん〉への道程は、ほぼ、以上に記したとおりだと言ってさしつかえない。そしてその道程があきらかになったからには、次にわたしは、そのようにして海外売春婦のひとりとなった彼女が、サンフランシスコの街のどこに住み、どのような男たちにその春を売ったのだったかを追究しなくてはならないのである。いや、それよりももっと重要なのは、そのような境涯に落ちこんだ彼女が、一体何を力として暗黒界より立ち上り、女流評論家にまでなったのかを究明するということだ――と言わなくてはならないだろう。

しかし、その点を糾《ただ》すべき資料は日本にはなく、サンフランシスコに住むふたりの人――かつてチャイナ＝タウンでホテルを経営していた北野基次さんと、お多福亭の女あるじ泉イエさんの脳裡にのみおさめられているのである。そして、先にも記したとおり北野さんは九十歳、泉さん九十四、五歳という高齢であってみれば、事は急がなくてはならないのだった。

サンフランシスコへ、サンフランシスコへ！　久里浜より帰って数日のあいだ、わたしの胸にはいつかの夕焼け空が燃え立っていたが、しかし一週ののちには消えていた。わたしは、家族の了解を得て、望みどおりサンフランシスコへ向かって空を翔《か》けていたからである——

しかしながら、世界第一の大洋を翔けり飛び、期待に胸をふくらませてサンフランシスコへ降り立ったわたしを待っていたものは、喜びではなくて失望であった。天は、わたしに与《くみ》してくれなかったのである――

このように言ったのでは何のことか分るまいから、もう少し詳《くわ》しく記さなくてはならないが――わたしがサンフランシスコ空港へ着いたのは一九七五年十二月三日の午後であって、そのとき出迎えてくれたのはひとりの初老の男性であった。川瀬泰一と名乗ったこの人は、例の清水さんが、「シスコなら隅から隅まで知っていて、あなたの案内人に良いのではないかと思うから」と、手紙で紹介してくださっていた当人である。

初対面の挨拶をかわし、打ち合わせはホテルでということになって、わたしは川瀬さんの車に同乗。走り出した車の窓より見るサンフランシスコの郊外は、初冬の日本では見られない輝やかな陽光にあふれており、長時間を機内に過したわたしにはこの上なくこころよかった。ゆったりとした道路、その両側に立ちならぶ樹木、そしてその樹木の切れたあたりからは家々の生垣が隙間《すきま》なしにつらなっていて、それらを眺めているうちに、ようやくわたしには、ふたたびアメリカへやって来たのだ――という実感らしいものが湧き上って来たのだった。

川瀬さんとわたしとは、道みち、初対面の場合に誰でもがするような取りとめない会話を交えた。この頃の日本の風俗はどうだとか、アメリカ社会のようすはこんなだとかいった話である。そしてそういう会話がひとしきり済んで、話題がわたしの訪米にふれて来たとき、川瀬さんが、「――そう言えば、山崎さん、惜しい人を亡くしましたよ」と言われたのだった。

あまりにもさりげない言い方だったので、わたしは、例の取りとめない会話の続きかとしか思わず、どなたが亡くなったのですか――と静かに問いかけた。これにたいして川瀬さんは、相変らずハンドルの前に目を向けたまま、やはり同じさりげない口調で、「それがですね、北野さんが亡くなったのですよ」と答えたのである。

一瞬、わたしの全身は水を掛けられたように冷たくなり、次の刹那《せつな》には、心臓が破裂してしまうのではないかと気づかわれるほどにとどろいた。「北野さんて、あの、チャイナ〟タウンでホテルを経営していた、北野基次さんですか――?」と訊ねるわたしの声は、おそらくは上擦《うわず》っていたにちがいない。そして、わたしの声音《こわね》が先程までと打って変ってあまりにも異常だったからであろうか、川瀬さんはようやく、横の坐席のわたしに視線を走らせ、今度は関心のこもった声で、「ええ、そうです。清水さんから言われましてね、あなたが来られたら、知ってることを全部話してあげてくださいと、つい先だって頼みに行ったばかりでした」と答え、更に「――しかもね、山崎さん、その亡くなったのが急死でしてね、今朝の六時に落命したのですよ」と附け加えたのだった。

街は依然として輝やかな陽光にあふれていたが、わたしの胸中は闇であった。山田わかの娼婦時代を直接に見て知っている人、その人に頼る以外に彼女の前身に迫るすべはないと信じ、はるばるとこのアメリカへ飛んで来たのに、当人はもはやこの世の人でないというのだ。それも、半月前、ひと月前にあの世の人となったというのならまだ諦めもつこうけれど、昨日までは常と全く変らなかったものが、今朝の六時――わたしのサンフランシスコに到着するわずか七、八時間前に幽冥境《ゆうめいさかい》を異《こと》にしたというのである。

間に合わなかったのだ、間に合わなかったのだ、九十歳という高齢を懸念して可能なかぎり急いで渡米したのだったが、それでも遂に間に合わなかったのだ！　亡くなった北野さんを悼《いた》む気持と、取材の望みを断たれたわが身を憐れむ思いとが一緒になって、わたしの頬は生あたたかな雫《しずく》で濡れた。そして、その涙の淵に引き込まれそうになりながら、わたしは川瀬さんに向かって「――お多福亭の泉イエさんは、大丈夫でしょうね？」と訊ね、

「泉さんは、元気ですとも」の答えを得て、辛うじてその場に踏みとどまることができたのだった――

日附変更線を越えて長時間飛びつづけて来たため綿のように疲れているというのに、その夜、わたしは熟睡を得ることができなかった。サンフランシスコの人びとから〈ジャパン＝センター〉と呼ばれている日本人街、そのほぼ中央部に位置する都《みやこ》ホテルに宿を取り、部屋は快適だったのだがなぜかわたしの眠りは浅く、悪夢こそ見なかったが重たいものに胸を圧されるような感じがつづくうち、やがて東が白み、いつしか陽が昇ってしまったのである。

食欲のないままに簡単な朝食をすませたわたしは、姿を現した川瀬さんに頼んで、北野さんの家へ連れて行ってもらうことにした。前日した川瀬さんとの打ち合わせでは、この日は、領事館をはじめ新聞社などを挨拶に回ることにしてあったのだが、わたしには、頼みにしていた北野さんがわたしの訪米のまさに当日に亡くなったことが、仏教の用語で言えば何かの因縁《いんねん》のように感じられてならなかった。それでわたしは、話にのみ聞いていて遂に一度も逢うことのなかった人ではあるけれど、せめて花の一輪なりと捧げたい――と思ったのである。

かつてチャイナ＝タウンでホテルを経営していたという北野さんの老後の住居は、サンフランシスコより三十キロばかり離れたオークランド市の一隅にあった。訪《おとな》いの合図で玄関へ出て来られたミセス北野は、小柄なからだに銀髪のきりりと似合った老婦人で、年齢は八十の由だがとてもそのような高齢には見えない。旧知の川瀬さんの訪問は別として、わたしの闖入《ちんにゅう》には一瞬とまどわれたらしかったが、川瀬さんとわたしとの交《こも》ごもの説明ですっかり了解してくだすったのは嬉しかった。

ミセス北野の案内で、わたしは、応接間に飾られてある北野基次さんの遺影を拝し、途中で求めて来た花束を供えた。こうしてひとまず気の済んだわたしが、後より訪れる弔問客の邪魔になってはならないと考えて辞去の挨拶を述べかけると、ミセス北野はそれを押しとどめてわたしたちを別室に招じ入れ、次のように言われたのである。――「北野があなた方にして差上げましょうと言っていたお話、このわたしの知っていることでしたならば、北野に代わってわたしが申し上げましょうから、どうぞ何でも訊《き》いてください」と。

当主の亡くなって取込みの最中ではありわたしは遠慮したのだが、ミセス北野は、「あなたが遠慮をされても、北野が生き返るものではありません。それよりか、遠い日本からやって来られたあなたのためにわたしがお話しする方を、あの人は喜んでくれるはずです」と言って下さった。そうして、わたしから問いを抽《ひ》き出し、進んでそれに答えてくだすったのであった。

ミセス北野の話によると――北野夫妻がホテルを経営していた場所は、サンフランシスコの下町にあたる通称チャイナ＝タウンの一角であった。このチャイナ＝タウンは、北野夫妻がやって来た明治三十年代にすでに全盛で、中国人の経営するありとあらゆる商店があり、一隅には娼館も軒をつらねていた。北野夫妻のやっていたホテルは、小部屋の多い鉄筋コンクリートの四階建て。旅行者が一夜ないし数日を宿泊して発《た》って行くというそれとは少しばかり様子が違って、月極《つきぎ》めで宿料を支払う下宿屋のようなものであり、日本人と中国人を主軸としてその他のアジア人・黒人が客であった。

記憶にあざやかなのは、明治四十年前後の頃であったろうか、北野ホテルを常宿としていた熊本県出身の初老の船員で、彼は船から上って宿泊すると娼館街へ出かけるのが毎夜であった。そして、用事のない昼間には、同じ言葉を話す日本人同士として北野夫妻のところへ遊びに来て次第に親しみを深めたが、その時の彼の話では、娼館には中国娘もいるけれど日本の娘もかなり多く、同郷熊本の娘も少くなかったということだ。

自身が女性だったこともあってミセス北野は娼館街へ行ったことは皆無だが、しかし夫妻の娘の操さんは、小学校の友人に娼館経営者の娘がいたために、その内部へ入って行った経験があるという。聞けば操さんは現在およそ五十歳、その幼女だった日のことだというからおそらくは昭和期の初めであろう、一日、娼館経営者の娘の和子ちゃんと毬《まり》つきをしていたところ、その毯が建物のなかへ跳ね込んだ。そこで毯を追いかけて行ったら、通路の両側に四畳くらいの小部屋がずらりと並んでおり、しかもどの部屋にもベッドしか置いてなかったので、和子ちゃんに「あの部屋、なあに？」と訊ねたが、彼女は答えずに黙っていたという。

また、これと並んでいまひとつ忘れ難いのは、北野ホテルの筋向《すじむ》かいに通称〈キャメロン＝ハウス〉という建物のあったことであるという。これは、北アメリカのミッション＝ボードの作った一種のセッツルメント、娼館から逃げて来たり救出されたりした女性たちが更生めざしての生活を送るところで、キャメロンという女丈夫がそのすべての責任者だったからであった。そしてこのキャメロン＝ハウスから、あるとき北野ホテルへ、「あなたのホテルの客が、暑いからだろうけれど裸体になるのがこちらから丸見えなので、どうか気をつけてほしい」と抗議があり、北野夫妻より宿泊人へ注意をうながして事は済み、そのほかにトラブルの起ったことはなかったというのだった――

ミセス北野の話は以上に尽きており、わたしがいくら誘導しても、山田わかの話は出てこなかった。ミセス北野の女だったことがハンディキャップとなって見聞に限界があり、ミスター北野は知っていたのではなかったかと思ったが、どうもそうでもないらしい。わかが娼婦生活を送っていた同じ時期に、わかのいた同じ娼館街でホテルを経営していた北野夫妻が、彼女について何ひとつ知っていないというのは一体どうしたことだろうか。
——しかし、このとき耳朶《じだ》に受け流した〈キャメロン＝ハウス〉が、わかの生涯に大きく関与していた事実が後日に判明して来ようとは、神ならぬ身の知る由もなかったのであった。

それは兎に角として、わたしは、非礼な闖入者としてのお詫びとお礼とをねんごろに述べてミセス北野のもとを辞去、サンフランシスコに取って返した。すでに正午近くになっていたので昼食を摂《と》ることとし、川瀬さんのすすめもあって、ジャパン＝センターの中程にあるお多福亭へ車を着けた。すでに記したようにお多福亭は、わたしのめざすもうひとりの訪問相手——泉イエさんの経営する日本料理店であり、わたしにはこの上なく都合が良かったからである。

車より降り立って見まわしたジャパン＝センターは、サンフランシスコの他の街がいかにもアメリカ風なのにくらべると、日本へ戻ったのかと一瞬錯覚しそうな雰囲気《ふんいき》に満ちていた。ゆとりのある道路やその石だたみは確かにアメリカのものだったが、両側に建ちならぶ店々は日本風の屋根や柱や障子などを生かしてあり、看板にも、英文にまじって「お多福亭」「富士屋」「五車堂」といったぐあいに漢字で書かれたものが多いのである。
お多福亭で食事をすませたわたしは、この店の一切を委《まか》されているという泉イエさんの養女に挨拶し、彼女より連絡を取ってもらって、イエさんの住居を訪ねて行った。お多福亭より徒歩で十分ばかりだったその家は、鉄筋コンクリート製の建物の外装に木の板を鳥の羽根のように重ね張りしたもので、その板は長年の風雪に黒ずんでいたが、それがかえって趣きをかもすに役立っていた。

階段を数段上って玄関の呼鈴《これい》を押すと、ややあって現れたのは二十四、五歳くらいの女性で、後に聞いたところではイエさんの姪《めい》である由。そしてイエさんは、日当りのよい二階の寝室におられるとのことで、川瀬さんとわたしはそこへ通されたのだった。

はじめて逢う泉イエさんは、年齢九十四歳であるというのに、大きな薔薇《ばら》の花模様のピンクのネグリジェに真赤な裾長のガウン、それに同じく赤い室内履きという少女さながらのいでたちであった。日本でも近年は、平均寿命のいちじるしく延びたことを反映してか老人の服装が少しずつ派手になって来ているけれど、彼女の服装は、日本の老人のそれに比較すれば桁外《けたはず》れだったと言わなければならない。そして正にその桁外れの点に、わたしは、アメリカを、アメリカナイズされた日本人移民一世の姿を見たと思ったのであった。

清水さんと川瀬さんから「昔の話を聞きたいので――」とすでに趣旨を通してあったので、話はいきなり明治・大正期のサンフランシスコと日本人移民のこととなった。イエさん自身の経歴から聞いて行くのが礼儀でもあれば好都合でもあったので、わたしはお多福亭のことから訊きはじめ、当初はうどん屋程度のささやかな店から出発したお多福亭が、従業員十数人を使う今日の規模にまでなった経緯は詳細に知ることができた。けれどもイエさんは、娼館のことや山田わかのことになると話をそらすか口をつぐむかしてしまって、ほとんど話してくれないのだ。

アメリカナイズされているとはいえイエさんは明治の日本女性であり、いわゆる女のつつしみが桎梏《しっこく》となって、娼館のことも山田わかのことも言い澱《よど》んでおられるのだろうかとわたしは思った。そこでわたしは、イエさんにはそれと悟《さと》られぬよう、婉曲《えんきょく》に遠くから攻めて行く方法を採ることにしたが、その方法で二時間の余をわたり合っているうちに、残念ではあるが確信せざるを得なかった——彼女はあめゆきさん一般についても山田わかに関しても、何ひとつ知ってはいないのだ、と。九十四歳という年齢といい、山田わかの娼婦時代を同じサンフランシスコに住まっていた女性だったことといい、誰しもがわたしの取材の最適任者と考えるに不思議はなかったろうが、しかし彼女は、娼館のあったチャイナ＝タウンから遠く離れた日本人街の生活に始終したため、あめゆきさんたちについては塵ほどすらも見知っていなかったらしいのである。

わたしたちが久しぶりの訪問者だったからだろうか、イエさんはいつまでもと引き留めたが、しかし冬の日が西に傾いたのを見ては、後に心を残しつつも腰を上げなくてはならなかった。そして、肥った体をもてあましつつ部屋の出口まで送ってくだすったイエさんと別れ、車中の人となってから、わたしは、身も世もあらぬ焦燥に心を焼かれなくてはならなかったのであった。

その人たちに訊ねれば山田わかの娼婦時代の大方がわかるのではないかと教えられ、その人たちの直話にすべてを賭けてふたたびアメリカへ渡って来たというのに、ひとりは瞬時の差であの世の人となってしまい、いまひとりは全くの期待はずれでしかなかったのである。信仰というものを持たないわたしなので、神仏がわたしを見棄てたのだと言うことはできないから、別な表現を探すなら、運命がこのわたしを見限ったのだ――と言うべきか。運命に導かれて山田わかの人生の軌跡《きせき》をこれまで追いかけて来たのだけれど、娼婦から這い上って評論家にまでなったひとりの女性の稀有な生涯のもっとも重要な細部は、ついに不明なままで終るしかないのだ！

ホテルに帰り着いたわたしは、全身の力が抜けて茫然とし、ベッドに横になっていつの間にか眠ってしまったらしく、幾十分か経って眼を醒《さ》ました。そして、ともりはじめた街の灯を眺めるともなく眺めているうち、わたしは、到着した昨夜につづく今朝からの繁忙に他を省《かえり》みるゆとりがなく、清水さんに再訪の挨拶をしていないことに気づいたのである。

北米毎日新聞社へ電話を入れてみると、清水さんは未だ在社されていたので、わたしはただちに駆けつけた。昨夜にでも伺候《しこう》しなければならぬところを今頃になってしまった理由と詫びとを述べると、清水さんは、豊かな顎鬚《あごひげ》に埋った口元にやさしい微笑みを浮かべつつ、「申しわけないことになりましたね——北野さんは亡くなるし、泉イエさんは何も知らなかったとは。わたしが、取材をおすすめしなければ良かったかな」と言われた。そして、わたしがあまりにも落胆しているのに同情されたからだろうか、「山崎さん、諦めてしまわないでください。まだ、打ってみる手はあるのですから」と附け加えられたのであった。

まだ打つ手がある——と聞いてわたしが眼を上げると、清水さんは自信ありげにうなずきながら、「わたしの仕事は新聞ですからね、山崎さん。あなたが山田わか伝の取材で行き悩んでいる——と、記事を出してあげましょう。そうすれば、読者から何かの反応があって、手がかりが得られるかもしれませんよ」。わたしは、ひとすじの活路を見出した思いで身を乗り出さずにいられず、これにたいして清水さんは、「うちの新聞だけでもよいが、万全を期すために、『日米時事新聞』にも同様の記事を載せてもらうのが良いですな」と言い、「日米時事新聞」の浅野七之助会長に連絡を取ってくだすったのである。

一日おいた次の日の朝、ホテルの一室で「北米毎日新聞」と「日米時事新聞」を開いたわたしは、清水さんと浅野さんの約束して下さった記事を発見した。わたしの写真と共に、山田わかの伝記を書くため女性史研究者の山崎が東京から来たということ、しかし彼女の娼婦時代を知る人がひと足違いで他界して途方に暮れているということが書かれ、彼女についてニュースソースを持っている人の協力を望むと締めくくられている。この記事を読んでわたしはようやく心が明るくなったが、何よりも有難く思ったのは、わたしへの連絡先として、都ホテルの電話およびわたしのルーム＝ナンバーの記されていたことであった。

わたしは待った——電話のベルの鳴りひびくのを。音高くベルが鳴りひびいて、耳に当てた受話器の奥より山田わかについての情報を伝える声の聞こえて来るのを。

けれど、どうしたというのだろうか、電話のベルは一向に鳴らない。いつ掛かって来るかわからない電話だと思うと、少しのあいだでも部屋を空けることがためらわれて、わたしは午前中をじっと自分の部屋にこもって待ち、午後も同じようにして待ちつづけた。だが、時折かかって来る電話はほかの人からのものであり、わたしの待ち望むそれはやはりかかって来ない。そして、あざやかな夕焼けを示すいとまもなく冬の日が落ち、夜の闇がサンフランシスコの街を覆っても、なお依然として電話のベルは鳴らなかったのである。

空しい期待に神経を磨《す》り減らし、心身共に疲れはてたわたしは、夕食と入浴を済ますとベッドに入った。そうして、夢ともつかずうつつともつかずさまざまなことを考えて輾転《てんてん》としていると、突如、電話のベルが闇をつんざいたのである。

待って待って待ちつくしたすえ遂に失望してベッドに入ったわたしには、その朗らかに鳴りわたるベルの音が、夢の中の出来ごとのように感じられた。だが、数瞬ののち、わたしはそれが紛《まご》うべくもなく現実のものなのだと気づき、ころげ落ちるようにベッドから降りてテーブルに走り、電灯をともすと共に、黒くつややかに光る受話器を手に取ったのだった。

わたしが「もしもし」と声をかけると、レシーバーからは、圧《お》し殺したように低い老女の声で、「――山崎さんですね、東京から来られた山崎朋子さんですね?」とわたしを確かめる言葉が流れて来る。「そうです、わたしがその山崎です――」と答えると、その低い老女の声は、「――あなたのこと、今朝の新聞で読みました。この前サンフランシスコへ来られたとき、あなたの講演を聞きましてね、身につまされて涙をたんとこぼしましたよ。それなもので、電話をする気になったんですよ」と言うのだった。

今朝の新聞記事を見てわたしに電話をかけて来るからには、山田わかの娼婦時代を知る人にちがいないので、わたしは婉曲《えんきょく》にその旨を言い、できることならお目にかかりたいと告げると、彼女は答えた。――「申しわけありませんが山崎さん、わたしはねえ、山田わかさんのこと、直接には何も知りませんのです。死んだ亭主から、日本へ帰って評論家女史になったストリート＝ガールがいると聞かされてはいましたが、その程度のことですから、とてもお役には立ちますまいよ」と。そして、その答えを聞いて一瞬わたしが絶句すると、彼女は、「山崎さん、聞いていますか?」とわたしの所在をたしかめた上で、「――山田わかさんのことを何も知らないのに電話したのは、あなたに、是非聞いてもらいたいことがあるからなんですよ。誰にも知られたくないから、わたしの名前も、住んでる場所も申し上げませんが、実はわたしも、その昔、山田わかさんと同じ身の上だった女なんです」と続けたのである。

彼女の電話の趣旨を察して、わたしは椅子を引き寄せて、その先を話してくれるようにうながした。そうすると彼女は、圧し殺したように低い声をさらに低くし、あたりをはばかるような声音《こわね》で、「――実はね山崎さん、わたしも、何も知らない子どものとき、このアメリカへ騙《だま》かされてやってきた女のひとりだったんです」と語りはじめたのであった。

頑として名を告《の》らぬその老女の問わず語りによると、彼女は三重県の山の中の村の生まれで七十七歳、十五歳のとき名古屋へ出て女中奉公をしていたが、一日、お使いに出たとき主人の金一円をどこかへ落してしまった。日頃からきびしい主人なので、このことが知れたらどうなることか――と思うと気が動転し、故郷の村へ逃げようか川へ身を投げようかと悩みつつ夜の街をさまよっていると、そこへ現れたのが親切な中年のハイカラ男で、「そんな家へ戻らなくても、アメリカへ行きさえすれば、いくらでも身が立つようになる」

と言う。そこで、主人のきびしさへの恐しさと淋しさからその男を頼る気になり、汽船に乗って連れて来られたのがサンフランシスコで、到着と同時にチャイナ＝タウンの娼家へ売りとばされた。見知らぬ男に操を許すことなど想像だにしていなかった彼女は、有りったけの力で娼館主に反抗したが、生きるか死ぬかの折檻《せっかん》の末とうとう日本人専門の娼婦とされてしまい、やがてはチャイニーズの客も迎える身の上となった。

そうして幾年か過ごすうち、十歳ばかり年上の日本人労働者が借金を払ってくれて自由の身となり、結婚してまずは人並みの生活に入ったが、子どもが生まれないので貰い子を育てた。その子が成人して嫁を取ったのを見とどけると夫は死に、十数年前からは息子夫婦の世話で平穏に暮しているのだという。そうして彼女は、話の最後を、「――こんな年寄りのこんな戯言《たわごと》でも、もしかしてあなたのお役に立つかもしれないと思って、勇気を出して電話したのですよ。聞いてくださって、本当に、本当にありがとう。それでは、おやすみなさい」と結んだのであった。

受話器を置いたあと、わたしの心は複雑だった。ようやくかかって来た電話であるという点では嬉しかったのだが、相手の老女の話が山田わかに関する情報提供でなかったという点では、譬《たと》えようもなく淋しかったのである。

しかし、それにしても、ほかに誰も聞いている者はないのに、老女のあの低い圧し殺したような声はどうだろうか。おそらく彼女は、息子夫婦や近所の人たちの耳目《じもく》を懸念して、昼間はわたしに電話をかけることをはばかり、それらの人のすべて寝静まったこの真夜中になってようやく電話することができたのだ——しかも、あのような低い声で。忘れようとしても耳底より去らぬ老女の声音に、わたしは、数十年の歳月をけみしてもなお癒《い》えきらぬ彼女の胸のうずきを、ひしと感取しないではいられなかったのであった——

19世紀末、サンフランシスコのチャイナ＝タウン

それは兎に角として、全くの偶然なのだろうか、それともこの世に張りめぐらされている眼に見えぬ糸の導きによるのだろうか、これにつづいてふたりの人から電話があった。そのひとつは、昔も今もチャイナ＝タウンで働いているという老人からで、「むかしのシスコのことな

ら、〈レッドの爺さん〉に聞けば何でも分ったんだが、残念なことに大層な年ですっかり耳が遠くなり、記憶も駄目になっちまってね――」という内容だった。〈レッドの爺さん〉とは、若い頃からいわゆる飲む・奕《う》つ・買うで人世を渡り、九十歳をとっくに越してもなお赤いシャツを着ているところから皆がそう呼んでいる老人の由だが、そういう老人の存在自体が、わたしには、いかにもアメリカ西部の出来ごとだと思えて興味が深かった。

　これにたいしていまひとつの電話の掛け主は、太田アキと名乗る八十二歳の老婦人で、「文藝春秋」の長年の読者であり、子息が大学教授や医者になっていると言われるところから推定して相当な教養人と思われた。そして彼女の報知してくださったのは、いかにも教養人らしく、次のようなことがらだったのである。――「山田わかさんについて知りたいのでしたら、むかしこのサンフランシスコで出ていた『アメリカ新聞』のバックナンバーをお探しなさい。太平洋戦争の始まる少し前だったと思いますけど、この新聞に、山田わかさんの娼婦時代のことを詳しく書いた記事が連載で出ていたのを、読んだおぼえがあります」と。

　翌朝を待ちかねるようにして、わたしは清水さんに電話をかけた――「アメリカ新聞」について訊ねるためにである。サンフランシスコの日本人社会はさして広くないらしく、わたしの知りたいと願うことがらはすぐに分った。清水さんの教示によると、「アメリカ新聞」は一九三〇年代の後半期に出ていた週刊の邦字新聞で、発行者は岡繁樹、他人はほとんど傭《やと》わず夫妻だけで記事書きから発送までをやっていた新聞であるとのこと。その上さらに、岡繁樹は逝去したが夫人は九十歳近い高齢で健在であり、その長女の道子さんが「日米時事新聞」に記者として勤めているという現況までもあきらかになったのであった。

わたしは、思い設《もう》けぬところへ出て来た岡繁樹の名におどろいた。岡繁樹は明治期よりの在米社会主義者で、いわゆる大逆事件で刑死した幸徳秋水が社会主義者から無政府主義者に変身する契機となった渡米にあたって世話をしており、日本社会主義運動史において書き洩らすことの許されない人物だ。そして加えて言うならば、太平洋戦争の最中、少からぬ数の日本人が〈忠君愛国〉のスローガンに就いたとき、岡繁樹は民主主義の精神に与《くみ》して連合国側に立ち、ビルマ戦線で反戦運動をおこなっており、その記録が『祖国を敵として（一在米日本人の反戦運動）』（昭和四十年・明治文献）の題名で公刊されているのを、数年前にわたしは読んでいたのである。

その日のうちにわたしは、清水さんの紹介で岡繁樹夫人と長女の道子さんの住居を訪ねた。岡夫人はたいそう元気で、九十歳近いというのに眼鏡さえかければ針仕事ができるとのことで、事実、彼女の肘掛《ひじかけ》椅子の横には裁縫道具の一式が置いてあった。

幸徳秋水や堺利彦をはじめとする明治の社会主義者たちの話をひとしきりし、片山潜の娘だという女性の写真を見せてくれたりしてから、岡夫人はわたしの問いに答えてくださった。彼女の記憶によると、「アメリカ新聞」に山田わかの一代記のような記事をたしかに連載したことがあるとのこと、そしてその記事はほかの誰人《だれひと》が書いたのでもなく、夫の岡繁樹がペンを執って綴ったものであるという。けれど、残念なことに同紙は、このサンフランシスコで出ていたものなのに今はこの町の図書館にも大学にも所蔵されておらず、岡家に一部ずつ保存されていた一揃いは他の町にある大学へ寄贈してしまい、その大学がどこであるかは、目下日本へ行っている甥の省三さんが帰らなければわからない——というのである。

甥の省三さんの戻られるのが二日後だというので、再度の訪問を約束してわたしは岡家を辞去したが、はたして二日目の正午頃、岡夫人より電話があった。省三さんが帰ったという知らせであり、都合で勤務先の東京銀行でお目にかかった岡省三さんは上品な身嗜《みだしな》みの良い初老の紳士で、その言われるところによると、「——あの新聞の揃いはね、ロスアンゼルスにあるカリフォルニア大学へ寄贈したのですよ。叔父が精魂こめて編集した新聞で、天下におそらくはあれ一揃いしかないものだし、カリフォルニア大学には整理の行きとどいたアジア＝ブック＝センターがあるので、あそこへ入れて置くのが一番良かろうと思われたものですからね」ということだった。

わたしは即座に決心した――これからまっすぐ空港へ走ってロスアンゼルスへ向かおう、と。その旨を話すと省三さんは、カリフォルニア大学の図書館へ長距離電話をかけ、「アメリカ新聞」の間違いなく有ることを確認した上、担当の林《リン》という中国人教授にわたしを紹介してくださった。いや、それればかりではない、折からいくつかの航空会社がストライキ中でロスアンゼルス航路は一社しか運航しておらず、したがってその一社へ客が殺到して切符の入手しがたいところを、彼はそのコネクションに依って切符を取ってまでくださったのであった。

翌日の正午近く、わたしがロスアンゼルス空港へ降り立つと、中年の中国人紳士が近寄って来て、流暢な日本語で「――失礼ですが、あなたは山崎朋子さんでしょうか？」と尋ねる。カリフォルニア大学図書館の林教授が、わたしが迷わぬようにとわざわざ出迎えてくださったのだ。

感謝して林教授の車の人となり、一時間ばかり走って大学の図書館に着いたわたしは、すでに書庫より取り出してテーブルの上に置いてある「アメリカ新聞」の綴込《とじこ》みを発見した。お茶を飲む間も惜しくそのタブロイド版週刊新聞の綴込みのページを繰って行くと、その第三巻第一号――すなわち一九三八年二月十二日付の号より五回にわたって、主題を「アラビヤお八重出世物語」、副題を「山田わか女史の前身」とつけた記事が載っているではないか。一九三七年の初冬、山田わかは雑誌「主婦之友」の遣米使節としてアメリカへ渡り、各地の在米日本人を相手とする講演旅行をしたけれど、それにタイミングを合わせた連載読物である。

あったのだ、あったのだ、あの真夜中の電話の三人目の老婦人の教えてくれたとおり、そのむかしの「アメリカ新聞」に、山田わかの娼婦時代の生活を綴った記事が。北野基次さんの急逝と泉イエさんの何も知らなかったこととでひとたびは断たれた探索の糸が、この連載記事によって繋《つな》がれる可能性が見えて来たのだ。わたしは、顔がほてり心臓の鼓動の大きくなるのを感じながら、林教授に頼んでその記事のコピーを取らせてもらったのである。

その日のうちにふたたび機上の人となってサンフランシスコへ向かいながら、わたしは、「アメリカ新聞」のコピーに読み入って倦《う》まなかった。「アラビヤお八重出世物語」の執筆者は岡繁樹その人だと岡夫人の言ったことは真実で、最終にあたる第五回目の記事の末尾には、「一九三八・三・二〇　岡繁樹記」とあきらかに署名されている。そして、署名と共に後書めいた短文が附せられていて、以下のごとく述べられてあるのだった――

〈筆者は、此稿を終るに臨《のぞ》んで、山田わか女史に一言のお詫びの挨拶を書かねばならぬ。現在のあなたの名声と地位に対して、前身を洗ふが如き事は誠に申訳がない、あなたの事に関して兎や角と考へて居る人達が多いが、それを知る由もないのであつた。もしあなたの死後に間違ふた話が伝へられる事は尚更《なおさら》遺憾《いかん》ではないか。筆者は決してあなたに悪意を持ち、あなたを傷つける為《た》めに此一文を書いたのではない。

筆者は、一度行く道を過《あやま》つた人でも本人の考へ方一つで、勇気と決心さへ起せば、あなたの様にエライ人になれると云ふ事を教へる為めにあなたを手本としたのである。同時に現在暗黒街に身を落してゐる人達の為めに反省の機会を与へたい為めである。

此あなたの記事について或は誤聞があるかもしれん、又あなたとしても此記事によつて忘れてゐた昔を偲ばれる事もありはせぬかと思ふ。もしあなたの為めに訂正の要もあれば、申込んで貰ひたい。どうぞ、大海の様なあなたの心でこの妄言を許して下さい。〉

すでに紹介した『祖国を敵として（一在米日本人の反戦運動）』には弟の岡直樹の筆にかかる「兄岡繁樹の生涯」がおさめられているのだが、これによるなら岡繁樹は、青年時代に従兄の黒岩涙香の経営する新聞「萬朝報《よろずちょうほう》」の記者をしていて、かたわら娼妓の自由廃業運動に加担していたという。当時は、芸娼妓のいわゆる前借金の債権は法的に無効だとする判決が出て、それを武器として自主的に芸娼妓を廃業する動きがあり、岡はこれに力添えをしていたのである。黒岩涙香の従兄の黒岩徳明という人が東京の木挽町《こびきちょう》で医者をしており、その夫人は馬場辰猪《たつい》の妹であったというが、岡はしばしばそこへ、「姉さん、大至急女の着物を貸してください――廓《くるわ》の女をひとり、自由廃業で逃がすんですから」と駆けこんで来たということだ――

若くしてこのような人物であった岡繁樹が、「現在暗黒街に身を落してゐる人達」に「勇気と決心さへ起せば」その境涯から脱出できるのだと説くべく、その「手本」として山田わかを取り上げて書いたというだけあって、「アラビヤお八重出世物語」は、ジャーナリスティックな面白さの背後に真摯《しんし》なものを秘めた読物であった。そしてわたしは、さして長くないこの一文のおかげで、これまで模糊《もこ》としていた山田わかの娼婦生活のアウトラインを、ようやくにして把握することができたのである。

岡繁樹の文章によってわたしの知った山田わかの前半生は、驚くに足りることの連続であったと言わなくてはならない。けれど、それらのなかに、わたしにとって正しく驚天《きょうてん》動地《どうち》だったことがらが二つあった。その第一は、山田わかの娼婦生活を送った場所がサンフランシスコではなかったということであり、その第二は、彼女を人肉の市から救い出した男性も山田嘉吉ではなかったということである。

ああ、こんな意外なことがあってよいのだろうか――山田わかがその青春を埋めた土地はサンフランシスコであり、そこから彼女を救出したのは山田嘉吉であると誰しもが言い、わたしもそうだと信じて太平洋を越えて来たのに、それが二つながらそうではないとは！

最初わたしは、岡繁樹の記述を疑った。しかし、「アラビヤお八重出世物語」が「アメリカ新聞」の紙面を飾ったのは、当の山田わかが講演旅行で在米の砌《みぎり》であり、しかも「もしあなたの為めに訂正の要もあれば申込んで貰ひたい」と謙虚に呼びかけているところからすれば、どうしても事実無根の記述とは考えることができない。そして、この岡の文章を真実と見てはじめて、わたしがあれほど一所懸命に尋ねても山田わかの娼婦時代を知る人のサンフランシスコに絶無だったことがとどこおりなく説明できてくるのであり、この件に信憑性《しんぴょうせい》があるとなれば、彼女を救出した男性が山田嘉吉でないとする件も信頼するほかはないのである。

それでは、山田わかが若き日にその身を鬻《ひさ》いだアメリカの町はどこであり、その性的奴隷市より彼女を救い出した男性は一体誰であったのか。——一言にして答えてしまえば、その町は、州境をカナダと接するワシントン州のシアトルであり、そしてその男性は、立《た》井信三郎《ちいのぶさぶろう》というひとりの新聞記者であった。

ロスアンゼルスを飛び立った飛行機は北へ北へと天翔《あまが》けていたが、わたしは、あしたにも更に北へ、シアトルへ向かって飛ばなければならないと思った。そしてそう思いながら、北野さんの急逝その他によってひとたび切れた探索の糸が予期せぬ方角に確実に繋がれるらしいことを感謝しつつ、疲労の極《きわ》み、いつしか眠りに陥って行ったのだった——

第二部

雪のシアトル

ありとあらゆるものの凍《い》てついてしまう極寒の町——それが、夕暮れ方のシアトル空港へ降り立ったわたしの素直な第一印象であった。灰色に閉ざされた空からは霏々《ひひ》として雪片《ゆきひら》が舞い落ち、除雪車で毎日整備されているらしい滑走路のほかは空港のすべての地面が雪におおわれ、眼をかなたに馳《は》せても、望まれるものは同じく白銀のひと色のみ。そして、機中になかった新鮮な空気を吸い込もうとして仰向《あおむ》いた頬は、寒いのではなくて、あたかも針を植えたブラッシで刺されるような痛みをおぼえたのであった——

アメリカ合衆国の西北部にシアトルという名の町があるとは聞いていたけれど、それが精確にどの位置とは知らず、ましてその町へ自分の足で立つことがあろうなどとは、つい昨日の夕方まで、露ほども思っていなかった。それなのにわたしは、今や、そのシアトルの空港にいる。——山田わかの娼婦生活を送った土地がサンフランシスコにあらずしてシアトルであると判明するや、わたしは居ても立ってもおられず、翌日の午後、シアトルへ向かって飛び立ったのである。

サンフランシスコからカスケード山脈に沿って北上すること一二〇〇キロ、カナダとのほとんど国境に位置するこの町まで、ジェット機での飛行はわずか二時間あまりしかかからなかったが、しかしその景観の相違には凄まじいものがあった。カリフォルニアの平原には燦々《さんさん》と陽光が降りそそぎ、果樹園にはオレンジが黄金色《こがね》にかがやいているというのに、ここにあるのは、鉛色に閉ざされた空と見はるかすかぎりの雪原でしかなかったからだ。

空港から町の中心街にあるというオリンピック＝ホテルに向かうあいだ、わたしは、毛皮のオーバーに身を包んでいながら、なお、寒さのために震《ふる》えていた。けれど、その凄まじい寒さよりも更に一層わたしにとって辛かったのは、このシアトルに、頼るべき伝手《つて》をひとつも持っていないという事実であった。

日本からサンフランシスコをめざしたときには、そこが一度とはいえ既訪の土地であり、その上清水巌さんという大きな頼りがあったのに、このシアトルはわたしにとって未見の地であり、しかも知人は唯のひとりもいないのだ。一体どこから手を着けたらよいのか——そう思うとわたしの胸はふさがって、霏々として雪片を舞い落してくる夕暮れ方の空よりもなお暗澹たるものだったのである。

だが、伝手がないからと言って手を束ねていてはならない。翌朝わたしは、わずかに聞いていたアドレスを頼りにシアトル日本人会の事務所を訪ね、たまたま来ておられた会長の三原源治氏にお目にかかることができたので、目的を打ち明けて協力をお願いしたが、その結果は有難かった。三原氏は、「当地の日本人会として、及ぶかぎりのお力添えをしましょう――」と返答を呉れられた上、その第一実行として、またとない案内人を紹介してくだすったからである。

三原氏の紹介してくださった人は景山昇さんといい、歳の程は五十代の後半か。シアトルに生まれてシアトルに育ち、のち事情あって日本に帰ったが、祖国の風が肌に合わなかったのかふたたびシアトルに戻って今日に至った由で、日本人会の書記をつとめておられ、誠実この上ない方であった。

わたしは、この景山さんに連れられて、そのむかしこのシアトルの人肉の市にいたという山田わかを直接に見知っていそうな老人たちを、幾人かその家に訪ねてみた。しかし、年齢八十歳、九十歳という老人たちが、まるで申し合わせたように、「ああ、山田わかさん。あの人は若いときこのシアトルで、人前ではちょっと言いにくい商売をしていたそうですが、残念ながらわたしは直接には存じません――」と言われるのである。

はじめわたしは、老人たちが心を開いてくれないのだと思った。肉体を売っていた女性を直接に知っていたと告げることは、彼等が男性であるだけに、そのむかし彼が遊冶郎《ゆうやろう》であったということの証明になりかねず、そこで口を鎖《とざ》して語ってくれないのだと考えざるを得なかったのである。まして、旅人としてのわたしひとりならばまだしも、日本人会の書記である景山さんが一緒であり、隣室には彼等の子どもや孫たちが嬉戯《きぎ》しているにおいてをや。

しかし、幾人かの老人たちを歴訪するうち、わたしは、彼等がわたしを警戒し心を開いてくれないのではないらしい――と信じられるようになった。山田わかが娼婦の境涯にあったのは二十世紀の声を聞いた前後の数年間だったはずであり、今から数えれば七十年以上の遠いむかしのことである。それは、現在八十歳の老人ならまだ十歳になるやならずの年頃であり、九十歳の耆宿《きしゅく》でも辛うじて十五歳から二十歳であって、その多くがまだアメリカへ来ていなかった――と考えるのが妥当だったからだ。

昨日につづいて小止みなく雪の舞うシアトルの街をさまよいながら、わたしの心はほとほと凍ってしまいそうだった。せっかくここまで山田わかの跡を辿《たど》ってきたというのに、この北の町では、その足跡も降り積る雪に完全に埋めつくされ、それを掘り起こす術《すべ》は遂にないのだろうか。そう思うと、オレンジが枝にたわわだったサンフランシスコに引きくらべ、この雪に閉ざされたシアトルの町が悲しくて、景山さんの前だというのに、思わず知らずわたしは涙してしまったのであった――

しかしながらわたしのそのような悲しい思いは、景山さんが、九十二歳になるという為《ため》佐宇八《さうはち》さんのもとへ案内してくだすったことで、霧の晴れるように消えてなくなった。為佐さんはシアトル在留邦人の最長老で、その人格の立派なことで人びとの信頼を集めている方であられる。白髪童顔でどうしても九十歳を越えているとは見えない為佐さんは、わたしの願いを聞くと大きくうなずきながら、以下のように証言してくだすったのであった――

＊

――山崎さん、遠い日本からこのシアトルへ、ようこそお出でなされました。ごっぽう、寒うありましたろう。わたしも、昔のむかし、初めてここへ上陸しましたとき、世の中にこねえな寒い所があるそかとたまげました。しかし、しばらく滞在しておみなさいませ、一年のうち寒いのはほんのいっときのことで、この土地にはこの土地のええところがあると分ってもらえましょうかの――

寒いときには、内からぬくめるのが一番です。どうぞ、熱いお茶を召し上ってつかされませ。景山さんもどうぞ。砂糖ここへ置きますで、好きなだけお入れなさいませ。

山田わかさんの話を聞きたいと仰せられますが、それねえな遠い昔の話を日本からわざわざ聞きに来られるお方があろうとは、思いもいたしませんでした。わたし等の毎日の暮しには関係がありませんので、もうきれいに忘れていましたが、山田わかさん、なんぼになられましたか。いや、なんぼになられたかと訊《き》くよりも、まだ存命かどうかとお尋ねするそが本当でしょう——何ちゅうても、人の寿命には限度というものがありますですからね。

そうでありますか、山田わかさんは、はあ二十年近くも前に亡くなられましたか。わかさんとわたしとでは、たぶん四つ五つしか歳《とし》が違いません——わたしのほうが歳下であります。七十八歳で天国へおいでましたのなら決して短命とは申されませんが、亡くなられてから二十年も経ったとは、夢のような気がいたします。おおかた、わたしが長く生きすぎたそでありましょう。しかし生きすぎたおかげで、こうやって日本から見えた山崎さんとお目にかかれて、わかさんの若い日のことをお話することもできるのですねえ——

ただ、前もって申し上げておきますが、わたしは山田わかさんを、それほどよう存じ上げていたわけではありませんが、当地にいた頃のわかさんを見知っていて、ほんのふた言か三言口をきいたことがあるだけでございますよ。ピンク＝カーテンの女とお客との関係ではありませんそです。——その時分のわたしはまだ十九か二十歳《はたち》で、ふところにはいつも空《から》っ風が吹いとりまして、ピンク＝ハウスへなぞ寄りつくこともできません。それに、おわかさんの〈アラビヤお八重〉はホワイト＝オンリーでありましたから、日本人は誰も寄りつくことはできんかったのです。

なお、もうひとつ申し上げておきますと、その折のわたしは、もちろんわかさんの本名を知りませんでした。みんなが〈アラビヤお八重〉と呼びますので、その源氏名というのかそれとも綽名《あだな》と言うたほうがええのか、わたしもその名前で知っておりましたわけで、あの方の本名は、当時、シアトル在留邦人の誰ひとり知ってはおりませんでしたろう。

あねえな商売のお人は、男でも女でも、口が裂けても自分の本名や生まれ故郷は言いません。広島生まれの者は岡山生まれだと言うし、熊本の者は博多の出だというふうに言いましまして、ちいとずつ県や村をずらして他人に言いますそでありまます。名誉にならん仕事をしておるという気持が心の隅にあるそで、生まれ在所《ざいしょ》を隠すそでしょうが、ちいと話をしておりますと、方言や訛《なま》りから、ああ、あの人は本当は広島の出らしい、この人は熊本県人らしいと分ってしまうものでした。——しかし本名のほうは、これは、当人が言わんかぎり誰にもわかりゃしませんでした。何ちゅうても一九〇〇年になるかならんかちゅう頃じゃし、その折のシアトルやバンクーバーはそれこそ新開地ですから、税関も何も有ったもんじゃございません。パスポートのない者は、〈飛びこみ〉と申しまして、沖に停った船の甲板から、身のまわりの物を頭に縛《しば》りつけて海へ飛びこみまして、海水浴か何かしちょったようなふうをして上陸してしまう——というようなのが多かったのでした。これねえな上陸の仕方をしておりましたもんですから、領事館へ行ったたって、本当の名前なんか登録されちょるわけがないのですよ。

それねえなわけなので、若い頃のわたしは山田わかさんの本名は知りませんでした。それから十年か二十年経ちまして、日本に山田わか女史という有名な女流評論家がいて、そのお方がむかしシアトルにいたことがあるそうだ、――という噂《うわさ》を聞きました。そうしてある日、妻が誰からか借りて来た「主婦之友」を見ちょりますと、その山田わか女史の写真が出ていましたが、その写真が、どこからどねえ見ましても、その昔のアラビヤお八重なのですよ。長い年月が経って歳を取り、洋服でありませんで地味な和服で撮《うつ》っていましたが、見れば見るほどアラビヤお八重です。そこで、ああ、山田わか女史とはあの人じゃったのか――と承知して、たまげもすれば、あの世界にいた人がよくもまあ〈女史〉と言われるようになったもんだと、感じ入りましたちゅう次第だったそうです。

前置きが長ごうなりましたが、さて、わたしが山田わかさんをこのシアトルで見ましたのは、先ほども言うたとおり、わたしがまだ十九か二十歳のおりでした。九十二のわたしが十九か二十歳のときだから、今から七十二、三年の前、西暦じゃったら一九〇二、三年――日本年号なら明治三十五、六年のことでありましょう。

歳を取ってもの忘れがひどいそに、なしてそねえにはっきりおぼえちょるかといいますと、若かったわたしのいちばん苦労したそが十九、二十歳、東洋運送店というエキスプレスの店で働いちょった頃じゃったからだと思います。そうして、わかさんの姿を見かけて何度か言葉を交《か》わしたちゅうのが、そのエキスプレスの配達のおかげじゃったからなのですね。

——わたしの生まれ故郷は周防大島《すおう》、波の静かな瀬戸内の島と言うたら聞こえはええのですが、実のところは、薩摩芋《さつまいも》しか穫れん貧乏な小島でしかございません。家は小さな農家でして、わたしは八人兄妹の末子《おとんぼ》じゃったから、遅かれ早かれ島から出て行かんにゃあなりませんが、その時は意外に早く、十六のときにやって参りました。ちょっとしたことから父親が病気になりましたが、金のないことが分っているだけに、なかなか医者が来てくれませぬ。そこで、わたしの働きで何とか父親の病気をなおしたいと思いまして、丁度その頃、何年か前にわたしの卒業した小学校の校長先生じゃったお人がアメリカで雑貨商をやっていて、村の若い衆を欲しがっちょられると聞いたのを頼りに、このシアトルへ来ましたのです。一八九九年、季節はやっぱり冬の最中《さなか》でして、わたしも、山崎さんと同じように芯から震え上ったものでしたよ——

一旗《ひとはた》上げようと勇んで太平洋を渡って来はしたものの、東洋人への差別ははげしい時代ですし、こちらは英語ができないし、身についた技術はありませんし、やれる仕事というたら肉体労働よりほかはございません。そこで、一時間何セントちゅう安い給料でいろいろな労働をやりましたが、若いちゅうことはありがたいもので、そのうちに英語もどうやら話せるようになりまして、十九のときに東洋エキスプレスで働くようになりましたのです。

エキスプレスですから、頼まれた荷物をあちらの家こちらの家と配達して回りますが、その配達先の一軒に佐藤グロサリーちゅう食料品店がありましたのですよ。そこのミセスは小柄で別嬪《べっぴん》さんでしたが、ピンク＝カーテン上《あが》りだちゅうことは公然の事実で、在留邦人の誰もが知っちょりました。

1900年ごろ、火事騒ぎのシアトルの街

何ちゅうても食料品店ですからようけの人が出入りいたしますが、マダムがピンク＝カーテン上りの人だちゅう安心感があったからでありましょうか、いわゆる花街のキング＝ストリートの女たちがよく来ては、買物やらおしゃべりやらをしておりました。

山田わかさんも、この佐藤グ

ロサリーへ来るキング＝ストリートの女のひとりじゃったわけで、わたしが荷物の配達に行きますとよう出逢《でお》うたものです。

わかさんは、体の大きくてよく肥えた人で、娼売《しょうばい》のときはべたべたと白粉《おしろい》を塗るそでしょうがグロサリーへ来るときはお化粧を落していて、それで色は黒い方だとわかりました。ああいう人は派手なものを着るそが普通なのに、黒とか鼠とか地味な色の洋服を着ていたのは、やはり、娼売外の時間じゃったからでしょうかどうでしょうやら——

わかさんはミセス佐藤を「おねえさん、おねえさん」と呼んで、えろう親しんでいたようでしたね。ミセス佐藤は神奈川県の人じゃったし、山崎さんのお話だとわかさんは三浦半島の生まれだそうですから、ふたりの仲の良かったのは同郷人じゃったせいですね。異国におると心細いからでしょうか、同県人と知ると兄弟以上のつき合いをしたもんなんですよ。わたし等がこねいな女の人を呼ぶときは、ほかに適当な呼び方もありませんので「ねえさん」と呼ぶのですが、それで佐藤グロサリーへ行ったとき、わたしもわかさんを「ねえさん」と呼んで、ちょいとばかり話を交わしました。——話したことは、きれいに忘れちょりますが、なアに、天気のこととか食べ物のこととか、他愛《たあい》ないことばかりでしたでしょうよ。わかさんは、口数は多くないが叮嚀《ていねい》な話し方をされる人で、ま、あばずれの多いあねえな女たちのなかでは、何とのう異色があったように思います。

あの人のいた宿は、たしかアロハ＝ハウスと言うてました。一九〇〇年前後のシアトルには、キング＝ストリートが歓楽街でして、そこに酒場・ダンスホール・射的場・玉突場・博奕場《ばくち》などが並んでおりまして、その一角が残らずピンク＝カーテンの売春宿であります。ユーレカ＝ハウス、イースタン＝ホテル、東京ハウス、横浜ハウス、ダイヤモンド＝ハウス……という名前のホテルが軒をつらねちょりまして、その一軒がアロハ＝ハウスでした。ブラックでもイエローでも客にするという宿と、ホワイト＝オンリーの宿とがあって、先にも言いましたように、わかさんのいたアロハ＝ハウスは黒人や東洋人は入れませんでした。

女たちはホテルに住みついちょるのではございませんで、たいていアパートに部屋を借りて住んでいまして、午後の四時か五時頃にホテルのピンク＝カーテンの部屋へ行くそが普通でした。しかし、緻量《きりょう》が良《よ》うのうてあまり売れない女は、耐えがたいことに、午前十一時頃から早《は》あピンク＝カーテンの部屋へ行っちょりましたね。自分の部屋へ帰るのは真夜中か、また良いお客があれば帰らんこともあるそでしょうよ、きっと。

頼まれて、こういう女の人の引越しの仕事をしたこともありました。たいてい、柳行梱《ごうり》のようなものがふたつくらいに革のトランクひとつ、それに小さなパッケージというたくらいの荷物でした。引越しのときにもそばにかならず嬪夫《ピンプ》が附いておりましてね、ちいとばかりの運送費を値切りに値切るのでした――

嬶夫といきなり言うてもお分りになりますかどうか――ひとくちに言いますと、苦界にいる女の人を喰いものにしちょる男たちです。あねえな女の人たちは、なしてだか嬶夫との縁が切れません。ひとつには、うしろに男がいないと客から踏み倒されたりするからでしょうし、またひとつには、遠い異国におる上、普通の暮しをしちょる在留邦人からはかけはなれておるので、淋しかったからでありましょう。嬶夫には博奕《ばくち》打ちが多《お》ゆうて、支那博奕か長崎の八々《はちはち》博奕を昼日中からやっちょりました。働かないで稼ぐ男たちだから金にきれいなかと言うと、これがそうじゃありません、吝《しわ》ん坊《ぼう》でお金のことには汚くて、自分の女から絞れるだけ絞ることしか考えていませんでした。

やりきれんようなって女が逃げ出すこともありますが、そねえなると、仲間たちと一緒に草の根分けて探して、打ったり蹴ったりの仕置きです。ずうっと後にはそねえな女たちを救う婦人ホームができまして、ええ具合にそこへかっけりこめばピンク゠カーテンの身から抜けられるようになりましたが、嬶夫たちは、「あねえなところへ逃げやがったら、殺し屋をやとうて殺すから、そねえ思え――」と女たちを威《おど》しちょったようです。

実際に殺されてしもうた女の人が、幾人もあるとこの耳で聞いちょります。日本や支那の港からさらわれて来て売り飛ばされ、なんぼ客を取れちゅうても従わなかった女か、そねえでなければ、一度ならず二度も三度も逃げ出した女でありましょう、ほかの女への見せしめに、娼館主や嬪夫たちの手で殺されてしもうたのですね。その殺し方でありますが、並ひととおりではありません。死体が見つかるちゅうとうるそうなりますから、五体幾つかに断ち、肉や内臓は機械にかけて挽き肉にし、骨は何かの薬品に漬けて溶かしてしまい、それを下水道へ流してしまうちゅうそうです。あねえな男たちのやることは、身の毛のよだつほど徹底しちょりますよ——

山田わかさんにも当然嬪夫がついちょりましたでしょうが、それがどねえな男じゃったか、わたしはそこまでは存じません。頭の奥のほうに、おわかさんが、「わたしは、アラスカへも行ったことがあるのよ——」と言った声が残っちょるような気もいたします。又聞きなので恐縮ですが、むかしアラスカの鮭漁のボスとして知られちょった酒巻幸作さんは、アラスカでアラビヤお八重を見たことがある——と言っておられるそうです。一九〇〇年頃じゃったでしょう、アラスカに有名なクロンダイク金鉱が発見されまして、白人も東洋人も、ひと旗組はわれもわれもとアラスカへ出かけまして、そういう男たちをめあてにピンク＝カーテンの女たちも出稼ぎに行きました。それねえな仲間のひとりとして、わかさんもアラスカへ行ったのではありますまいか。

わかさんの姿がいつ頃から佐藤グロサリーに見えなくなったそか、はあおぼえちょりませんです。何でも、アラビヤお八重が逃げ出して、男たちが追いかけに出たとかつかまえたとかいうような話を聞いたような気もしますが、ほかの女の人のことじゃったかもしれません。立井信三郎という名前は、わたしは存じません。わかさんをシアトルから逃がした男だとは、山崎さんから今はじめて聞くような次第で、どうも思い当りません。とにかく、七十年もむかし、お若い山崎さんからすれば気の遠くなるような遠いむかしの話ですから――

山崎さん、山田わかさんのことを調べにわざわざお出でになったのですから、むかしあの人たちのいた街を御覧になりたいでしょうねえ。景山さんが附いちょられるのだからわたしの出る幕ではありませんが、キング＝ストリートもえろう変ったし、七十年前の様子は景山さんも御存知ありますまい。お邪魔でなければ、わたしも一緒に参りましょう。

　しかし、まあ、出かける前に熱いお茶をもう一杯どうぞ。こうやって窓から見たところ、どうやら雪は止んで薄日が射して来たようですが、外へ出ると寒うありますから――

＊

　知っていることをひととおり話し終えた為佐さんは、新しく淹《い》れた紅茶をわたしたちにすすめると、九十歳を越えた老齢とは見えない身のこなしで外出の仕度をととのえ、案内の先に立ってくだすった。キング＝ストリート——すなわちかつての娼館街は、サンフランシスコの場合と同じくいわゆるチャイナ＝タウンのなかにある由である。そして、景山さんの運転する車は、広い道路をすべるように走って右に左に幾度か折れたと思うと、やがてその街へ着いたのだった。

雪のきれいに片づけられた広い道路の右側に車を置き、わたしたちは歩道に降り立った。上空に風が出はじめたらしく雲は薄れ、射して来た日光があたりの雪に反射して、その街をひときわ明るいものに見せていた。そしてわたしは、為佐さんと景山さんのふたりに連れられて、このチャイナ＝タウンのあの通りこの通りを見て歩いたのである。

シアトルズ＝チャイナ＝タウンと呼ばれるこの街は、その昔のシアトル港の裏手にあり、メイン＝ストリート、ジャクソン＝ストリート、ウェラー＝ストリートなどを擁しており、歩道に立って見わたすと、三階建てから五階建てぐらいの高さで色とりどりのビルがずっと並んでいる。上階がどうなっているのかわからないけれど、一階は〈Tai Tung Restaurant〉だの〈Sun Ya Restaurant〉だのといったレストランや〈Wan Young Company〉だの〈Wa Sang Company〉だのといった名の食料品店になっており、なかには〈Tempura, Sukiyaki—Tentsuna〉といった看板もあった。そして、行き交う人びとにも心なしか中国人が多いようで、その雰囲気にはいかにも中国的なものがあるようにわたしには感じられたのであった。

　およそ一時間の余もあちこちと歩いたあとで、為佐さんはわたしをうながして、キング＝ストリートが五番通りと交叉している場所へ連れて行った。そうして、角に建っている二階建ての朱塗りの建物――間口をいくつかに割ってそのなかに中華料理店もあれば酒場もあるといった建物を指さすと、為佐さんは、「山崎さん、ここをようくごらんなさい――」と言われるのだ。突然なのでどういう意味か了解できず、わたしが為佐さんの顔を見ながら首をかしげると、この白髪童顔の九十二歳の老人は、やさしい笑みを浮かべつつ、「ほら、ここが、山田わかさんのいたアロハ＝ハウスの在ったところですよ――」と告げたのだった。

　わたしは、一瞬、霹靂《へきれき》に打たれたようになって、立ちすくまずにはいられなかった。――ああ、この一角なのか、わたしがこの眼で確かめたいとひたすらに願って来たその場所は。近代日本有数の女流評論家だった山田わかのその数奇《さっき》な前半生を埋めたのは、サンフランシスコのチャイナ＝タウンではなくてシアトルのそれであり、そして彼女のその身を鬻《ひさ》いだというアロハ＝ハウスは、おお、この空間に建っていたのか！

　しばらくのあいだ、わたしはものも言えないで釘づけされたように立っていた。足元は踏みしだかれた雪の散らばる歩道であり、多くはないにせよ行き交う人びともあって不審

シアトルのキング＝ストリート（1970年代）、左の建物のあたりにアロハ＝ハウスがあった

な面持《おももち》でこちらを眺めて行くというのに、わたしは、何としてもその場を動くことができなかったのであった——

わたしは思った——現在は明るい繁華な街となっているこのあたり一帯に、七十年のむかしには、女性の生きた肉体を切り売りする娼館が幾十軒もならんでいたのだ、と。十九世紀の半ば頃まで白人のひとりも住んでいなかったシアトルは、良港となる可能性を持っていたためにいわゆる西部開拓の進行のなかで次第に脚光を浴びはじめ、二十世紀の声を聞く頃には、アメリカ北西部の都会として押しも押されもしない存在となっていた。けれども当時のシアトルは、アメリカ西部が一攫千金《いっかくせんきん》を夢みる男たちのいわば狩猟場だった例に洩れず、そしてそういう夢に生きる男たちはすべて独身であり、酒と女を必要としたので、たちまちに

して娼館街が出現することとなったのである。

この娼館街には白人の娼婦もいたけれど、しかしその数は至って少く、大半は東洋人の女性――すなわち中国と日本の女性であった。後日、竹内幸次郎の『米国西北部日本移民史』（昭和四年・シアトル＝大北日報社）にあたってみたところでは、一八八七（明治二十）年バンクーバーと横浜間に航路が開かれたのが日本人娼婦のシアトルにあらわれた嚆矢《こうし》で、当初はわずかに二、三人の薄幸な女性がいたのみであった。ところが、女衒《ぜげん》たちの活躍が凄まじかったからか、あるいは纏《まとま》った金の必要に迫られた女性が多かったからか、数年にしてその数は激増し、八年後の一八九五（明治二十八）年には、驚くなかれおよそ六百人に達していたということだ。

こうした女性たちのいた娼館は、おそらくは西部劇映画の画面に出て来るような至って粗末なものであって、為佐さんが娼館の代名詞として〈ピンク＝カーテン〉と言われたとおり、部屋部屋の窓には悪趣味な桃色のカーテンが下っていたのであろう。この場所に建っていたというアロハ＝ハウスも、名前だけは立派だけれど、おそらくは大同小異のものであったにちがいない。そして山田わかは、その桃色のカーテンの内側で、十八、九歳から二十五、六歳までをひとりの売春婦として暮したのだが、時にはその仕事の辛さに加えて故郷恋しさの情に駆られ、桃色のカーテンを引いて西の空を眺め、涙にむせぶことだってあったのではなかったか——

その夜、オリンピック＝ホテルの一室で、雪に映える街のネオン＝サインの饗宴を眺めながら、わたしは、重いのをこらえて日本から持って来た山田わかの著書をあらためて読みなおしてみた。為佐宇八さんの教示してくださったアロハ＝ハウスでの彼女の生活——その確証を、ほかならぬわか自身の文章から得たいと思ったからである。

だが、持って来た彼女の著書をいくら読んでも、それらしい箇所は見当らない。街のネオン＝サインが淋しくなった深夜まで懸命にページをひるがえしても、わたしは、〈アロハ＝ハウス〉という綴りはもちろん〈シアトル〉の四文字すら見つけることはできなかった。たったひとつの例外は、前章に少しばかり引いた「亜米利加の婦人へ」というエッセイの一部分で、そこには次のような数行があったのだった——

〈秋の風に弄《もてあそ》ばるる木の葉のやうに浮世の風に吹きまくられて、私は、何年か前に貴国の岸の或る一端に流れついたのでした。貴国の国柄も貴国の地球上の位置も何も知らない私を載せた船は、直接合衆国へは行かないで、先づ、英領ヴィクトリヤへ着いたのでした。〉

地図を開いて調べてみると、ヴィクトリアは、シアトルより北へ百キロばかり離れた町である。太平洋からシアトルへ入るピュ－ゼット湾上にバンクーバー島という島があり、その島の南端にヴィクトリアの町があるのだが、この島の南端に国境線が引かれているため、シアトルはアメリカ合衆国だけれどヴィクトリアはカナダとなっている。日本から万里の波濤を越えてヴィクトリアへ着いたひとりの東洋娘が、千三百キロ離れたサンフランシスコへ売られるのと百キロしか離れていないシアトルへ売り飛ばされるのとでは、どちらに蓋然性《がいぜんせい》があるかは言わずしてあきらかだろう。

しかも、これまた重いのにわざわざ携えて来た一、二のアメリカ西部開拓史によるなら、十九世紀末より今世紀の初頭にかけての頃は、合衆国に比して英領カナダは政治的・法律的にたいそう緩《ゆる》やかであったらしい。合衆国に属するシアトルでは正規のパスポートを持っていなければ上陸させなかったが、カナダ領では検閲も有名無実に近く検閲官たちへの鼻薬《はなぐすり》も効いたので、日本や中国から密航しようとする者は、カナダ領のヴィクトリアまたはバンクーバーで下船する例が多かった——というのである。してみれば、故郷の家のいきおいの挽回《ばんかい》を夢みて横浜の港から船に乗った山田わかが、「直接合衆国へは行かないで、先づ、英領ヴィクトリヤへ着いた」と書いているのは、疑いもなくそれが事実であったからだ。

それなのに彼女が、「亜米利加の婦人へ」という文中にただ一箇所ヴィクトリアに言及しているほかは、如何なる文章においてもシアトルの名すら出していないというのは、一体何を意味しているのだろうか。高名な女流評論家となった彼女が、処世の必要からその娼婦時代のことを言わず、したがって、そうした生活を送ったアメリカ北西海岸の町の名を口にしなかった――と考えるのが、まずもって妥当であるのかもしれない。

　けれどわたしは、トランクの底のほうから出て来た雑誌「青鞜」の第六巻第一号（大正五年一月）に載っているわかの小さな感想「自分と周囲」に眼を走らせるに至って、思わず粛然としないではいられなかった。すなわち彼女は、そのなかで次のように書いていたのである――

〈私が暗黒街をぬけ出た当時、私はその世界の人間（それは殊《こと》に男性）が憎くて憎くて、私の心身はその憎しみの焰で燃えて居た。「おのれ、どうして呉れよう。人の弱身につけこんで、思ふ存分人の血を吸はうとする悪魔、頭から石油をぶつかけて、裾《すそ》から火をつけて焼いてやるから見て居れ。」こんな風に男性を睨《にら》んで居た。

　そして可笑《おか》しい事には、自分が男性征伐の旗を掲げてまつさきに立つと、男に苦しめられたありとあらゆる女が、開闢《かいびやく》以来のやはり男に苦しめられた女の亡者迄《もうじやまで》もが、皆墓の下から白い経帷子《きようかたびら》のままで出て来て私のうしろに立つ。と、こんな幻を見て、私は一人で勇んで居た。だから、一寸でも自分に接近する機会のあつた婦人が、男に虐待されたの利用されたのといふと、私はすぐ自分の生命を投げ出して、所謂《いわゆる》その悪魔征伐

に取りかかるのであつた。〉

山田わかの前半生を知らなければ、ずいぶん大袈裟《おおげさ》な身振りの文章だと感じて読みすごしてしまうだろうが、彼女に娼婦時代のあったことを知っていて読むなら、その迫力はまるで違ったものとなって来る。男性を「人の血を吸はうとする悪魔」と感じ、「頭から石油をぶつかけて、裾から火をつけて焼いてやりたい」とまで思うからには、彼女は男たちから、シアトルはチャイナ＝タウンのピンク＝カーテンの一室でおよそこの世における〈女として〉の虐げの限りを受けたのである。そしてその虐げによって受けた心の傷が深ければ深いだけ、彼女は、窓ごとにピンク＝カーテンのかかっていたホテルの名前はもちろん、その町のそれも、たやすくは口にすることができなかったのだ。そうだ、それに違いない——

わたしは、昼間、為佐さんと景山さんの案内で山田わかがその青春を埋めたという娼館の跡に立ったとき、彼女が時に望郷の思いにとらわれて涙したであろう——というふうに想像したことを恥じた。郷家の危難を救おうと未知のアメリカへ渡るほど肉親愛の強かった彼女だから、郷愁に身を灼くひとときもあったとは思うけれど、しかし金と引き換えにおおぜいの男たちに身を委せる暮しの辛さと屈辱とは、郷愁によって慰められるものでは決してなかった。それは、彼女の裡に、〈男性〉という存在にたいする骨髄よりの〈憎しみ〉を養い、そしてその〈憎しみ〉は、「男性征伐」の旗を挙げた自分のうしろに、「男に苦しめられたありとあらゆる女」のみならず、「開闢以来のやはり男に苦しめられた女の亡者」が「墓の下から白い経帷子のままで出て来て立つ」と幻想することで、辛うじて暴発をまぬがれていたのだと言わなくてはおそらく精確でないのである。

　しかし、この世の男という男を敵と見て、頭から石油をかけて焼き殺してやりたい――とまで焦慮していた娼婦アラビヤお八重が、現実に、どのようにしてシアトルはキング＝ストリートのピンク＝カーテンの部屋から抜け出すことができたのかと言えば、それはひとりの男性の献身によってであった。そしてその男性を、わたしたちは長いあいだ、彼女が夫とし師として仰いだ山田嘉吉その人だと思っていたのだったが、事実はさにあらずして、立井《たちい》信三郎《のぶさぶろう》という若い新聞記者だったのである。

　ここに至ってわたしは、いよいよ、立井信三郎という人物とアラビヤお八重とのかかわりについて語らなくてはならなくなったが、一体、ふたりは如何なる関係にあって如何なるドラマを演じたのであったろうか――

立井信三郎

立井信三郎は、一言にして言うならば〈悲劇の人〉であった。雪のシアトルの娼館街で春を売っていたひとりの女性を真剣に愛したまさにその故に、あたら若いいのちを、サンフランシスコの一隅に散らさなくてはならなかった人物だからである。

わたしが先にロサンゼルスで入手した岡繁樹の「アラビヤお八重出世物語」によるならば、立井信三郎は、「新世界新聞」のシアトル支社につとめる新聞記者であったという。

一九〇〇年前後――すなわち明治三十年代の前半期のシアトルには、「シアトル週報」「西北新報」「北米時事」などいくつかの日本語新聞があり、それらに混ってサンフランシスコで最大の発行部数を誇る「新世界新聞」が支社を設けていたが、立井はその支社を委されていたのである。支社といっても立井ひとりしか勤務していないのだから、おそらく、記事も書けば販売にもたずさわっていたのであろう。

年齢は、一九〇〇年頃に三十一、二歳だったというから、山田わかよりは五、六歳の年長であり、身長高く、美髯《びぜん》をたくわえた男らしい容貌の持主であったらしい。漢籍をよく読み、〈鏗鏘閣《けんしょうかく》〉の雅号をもって漢詩や随筆等を書き自身の関係する「新世界新聞」や他の雑誌に発表し、シアトルに住む日本人のあいだではいわゆる〈文士〉として知られていた。雅号〈鏗鏘閣〉の〈鏗鏘〉の二字は金石の音や楽音の形容であって、いかにも漢詩文好みの青年の意気軒昂《けんこう》ぶりを偲ばせる――と評したらよいだろうか。

性格は明るかったらしいが、その出身地や家族関係については固く口を閉じ、誰にも語ろうとしなかった。わずかに伝えられているところでは、彼は名古屋あたりの旧藩の家老職だった家の三男であった由である。

そういう立井が一体どうして異国へ渡り、その辺境の雪深い町の新聞記者になったのかは一切不明だと言うしかないのだが、とにかく彼は一九〇〇年頃にはシアトルで新聞記者をしており、アラビヤお八重――その街のチャイナ＝タウンのひとりの日本人娼婦と相知るようになっていた。彼がアラビヤお八重を知ったのは、ひとり暮しの心淋しさをまぎらわすためしばしば娼館街へ出かけて遊んだことが糸口なのか、それとも、新聞記者としてローカル＝ニュースを入手すべくそのあたりを徘徊《はいかい》したようなことがきっかけであったのか、残念ながらあきらかではない。わかは白人のみを相手とする娼婦であったという為佐さんの証言が真実なら、立井が彼女を知ったのは当然ながら嫖客《ひょうきゃく》としてではなかったはずで、そうなると、後者のほうに蓋然性《がいぜんせい》があるのではないだろうか。

こうしてひとたびわかを知った立井は、彼女に心の底から夢中になってしまったらしい。そしてそのように夢中になると、彼の心は、彼女が日夜、不特定多数の男性よりもてあそばれているという事実に耐えがたく、そこでひそかに、アロハ＝ハウスより彼女を脱走させる計画を持ちかけたのである。当時の娼婦はすべて前借で抱え主につながれていたわけで、わかにも何百ドルかの借金があったものと思われ、それを残らず返済すれば自由の身になれるのだが、立井にはそれだけの金がなかったのだ。

立井が脱出先としてわかに提示したのは、サンフランシスコであった。そこには、彼が新聞記者としてつとめる「新世界新聞」の本社があるので、それを頼ってふたりの新しい生活をはじめるつもりだったものと思われる。

人間の命の安い西部開拓時代ではあり、脱走してとらえられた娼婦には見せしめのための凄まじい私刑の課されるのが普通だったから、準備は慎重の上にも慎重になされなくてはならない。けれどもふたりは、そのようにすることができなかった。——というのは、脱走の計画を他人に知られてしまったからである。

シアトルの古屋商店といえば当時のアメリカ在住邦人間で屈指の雑貨貿易商であり、『あめりか物語』時代の永井荷風をその二階に置いていたことでも知られ、その主人は古屋政次郎といって花街にも勢力を持つ男だったが、ある日、電話をかけようとしてレシーバーを耳にあてると、若い男女の話し声がする。——どうした加減でか、電話が混線しているのだ。聞くともなしに聞いていると、どうやらキング＝ストリートに縛られている女とその愛人の脱走についての相談らしく、しかもシアトル在住の日本人世界は狭いので、古屋にはただちに見当がついてしまったのである——ああ、女はアロハ＝ハウスのアラビヤお八重であり、男は「新世界新聞」の立井鏗鏘閣だな、と。

暗黒世界と普通の市民世界とのあわいを縫うようにして大商店を築いて来た男だけに、古屋は、このような時どうすれば良いかを知っていた。そこで彼は、立井とわかの話の終るのを待って、「わしは古屋政次郎だが、電話の混線で、申しわけないが今のお前たちの話を聞いてしまった。ついては、立井君、君に話したいことがあるから、今夜わしの店に来てはくれまいか。決して、君たちの立つ瀬がないようにはしないつもりだから——」と話しかけたのであった。

お互いに相手ばかりと思って話していたところへ出しぬけに古屋の声が入って来たので、立井とわかは心臓が止まるほどに驚いた。二、三の言葉のやり取りの末、立井は、誰にも秘密を洩らさないという約束を取りつけた上でその夜古屋商店を訪ねることにしたのだが、しかしふたりは古屋の言葉を信じなかった。そして、あわただしく仕度をして、立井が古屋を訪ねるべき約束の時間が来たときには、立井とわかの両人は、すでに馬車をシアトルの町から南へ向けて疾走させていたのである――

東京で市川房枝さんの話してくれた感動的なエピソード――山田嘉吉が割《さ》いたシーツをロープ代わりにしてわかを逃がしたというあの話は、このときの立井のことだったのではあるまいか。いずれ述べるように、嘉吉がわかと知り合ったのは彼女がすでに娼館よりの脱出に成功して一、二年経ってからなので、そのような冒険をすべき機会は残念ながら彼にはなかった。おそらく、立井の演じた西部劇さながらの活動がその面白さの故に後のち日本人間の語り草となったものの、人びとの多くは立井信三郎の存在を知らなかったため、山田嘉吉のこととして伝えられたものであろう。

それは兎に角として、夜闇《よやみ》にまぎれてあわただしくシアトルの町を出た立井とわかは、タコマを経て、数日ののちポートランドの町へ着いた。ポートランドはコロンビア川の中流に位置する町で、シアトルからおよそ二五〇キロの距離である。

シアトル＝サンフランシスコ間の距離は約一二〇〇キロだから、わずかに五分の一を走破したにすぎないが、ふたりはここで困難に逢着した。秘密の相談を洩れ聞かれた焦りから急遽《きゅうきょ》脱出を実行に移したため、懐中あまり豊かでなかったのが、早くも底をついてしまったのである。

見知った人のない土地で、頼るべき唯一のものの乏しくなったふたりは、寝もやらず話し合ったが、これぞという名案は浮かばない。ポートランドで働くという方法もなくはないが、二五〇キロしか離れていないこの町にいたのでは、娼館側の出した追手に発見されること必定だ。そこで立井は、何か頼むところがあったのか万策尽きての賭けであったのか今となっては不明だが、わかをポートランドに隠して置いて、金策のため自分だけがシアトルへ立ち戻ったのだった。

立ち戻った立井は、わかの抱え主たるアロハ＝ハウスの主人をはじめ娼館街の男たちにとってみれば、いわば飛んで火に入った夏の虫であった。古屋政次郎の報告によって、アラビヤお八重を連れ出したのが立井であることは知れていたから、彼等は立井をとらえるとピストルを突きつけ、「お八重を出すか、それともあれの借金を返すか、ふたつにひとつの返答をせよ――」と迫ったのである。

金策のために立ち帰った立井に、もとより所持金のあろうはずがない。末期だとはいえまだいわゆる西部開拓の時代であり、人間の生命など鴻毛《こうもう》のように軽くしか思われていなかったから、このときの立井のいのちも危くないとは言えなかったが、しかし娼館主の側からしてみれば、お八重の隠し場所を知っている立井を殺してしまっては元も子もなくなる。そこで、相当程度いためつけた末に、彼等は立井に妥協策を出して来た――「お前も新聞記者だから、権太の活字引っくり返し事件は知っているだろう。その件でおれたちは東洋貿易に貸しがあるが、お前が行って相当の金を取って来るなら、お八重はお前に呉れてやろう」と。

〈権太の活字引っくり返し事件〉とは、シアトルにおける日本語ジャーナリズム史に残るほどの事件であったらしい。竹内幸次郎の『米国西北部日本移民史』の第十二篇「移民地の新聞雑誌」の項によるなら、これは、新聞の勢力拡大の波濤がぶつかり合ったところに生じたアクションであった。

当時シアトルにあったいくつかの日本語新聞のうち「西北新報」と「日本人」はライバルの関係にあったが、まず「西北新報」が攻勢に出て「日本人」の欠点を書き立て、筆の赴くところ、ついつい、「日本人」の後援者である東洋貿易という会社とその経営者の人身攻撃をしてしまった。怒った東洋貿易側は「西北新報」を告訴、裁判に勝ってもなお足りず、娼館街に巣喰ういわゆるごろつきの権太なる者を使嗾《しそう》して、翌日から新聞を発行できぬよう、西北新報社へあばれこんで活字台を引っくり返させたのである。当然、権太は、家宅侵入・器物破損罪の現行犯として警察にとらえられた。

権太とその仲間たちにしてみれば、東洋貿易すなわち「日本人」に有利なことをしてやったのであり、だから権太の保釈金その他は東洋貿易が出すべきものと思っていたが、東洋貿易の側はなぜか素知《そし》らぬ顔を決めこんでいる。金を出すよう交渉しようと思っても、会社の経営者と娼館街の寄生人とでは身分のへだたりがありすぎて、迂闊に話をすれば藪《やぶ》蛇《へび》になるおそれなしとしない。そこで彼等は、「西北新報」の者でもなければ「日本人」の人間でもないがしかし新聞記者であり、身分的にも会社の経営者と対等な立井をして、東洋貿易から金を引き出さしめようと考えたのであった――

娼館主の側からの妥協案を、立井は渡りに舟とばかり引き受けた。そして早速に東洋貿易へ赴き、相当な額の金を引き出すことに成功したが、しかし彼は、首尾やいかにと待つ娼館側の男たちのところへは帰らなかった。紙幣の束を受け取ってポケットに入れると、その足で、一路、わかの待つポートランドへ突っ走ってしまったのである。

意外なことから旅費を入手し得た立井とわかは、それからは馬車に依らず、船に乗ってサンフランシスコへ向かった。一度ならず二度までもみごとに裏をかかれた娼館側の男たちが、怒り心頭に発して後を追って来ることは知れていたし、残るおよそ千キロの山あり谷ありの道を行くよりは、汽船のほうが速くて安全だったからである。ポートランドからコロンビア川を川口のアストリアの町まで下り、それから太平洋を南下して、数日後には目的地へ到着したのだった。

いのちを賭けたふたりの脱走は、遂に成功したのである。その故郷の家の頽勢を挽回しようというけなげな心で渡米、たちまちのうちに男どもの餌食とされてしまったわかだったが、〈アラビヤお八重〉というその綽名を、今こそ返上することができる。そして一方、「新世界新聞」のシアトル支社勤務の新聞記者という職業まで捨てた立井は、それほど心を打ちこんだわかと、いよいよ一緒に暮らすことができるのだ！

だが、サンフランシスコの町で立井とわかが晴れての結婚生活に入ったかと言えば、それが決してそうではなかった。それどころか、わずかに残された資料の示しているところは、不可解を通り越してむしろ奇怪と評さなくてはならないのである。

それでは、サンフランシスコに着いてからの立井とわかは、一体どのように行動したのか。まず、ふたりはスタクトン街にあった大磯屋という旅館へ身を落ちつけたが、旬日ののち、立井は、わかと正式に結婚するかわりに、大磯屋の主人の世話でわかをふたたび娼婦稼業に出すことにしたのだった。「アラビヤお八重出世物語」の伝えるところでは、わかのふたたび入ることとなったピンク＝カーテンのホテルはグランド通りとカリフォルニア街のあいだにあった〈若松〉で、前借金は一五〇〇ドル。他方、『米国西北部日本移民史』の記録しているところだと、そのホテルの名は〈桜屋〉であり、立井の手にした前借金の額は三〇〇ドルであったというのである。

立井がわかを愛していたように見えたのは真赤な嘘で、彼女をはるばるサンフランシスコまで連れ出したのは、実は、転売して巨利をむさぼらんがためであったのか。そして、ここまでならばかならずしも不可解とは言えなかったが、奇怪なのはそのあとで、数日経って、いよいよ明日から客を取らされるという晩に、わかの姿が忽然と若松屋から消えてしまい、どこをどう探索しても発見されないという変事が出来《しゅったい》したのだった。

若松屋の側では、当然ながらわかの失踪を、立井との共謀によるものと考えた――まして、いわんや、シアトルの娼館を出奔《しゅっぽん》したという前歴あるにおいてをや。そこで、一緒に逃亡してもはやその姿はないものと思いつつも立井の部屋を急襲してみると、彼は常と変ることなくそこにいて、わかの失踪など夢にも知らぬ様子だった。若松屋の手下の男たちが手ひどい拷問《ごうもん》をもって問い訊しても、立井の答えは「おれは知らない――」の一点張りで、事実彼は、わかの行方について片鱗《へんりん》だにも知っていなかったのである。

わかの逃亡が立井との共謀によるものならば、それはそれで一向に不思議はないが、そうでないだけに、これは奇怪至極な事件であった。真相がどうであったのか、今となってはつまびらかにする手だてはないけれど、もっとも蓋然性の高い推定は、立井の考えとわかの意思とが違っており、その相違が、シアトルよりの逃避行中はともあれ、サンフランシスコへ着くにおよんで顕在化したのである――と見ることではないだろうか。

すなわち、敷衍《ふえん》して言ってみればこういうことだ――めざすサンフランシスコに辿り着きはしたものの、詭計《きけい》をもってシアトルで入手した金も早《は》や尽きており、ふたりが結婚して身を立てるには又しても金が必要であった。やむなく立井は、「嫌だろうが、ほんのわずかなあいだだけ、我慢して若松屋で働いてくれ――」と頼み、わかもひとたびはそれを承知したが、しかし、いよいよ明日から客を迎えなければならないという段になってみると、何としても耐えがたい。そこで彼女は、シアトルのアロハ＝ハウスに次いで二度目の脱走を、立井にも告げず、ただひとりで決行したのだった――

わかがシアトルの紅灯の家を飛び出すという危険を敢えてしたのは、金銭でその肉体を切り売りする屈辱の生活から脱出したいと願ったからだが、同時にまた、自分を愛してくれる立井信三郎という男性と結婚したいからでもあったはずだ。それなのに、その立井にも知らすことなく、たったひとりで若松屋を脱走し、彼女はどこへ行ってしまったというのだろうか。

端的に言ってしまえば、若松屋を脱走したわかの足を運んだ先は、サクラメント通り九二〇番地にあるキリスト教長老派教会のミッション＝ハウス――のちに〈キャメロン＝ハウス〉と呼ばれるようになった娼婦救済施設であった。そして、このキャメロン＝ハウスを舞台として、立井信三郎という一個の男性の悲劇の最後の幕が上がることとなるのである――

キャメロン＝ハウスの嵐

サンフランシスコの娼館より今度は唯ひとりで脱出した山田わかの走りこんだ〈キャメロン＝ハウス〉は、当時、その境涯より救われたいと願う娼婦たちよりは信頼され、娼館主や嬪夫《ピンプ》からは憎しみの的とされていた女性救済施設である。そして、この長老派教会の設立になるセッツルメントが世間よりキャメロン＝ハウスの名をもって呼ばれるのは、その活動が、ドナルディナ＝キャメロンというひとりの女性の果敢な献身と切りはなすことができないからであった。

後日わたしの入手したローナ＝E＝ローガン著『布教団体の事業（キャメロン＝ハウス物語）』（一九七六年・本邦未訳）によるならば、このセッツルメントの作られたのは一八七四年の秋であった。その前の年、サンフランシスコの長老派の教会で海外布教より帰国した牧師の報告会が開かれたが、その牧師は、中国より毎年幾千人という娘たちが秘密裡に新開地のアメリカ西部へ送り出されており、彼女等は例外なく港々のチャイナ＝タウンで娼婦とされてしまっているが、何とか彼女たちを救う手だてはないだろうか――と声を大きくして訴えた。プロテスタント系のキリスト教には『聖書』にもとづいてこの世の悪とたたかおうとする精神が旺盛だが、この訴えを聞いた信者たちは、足元の暗黒街にうごめくそうした女性の救済を海外布教よりも一層緊急な仕事と認め、サンフランシスコのみならずニューヨークやフィラデルフィアなどまでからも醵金して、翌秋には早くも〈中国娘たちの家〉を設けたのである。

この〈中国娘たちの家〉は、当初は粗末なアパートメントの二階を借りただけのものだったが、二年後の一八七六年には、サクラメント通りに二十五室もある建物を用意できるまでになった。救出しなければならない女性、そして実際に救出して収容した女性たちの数は多く、小さなアパートメントの二階だけでは身動きがとれなかったし、一方、信者たちの社会的奉仕の精神は、高額の代金をはらって二十五室もある建物を手に入れてしまうほど昂揚していたのである。

第一代の主任はミス＝S＝H＝カミングス、第二代目はミス＝M＝カルバートソンであったが、三代目の主任となったミス＝キャメロンの勇敢な働きによってこのセッツルメントの実質は飛躍。そして遂には、〈長老派教会ミッション＝ハウス〉という正式の名前があるにもかかわらず、人びとは、売られた中国娘たちを救出・更生させるこの施設のことを、それまでの通称〈中国娘たちの家〉に代えて〈キャメロン＝ハウス〉と呼びならわすようにまでなったのだった。

ドナルディナ＝キャメロン女史はスコットランド系の移民の娘で、一八九五年カルバートソンの助手として〈中国娘たちの家〉へ来たとき、まだ二十五歳という若さだった。到着して数日後、おそらくはその抱え娼婦を奪われた娼館主か嬪夫のしわざなのだろう、ハウスの一隅に強力なダイナマイトが仕掛けられるという凶悪な事件が起ったが、しかし彼女はひるむことなく、無力な性の奴隷たちを救うための剣《つるぎ》なきたたかいを開始したのである。

娼婦の救済活動に入ったころのキャメロン女史

彼女は迅速《じんそく》でしかも勇敢だった——あたかも、群なす大鷲のあいだを縫《ぬ》って翔《と》ぶ燕《つばめ》のごとくに。鼻薬を嗅がされているためあまり頼りにならない警官を連れて娼館街へ乗り込み、正規のパスポートを持っていない女たちやあきらかに未成年の娘たち——アメリカの法律が保護を命じているアジア人女性たちを救出したときは、悪知恵はたらく嬪夫たちと追いつ追われつの大立ち回りを演じなくてはならなかった。また、秘密の知らせを受けてサクラメント市で少女を救出したときには、扉を開けた馬車を表通りに待たせて置き、さりげなく娼館に入って目印の品を持った少女を見つけるや否や馬車に駆けこみ、ひた走りに馬車を走らせてホテルに帰着。その晩、「ボートで逃がしてあげよう」という親切な男があらわれたが、これがどうやら娼館側の回し者らしく、そこで彼女は誘いに応ずるとみせてこれを出し抜き、馬車を駆ってようやくサンフランシスコへ戻って来ることができたのだった——

このようにしてキャメロン女史の救出しまた更生させた娘たちの数は、彼女がハウスに来てからの二十年間に五百人を優に越したということだ。けれど彼女は、その二十年で仕事を止めたのではなく、実質的に引退したのはそれからもう二十五年経った七十歳のときだから、その数はさらに多いものと見なくてはならないだろう。

暗黒の街と絶縁することのできた女性たちは、キャメロン女史に、中国語で尊敬の意味をあらわす〈老《ラオ》〉の字を附して〈老母《ラオモ》〉の称呼を与えたが、娼館主や嬪夫たちが彼女を呼んだ名は〈白鬼《ファンキ》〉——すなわち〈白人の鬼女〉というのであった。そしてこの、命名する人間の立場によって対蹠《たいせき》的に異るふたつの名が、ドナルディナ＝キャメロン女史の生き方を示すと同時に、彼女が長年にわたって指導したサンフランシスコ娼館街のセッツルメント活動の意味をシンボライズしているといってよいのである――

思わずも紙数をついやしてしまったが、若松屋より姿を晦《くら》ましたわかの走りこんだキャメロン＝ハウスは、大体において以上のような施設であった。――けれど、それにつけても、シアトルからやって来たばかりのわかが、どうして、この、娼婦たちの老母とその住む館の存在を知っていたのか。

サンフランシスコへ着き、若松屋へ売られてから、やがて仲間となるべきはずだった女性たちの口より聞いたのかもしれない。――が、あるいはまた、当時のシアトルにそういう施設はなかったためそこに救いを求めることはできなかったが、しかしサンフランシスコの〈中国娘たちの家〉のことは遥かながら耳にしていたのだとも考えられる。そうだとすれば、立井との逃避行の目的地をサンフランシスコに選んだのも、彼女からすれば、そこにキャメロン＝ハウスがあったからにほかならぬのだ。

それは兎に角として、ここでふたたび立井信三郎のドラマに立ち戻れば――若松屋をはじめとする娼館側の立井にたいする疑いは、わかのキャメロン＝ハウス入りが明白となった時点できれいに解かれた。彼女を売るのに大磯屋旅館の主をとおしている以上、自身は逃亡しないで彼女だけ逃亡させるということは立井としてできることでなかったし、仮りに百歩ゆずってそういう無茶があり得たとしても、神の正義を旨としているキャメロン女史が、そんな不純な逃走者を受け入れるはずがなかったからだ。そして立井は、彼女の身《みの》代《しろ》としてつい数日前に受け取った金を若松屋へ返し、ここに、アラビヤお八重若松屋脱走の一件は落着をみるに至ったのである。

　しかしながら、この奇妙な事件が落着したあと、立井の心は怏《おう》として楽しまなかった。というのは、わかが自分に相談もしないでキャメロン＝ハウスへ駆けこんだことも解《げ》せなかったが、恋しい思いに耐えられなくなってキャメロン＝ハウスを訪ねても、ただの一度も彼女に逢うことができなかったからである。

　立井は毎日のようにキャメロン＝ハウスをおとずれては、自分はわかと結婚の約束をした者なのだから逢わせてほしいと申し入れる。するとキャメロン女史は、その若くて美しくしかし意志の鋼鉄のように固そうな顔で、「あなたは、ミス＝ワカ＝アサバを若松屋へ売りました。そういう人に、彼女を逢わせるわけには行きません――」と答えて変わらない。のみならず、立井の要請が執拗《しつよう》になって来ると、キャメロン女史は、「わたしたちも逢わせたくありませんが、それ以上に、ミス＝アサバがあなたに逢いたくないと言っています――」と答えるようになったのだった。

　恋の炎というものは、逢わないでいればいるほど、引き裂かれれば引き裂かれるほど、強く高く燃え立つものだ。わかにたいする立井の気持もおそらくはそれであって、顔を見ない期間が長くなるにつれて、わかへの思いはいよいよ募って行ったらしい。そして終いには、彼女の姿がほんの一瞬でも見えないか、どんなにわずかでも彼女の消息がつかめないかと、夜となく昼となく、キャメロン＝ハウスのあたりを徘徊《はいかい》するようになってしまったのである。

このような状態がどれくらい続いたのかはあきらかでないが、しかし努力した甲斐《かい》はあって、やがて立井はわかの消息の一端をつかむことができた。――彼は、彼女が、一週のうち幾回か仲間の中国女性たちと一緒にキャメロン＝ハウスの門を出て、さほど遠くないサター街のある家へ行くことを知ったのだった。

そのサター街のある家というのは、日本人牧師の坂部多三郎が開いていた手芸教室で、主として日本人の若い女性を相手に手芸を教え、その試作品を売ったりもしているところだった。キャメロン女史は、収容した女性たちの新しい生活のため手に技《わざ》を持たせようと考え料理・裁縫などを教えていたが、そのひとつに手芸があり、同じ神の使徒である坂部牧師が教室を開いているのを幸いとして、手芸に関しては彼女たちを彼の教室に委ねていた。そしてわかも、その手芸教室へ通う女性たちのなかのひとりとなっていたのである。

このことを知った立井は、今度は坂部牧師のもとを訪れて、わかに逢わせてもらいたいと懇願した。立井としては、坂部牧師はキャメロン女史と違って同じ日本人であり、自分の苦しい心の裡《うち》を理解して便宜をはかってもらえるものと期待したらしいが、しかしもとより坂部牧師のところへは、わかと立井に関してキャメロン女史より話が届いていた。そこで坂部牧師は、立井がいくら真剣の色を見せてわかへの面会を哀願して来ても、ほとんど取り合おうとしなかったのだった。

悲劇は、それから幾ばくもなくして出来《しゅったい》した。それは一九〇三年——日本年号にすれば明治三十六年の師走であったということだが、立井が蒼白な顔をして手芸教室の坂部牧師を訪れ、シアトル以来のわかへの愛情を縷々《るる》と披瀝《ひれき》したのち、あらためて彼女に逢わせてほしいと要求。そしてその要求の言葉のあとへ、次のようにつづけたのである——「坂部さん、どうあってもわかに逢わせてくれないなら、ぼくはこの場を去らず自殺して果てるのみです」と。

手芸教室のある家はさして大きくない建物であり、立井と坂部牧師の相対している部屋のドア一枚へだてた次の部屋には、幾人かの仲間たちと一緒にわかもまた手芸をしていた。だから、坂部牧師としては、立井の希望を叶えてやるにはドア一枚開ければそれで足りたし、幾たびかの遣り取りのあと思わず甲高《かんだか》くなった立井の声は、当然わかの耳にも達していたはずで、彼女が立井に逢うにも困難はまつわっていなかった。しかし、それにもかかわらず、坂部牧師もまたわかも、「どうしても彼女に逢わせてくれないなら、この場を去らず自殺して果てるのみ」と言った立井の言葉を正当に聞き、その真意を汲んでやろうとはしなかったのである。

そこで立井がどうしたかといえば、彼は右手を上着のポケットに突っこみ、「坂部さん、最後にもう一度だけ訊ねるが、これだけお願いしても、ぼくをわかに逢わせるわけには行かないと言うのかね——」と問いかけた。そして、この問いにたいし坂部牧師が「残念だが、逢わせることはできない」と答えると、瞬時の間を置いて、彼はポケットから小さな罎《びん》を取り出し、蓋《ふた》を取ると一気にその中味を呷《あお》ったのであった。

坂部牧師は驚愕の声を挙げて罎を奪ったが、毒薬はすでに嚥下《えんか》されてしまっており、そのうち立井は悶《もだ》え苦しみながらその場へ倒れる。当然騒ぎは隣室にも聞こえ、そこにいた娘たちは何事ならんとドアを開いて走り入り、わかも駆け寄って泣きながら立井に取り縋《すが》った。坂部牧師は、娘たちのひとりに水を持って来させそれを立井の口を割って飲ませる一方、他のひとりを最寄りの医者の家に走らせたが、しかし医師のやって来たときには、もはや彼はこの世の人ではなかったのである——

「アラビヤお八重出世物語」の記すところでは、立井の上着の内ポケットからは鷲津《わしづ》尺魔《せきま》なる人物に宛てた一通の遺書が出て、それには「葬式を頼む」とあった。尺魔とはいかにも奇抜な雅号であって、悪魔に咫尺《しせき》している者——すなわち悪魔と袖ふれ合うようにして住んでいる人間という意味だろうが、この人物は新潟県に生まれ明治二十七年に渡米、「桑港時事」や立井と同じ「新世界新聞」の記者をつとめたことがあり、明治三十年頃からはみずから諷刺雑誌「顎筈誌《あごはずし》」やその後身誌「太平洋」を刊行していた人である。そして、この人物が立井の遺体を引きとって、野辺の送りを淋しく済ませたということだ。

立井信三郎の悲劇は幕を閉じたわけであるが、しかし、それにしても山田わかは、一体なぜ、真実いのちを賭けてまで自分を愛してくれた立井を捨ててしまったのであろう。

——というよりも、カナダ国境の雪の町から手を取り合って逃げてきて首尾よくサンフランシスコへ辿り着くことができたというのに、中途から喰い違ってきてしまい、遂には立井の自殺に終らなければならなかったふたりの関係は、本当のところ何だったのか。

限られた資料で七十年以上もむかしの外国でのドラマを追うのだから、その真相をあきらかにすることは至難だが、しかしわたしは、女性のハートを持つひとりとして直覚する

——立井はわかを心の底から愛していたのだ、と。

立井がわかを若松屋へやったのは、彼が女衒であったり嫖夫《ピンプ》として彼女を絞ろうとしたのではなくて、前章で想像したごとく、結婚生活をはじめるにはなにがしかの纏《まとま》った金が必要なので、そのための止むを得ぬ手だてだったのだと思う。だから彼にとっては、彼女が自分にひと言の相談もなしにキャメロン＝ハウスへ走ったことは衝撃であり、度かさ

なる訪問に一貫して与えられた拒絶は、彼女の愛情がもはや自分から離れきっていることを意味する以外でなかった。そこで、如何にしてもわかの心が自分に戻らないと知るや、生きる望みを失って、ふたつとない命を捨ててしまったのである。

このように言えば、読者のなかには、立井の服毒はわかにたいする愛情の深さを示すというよりも、むしろ彼女や坂部牧師へのデモンストレーションなのであって、本当に死ぬつもりではなかったのではないか——と主張される方があるにちがいない。しかし、狂言のつもりなら遺書まで持ってはいないだろうし、また、劇毒薬であるにせよ単なる毒薬であるにせよ、致死量までは飲まなかったはずである。したがって、わたしは、立井の自殺は芝居ではなくて本心に発したものであり、彼はそれほどわかを愛していたのだと考えるのだ——

一方、これに対してわかの方はと問うならば、どうやら、立井を愛してはいなかったらしい——と言うよりほかはないように思う。証拠となすに足りるものは何ひとつないのだけれど、わたしは、これもまた女としての直感で、そうとしか感ずることができないのである。

しかし、それでは如何《いか》にも説得力に欠けるので、間接的な証拠だけれどひとつの資料を挙げるなら、彼女の第一評論集『恋愛の社会的意義』のなかに「母」と題したエッセイがある。三浦半島は久里浜の平凡な農婦であった自分の母を回想した短い文章で、母よりもむしろ父について多くを語っており、その終り近くに、主題を鮮明にするためだろうが、父母とは全く関係のない彼女の一体験が綴られているのである。いま、その部分をそっくり引用してみると——

〈星明りに冷く光る大きな湖水の真中に、小舟の上に載せられて、私はピストルを持つた男と唯二人、男が私の強情を怒つて殺すと云ふ。私は人家を遠く離れた水の上で声を出して救ひを呼ぶ事の無益を知り、又、水泳の心得なき自分が僅か一間半ばかりの小舟の中でもがけば、忽《たちま》ち落ちて水底の藻屑《もくず》となる事もあまりに明瞭であり、どうせ死ぬなら潔くと云ふやうな気になつて、静かに両手を胸の上に組み合せ、瞑目《めいもく》して私は小舟の横木に背をもたせかけました。すると男は、私の目から下へハンケチをかけ、片膝ついてピストルの筒口を私の眉間《みけん》へあてました。

今死ぬといふこの瞬間に、父が私に与へた灯火は赫々《かくかく》として燃え上りました。

「私の心は清い！　神は私を守つて居る。今殺されれば、死ぬ事が私の幸福に相違ない。生きる事が私の幸福なら、神は必度《きつと》救ふ」と私は独りで定めて、殊更に祈る事もせず自若として運命を待ちました。神の心を待ちました。

だが、生きる事が私の幸福だと神様は思し召したと見えて、私は今からしてこんな事

をお話して居ります。〉

山田わかがみずからの経歴にふれて書いた文章は、久里浜で過した幼少時の出来ごとは別として、あとはすべてこのように、何時どこでのこととも葛藤《かっとう》の相手が誰であるともあきらかにされないのだが、わたしは、それらが明瞭に記されないまさにその故に、綴られている体験は彼女の事実であったのだと思う。彼女は自分が〈あめゆきさん〉であったことを秘していたため、ふるさとの山川とともにあった少女時代の体験は正直に書くことができても、アメリカ時代——それも取りわけシアトルでの生活にかかわる思い出は、具体的に書くわけに行かなかったからだ。そしてそうだとするならば、この、星明りの湖上におけるドラマティックな一場面も、それが肝心なところで具体性を削り落されているかぎりにおいて、実際に彼女の身に起こった出来ごとだと見てさしつかえないのである。

それでは、この星明りの湖上のドラマの相手は誰であり、その時はいつで場所はどこであったのか。どのように考えてみても、その相手の男は立井信三郎であり、時はシアトルを脱走してより数日ののち、場所はシアトルからポートランドまでのあいだのどこかの湖であった——というふうにしかならない。

思うに立井は、アロハ＝ハウスよりわかを連れ出して逃げる馬車のなかで、あるいは一緒に泊った小さなホテルの一室で、彼女に向かい、〈客〉にたいする〈娼婦のサービス〉

ではなくて、彼女に愛情を持つ一個の〈男性〉として〈彼女の愛情〉を求めたのであろう。しかし彼女は、立井がいくら求めても、それに応じようとしなかった。彼の求めが乞いに変り、やがて懇願に変っても、なお彼女の首は縦《たて》に振られなかった。

立井は焦り、悲しみ、そして怒り、とある湖を小舟で渡らなければならなくなった一夜、追手に備えてひそかに所持していたピストルを遂に引きぬいた。——わかを殺して、自分も死のうと決意を固めたのである。

もしもこのとき、わかが大声を挙げて助けを求めたり逃げようと水に飛びこんだりしたならば、立井のピストルは確実に火を噴いていたにちがいない。だが彼女は、小舟の上に横たわり、「静かに両手を胸の上に組み合せ、瞑目して」動かなかった。せめてもの思いやりのつもりで立井が「目から下へハンケチをかけ」てやり、「片膝ついてピストルの筒口を眉間へあて」ても、なお、彼女は微動だにもしなかった。彼は、完全に敗北したことを知ってピストルを投げ、その黒い影は、水の面《おもて》の星明りを砕いて湖の底深く沈んで行ったのであった——

すでに記したとおり立井は美髯《びぜん》をたくわえた偉丈夫であり、新聞記者という職業にたずさわる知識人であるのみならず、鏗鏘閣の雅号をもって漢詩や随筆などをものする文学趣味の人でもあった。そういう素敵な男性が、心中を迫るまでに愛してくれているというのに、わかはどうしてそれに応えなかったのだろうか。

わかを讃美するつもりならば、こういう解釈がもっとも適当かもしれない——彼女は立井を愛しており、愛していたからこそ彼に背中を向けたのである、と。すなわち、娼婦という境涯にあった女と結婚すれば、紳士として通っていた立井も世間から卑しめられること必定で、彼を愛していればいるほどそれは彼女の耐えられるところでなく、それで心ならずも彼を拒みとおしたのであった、と。

だが、わたしは、断じてそうではなかったと信ずるものだ。そうして、ここに立ち至って、前前章に引用したわかの「自分と周囲」なる文章の一節を、あらためて痛切な思いをこめて想起するのである。

異国の暗黒の巷《ちまた》に閉じこめられ、長年にわたってその肉体を弄ばれた彼女の心には、〈男性への憎しみ〉が煮えたぎっていた。それは、この世にいる男という男に「頭から石油をぶっかけて、裾から火をつけて焼いてやりたい」と思うほど激越で、そういうたたかいの先頭に立つ自分のうしろに、「男に苦しめられた開闢《かいびゃく》以来の女の亡者が、墳墓の下から白い経帷子のままで出て来て立つ」という幻想を見ないではいられないほど底深い〈憎しみ〉であった！

かかる感情に満ちている彼女の前に、愛情を告げ、自分が力のかぎり助力するからこの魔窟より脱走せよ——とすすめる立井信三郎があらわれたのである。彼女は、立井の手引きでアロハ＝ハウスから脱走し、すでに述べたようなプロセスでサンフランシスコに到着すると、立井や若松屋の男たちの隙《すき》を見てキャメロン＝ハウスへ駆けこんだ。彼女が立井とともにシアトルからサンフランシスコへ逃げて来たのは、性奴隷の境涯よりわれとわが身を解き放ちたい一念にもとづくものであって、彼を愛し彼と結婚しようためではなかった。つまり、彼女にとっては立井もやはり憎い〈男性〉のひとりであって、それだからこそ彼女は、キャメロン＝ハウスへ入るのに成功してより以後は、どれほど足を運んで来ても彼と逢おうとはしなかったのである。

わかは立井を〈利用〉したのだ——と言っても、決して過言でないだろう。追手に捕えられれば殺されるかもしれぬ危険をおかして彼女を脱出させ、その生命をなげうってまで彼女を愛したひとりの男にほかならぬ彼女が与えた報酬としては、これはあまりにも酷薄であったと評さなくてはなるまい。

しかしながら、わかの立井にあたえたものが酷薄に過ぎたからと言って、わたしたちは彼女を責めることはできないのだ。欺かれて万里の大洋を東に送られ、頼るべき人のひとりもいない外国の町で、多数の男たちから心身を踏みにじられて一寸の自由もない哀れな女に、ほかにどのような方法があったというのであろう。わたしは、ひとりの娼婦にその純情を捧げてみずから死を選んだ立井信三郎を悼《いた》むと同時に、そのような手だてしか取ることの許されなかった山田わかの境涯を、限りなく哀れに思わないではいられないのである——

山田嘉吉との出逢い

雪の凍《い》てつくシアトルの町に一週間ばかり滞在して、わたしはふたたびオレンジの黄色く熟れるサンフランシスコへ舞いもどった。若き日の山田わかが娼婦〈アラビヤお八重〉として身を沈めていたというチャイナ＝タウンはこの眼で見たし、九十二歳の為佐宇八さん――今となっては娼婦時代の彼女を目撃した唯一の証人にちがいない人の話はこの耳で聞いたし、調べるだけのことは調べたと考えたからである。それにいまひとつ、岡繁樹の「アラビヤお八重出世物語」の教えてくれたキャメロン＝ハウス、立井信三郎の悲劇の舞台となったサンフランシスコの娼婦救済セッツルメントを、一日も早く訪ねてみたいからという理由もあったと言えようか。

翌日、サンフランシスコでの案内をお願いしてある川瀬泰一さんと、長老教会の長老の位置にあられる鎌田巌さんに連れられて、わたしはキャメロン＝ハウスを訪ねてみた。モダーンで白っぽいビルディングが建ちならんでいるなかに、たったひとつ、古めかしいと言えば古めかしく、落ちついていると言えば落ちついている煉瓦《れんが》造りで三階建ての建物が、わたしの見たいと望むそれであった。

　幅広い坂道に面して開かれた入口の左側には、「DONALDINA CAMERON HOUSE」と浮き彫りされた銅板がはめこまれており、上部には入口の幅いっぱいの大きさで、「OCCIDENTAL BOARD PRESBYTERIAN MISSION HOUSE」と記されている。そして、街路樹として植えられている日本ではあまり見かけない常磐木《ときわぎ》がその入口の方へ枝を差しのばし、それが風韻《ふういん》を添えているように感じられた。

　坂道の中途にある建物なので水平を保つためなのか、入口には五段ばかり階段がついており、それを上ると受附の小窓があって、その窓の上部には、今度は英文ではなくて漢字で「長老会附設＝金美倫堂」と書かれ、そのセッツルメントとしての仕事の概要らしきものが列挙されていた。「金美倫」はおそらく、〈キャメロン〉の漢字による表記なのであろう。その受附の右側が玄関のドアであって、わたしには何となく日本の歯科医院へでも来たような気持がしたが、それはキリスト教というものの持つストイシズムが、おのずと建物の雰囲気にも浸《し》み出ているということなのだろうか。

　それは兎に角として、この通称キャメロン＝ハウスの前に立って、わたしは思わず驚きの声を挙げないではいられなかった。というのは、中国娘をはじめとする娼婦の救出更生施設であったというこのキャメロン＝ハウスの建っている場所が、サクラメント通りの九二〇番地——すなわちサンフランシスコのチャイナ＝タウンのまっただなかであったからである。サンフランシスコのチャイナ＝タウンは、シアトルでもそうであったようにほとんど柳暗花明の街の同義語であったわけだが、キャメロン＝ハウスは、そういう街のそれこそ目と鼻の先に聳《そび》え立っていたからである。

日本で売春婦の救済更生施設を作るとすれば、それが国家機関によるものであっても有志の私人によるものであっても、まず、人里離れた土地を選ぶにちがいない。そうするのが、人身を売るアウト＝ロウたちを余分に刺戟しないことでもあれば、また、ひとたび泥水に漬《つか》った女性に向けられる世間の偏見から彼女たちを守ることにもなるからである。ところが、このキャメロン＝ハウスの在る場所は、まさしく正反対なのだ。

チャイナ＝タウンの娼館から救出して来た娘たちをその眼の前に収容して置けば、娼館主や嬪夫たちは、彼等の言うところの〈面目《メンツ》〉を傷つけられ、かならず奪還や報復を計るにちがいない。にもかかわらず、それを少しも恐れることなく、娼館に閉じこめられて日夜呻吟《しんぎん》する娘たちに向かって、ここにこそあなた方の自由への道あり——と告げる旗を立てつづけた勇気は、やはり、キリスト教の信仰がなさしめたわざなのだろう。わたしは、キリスト教というものへの欧米人の信頼の強さを肝に銘じ、つくづく羨まないではいられなかった——

わかが在籍したころのキャメロン＝ハウス

受附でベルを押すと、三十歳前後の中国系らしい青年があらわれた。鎌田さんをとおして、ハウスを見学させていただきたいということと、もし有ったら、そのむかし娼婦たちを救済していた頃の資料を見せてもらいたいのだということを話すと、前者にはこころよく応じてくれたが、後者に関しては何となく心もとない感じだった。六十年も七十年も前のことは、丁度わたしたち昭和期生まれの人間が明治のむかしの話を訊《き》かれるようなもので、すぐさまは反応できなかったのだろうか。

受附の右側にあるドアから内部へ足を踏み入れると、目の前には大きなホールが開け、クリスマスが近いからだろう、その祭りのためらしい飾りつけがしてあった。正面に十字架をすえた祈りのための小ホールもあり、事務その他に使われている部屋もあったが、建物が古いせいか一体に暗くて重苦しい雰囲気である。印象的なのは、各階とも細長い廊下が縦横に走って、その両側にあたかもホテルのように小部屋のドアが並んでいることだった。

かつて娼館から救出された女性たちの住んだのが、この細長い廊下の両側の小さな部屋々々なのかもしれない。中国青年に頼んでそのドアのひとつを開けてもらうと、部屋は日本の六畳間くらいの広さだろうか、壁面を白く塗った上に大きな窓がついているので、廊下に引き換えまぶしいほどに明るかった。

わたしは、この建物が山田わかの逃げこんだ頃からあったものかどうか確かめようとしたが、青年は答えられず、一旦姿を消したと思うと初老の男性を連れて来た。――この人が、キャメロン＝ハウスについての古いことをよく知っているというのである。そこであらためて訊ねてみると、初期のキャメロン＝ハウスは一九〇六年のサンフランシスコ大震災で焼失、その後ただちに再建されたが、今のこの煉瓦造りの建物は一九二、三〇年代に建てられたものだということだった。

わたしは、正直なところがっかりした――と告白しなくてはならない。もしもキャメロン＝ハウスのこの建物が昔と同一のものならば、わかの起居したのもこれらの部屋のどれかひとつだったわけで、幾階のこの部屋と特定はできないにしても、その生活の一端を偲ぶことは可能だったはずだからである。しかしそういう期待は、この初老の男性の答えによって夢に終った。そしてわたしは、キャメロン＝ハウスの存在した場所だけは変動していないのであってみれば、建物こそ別なものになっていても、わかが救いを求めて走りこみ、立井信三郎との人生ドラマを演じた空間はここなのだ、そう思うことで、わずかに満足するよりほかはなかったのであった——

だが、わたしの期待を打ち砕いたその初老の男性は、それを補って余りある幸福をわたしに与えてくれた。彼は、このキャメロン＝ハウスでは創立の当初より年報を出しており、それがひと綴りだけ保存されている——と教えてくださったのである。

わたしは目的を告げ、鎌田さんの口添えを得て、その年報の一九〇〇年から五、六年の分を見せてもらった。海外ミッション女性局東洋部の発行になるこのレポートは、おそらくキャメロン＝ハウスの仕事を助けるため寄金してくれた人たちへ送附したものらしく、中にはドナルディナ＝キャメロンと署名された文章も見受けられる。そこでわたしは、特にお願いしてこの年報を複写してもらい、それを大切に胸に抱くとキャメロン＝ハウスを辞したのであった。

その夜わたしは、ジャパン＝センターの中央部に位置する都ホテルの一室で、キャメロン＝ハウスの年報のコピイに眼を凝らした。英語に堪能でないわたしには、細字でびっしりと綴られた文章はそれこそ頭痛の種だったけれど、しかし見て行くと、あのページこのページに、おお、〈Waka Asaba〉の文字が散見されるではないか。

わたしは、飛び立つ思いでその箇所に読み入り、それはわかに関する新たなデータを提供してくれた。そしてわたしは、「アラビヤお八重出世物語」に加うるにこの資料によって、立井信三郎と死別したのちのわかの足跡、換言すれば彼女の変身に関与したもうひとりの男性との出逢いについて、詳しく語ることができるのである——

さて、立井信三郎と死に別れたあとの山田わかは、ひたすらに更生めざし、キャメロン女史の指導を忠実に守って生きようとつとめたらしい。キャメロン＝ハウスでは、救出した女性たちにたいして、さきにも記したごとく更生の手だてのひとつとして手芸その他の職業的訓練を実施していたが、一方、精神的自立のためにキリスト教について教え、その神への帰依《きえ》をうながした。そうして、濁流にいて藁をもつかみたい思いの彼女には、このキリスト教のすすめが救いの舟となったのだった。

彼女は、のちに評論家となってから「結婚と恋愛」というエッセイを発表しているが、そのなかで書いている——「読書をしたり、ものを考へたりする習慣を少しも持たずに、可なりな年迄過してしまひました私は、聖書によつて初めて、読書したりものを考へる事を覚えたので御座います。其れ迄《そまで》は、私にとつては世の中はまつくらで御座いまして、どちらを向いて歩けばいいのか、自分をどう処置していいのか、さつぱり分らず、唯、自分の爪先の向いた方にむかつて、動いて居ると云ふ状態で御座いましたが、聖書を読み始めましてからは、目の前に塞《ふさ》がつて居た霧が少しづつ晴れて行きまして、遂にはスッカリ夜が明けたやうな心持が致しました」と。

そして、では彼女は『聖書』のどのようなところに光明を見出したのかと言えば、それは、神の前にはすべての人間が〈平等〉であるとする思想であった。ふたたび彼女自身の文章を引くなら、彼女は『恋愛の社会的意義』におさめた「エレンケイ女史」という紹介文の前書のなかに、「女の肉をむさぼり食はふとする男といふ動物」を避けて「或る尼寺のやうな処へかけこんだ」時代のことを回想して、以下のように記しているのである。

——「自分達は到底届かない階級にぞくするものだと思つて居た文字といふものに、其処《そこ》では親しむ事が出来た。そしてそれは聖書であつた。この宇宙を支配する神があつて、その神の目には一切の人間が皆平等であると教へられた時、歓喜に満ちた私の目は天を仰いだきり、しばらく、地上の一切を忘れてしまつた。今迄、弱き小羊のやうに惨忍な人間共の手に翻弄《ほんろう》されて居た自分は、一躍、全智全能の神のふところに抱かれ、汲《く》めども汲めども尽きぬ愛の泉に魂の渇《かわき》を癒《いや》し、忽ち、大きなそして強い人間になつてしまつた。万物に対し無限の友愛を感じると同時に、悪に対して獅子の如く強くなつた。」

かくて『聖書』に精神的な拠りどころを見出したわかは、それから間もなくキリスト教に入信して洗礼を受けた。キャメロン＝ハウス年報の第三十一回（一九〇四年）報告には、「多くの娘たちが入信し、さらに七人が希望している。そのなかで、ワカ＝アサバは、十八カ月前に収容されたときの Hanna という偽名の方がよく知られているかもしれないが、今はわたしたちの大事な日本語の通訳である」というふうに記録されている。明記されてはいないけれど、彼女に洗礼をほどこしたのは、どうやらあの坂部牧師であったらしい。

それからのわかは、自信をもってキャメロン女史や坂部牧師を助けて働き出した。キャメロン＝ハウスには、日本から勾引《かどわ》かされてサンフランシスコへ着くやいなやただちに救出されたような娘たちが幾人もおり、そういう娘たちとキャメロン女史とをつなぐ通訳が必要だったが、彼女はその仕事をみずから引き受けたのである。

彼女のそうした働きぶりを、キャメロン＝ハウス年報は次のごとく記録している。すなわち、先にも引いた一九〇四年の報告は、「われわれに取って望ましいのは、新来者を教えられるようなクリスチャンの育つことだ。ワカ＝アサバは、そのような期待に応えることのできる聡明な娘である。彼女は、自分の辛くて悲しい体験から、新しくホームにやって来る娘たちの気持を察し、親しみをこめて彼女たちを慰め且《か》つ指導した。彼女は、毎朝自分のまわりに娘たちを集めて、『聖書』を読み説明して聞かせている。また彼女は、ミス＝ガレッティとともに娘たちに英語を教えはじめた」と書いている。そして翌一九〇五年の報告文のなかでも、「われわれの仕事が成功をおさめたのは、中国人や日本人の娘たちの働きによる。日本語の通訳をしてくれた娘は、実によくわれわれを助けてくれた」と感謝の念を綴っているのだ。

しかしながら、キャメロン女史や坂部牧師を助けて一所懸命になればなるほど、わかの胸の裡《うち》には焦慮が首をもたげて来た。三浦半島の突端の小さな村の小学校へ四年間通っただけの学力なので、何とか通訳をつとめてはいるものの、母国語たる日本語でも、少しむずかしい言葉や漢字が出て来るともう手も足も出ない。まして英語となると、日常会話や極く平易な文章なら読めるけれど、ほんのわずかでも抽象的な文章やことがらになって来るとそれこそ二進《にっち》も三進《さっち》もならない。そのような力しか持っていない自分が情なく、一体どうすれば良いのだろうか——という焦慮だと言ったらよいだろうか。

この疼《うず》くような焦慮を、彼女は、すべてのものを新たに第一歩から学ぶことで鎮めようと考えた。そしてそういう考えになった彼女が、どこかに適当な学塾がないものかとサンフランシスコじゅうを見まわしたとき、もっとも良さそうな学塾として眼に映ったのが、ブッシュ街にある山田英学塾という私塾だった。そして彼女はただちにここへ入塾したのだが、この私塾の経営者にして教師であり且つはまた小使いでもあった人物が、ほかならぬ山田嘉吉だったのである。

ここに至ってわたしは、山田嘉吉という人物について述べなくてはならないが――彼は慶応元年の十二月十日、神奈川県中郡高部屋村上粕谷というところに生まれた。この村は相模平野が丹沢山地にかかろうとするあたりに位置しており、現在は伊勢原市に編入されている。父の名は山田新兵衛、母はナカといい、家は農業だったがしかし小農か貧農であったらしく、長男の猪三郎が家を継げばあとの弟妹の耕やす土地はなかった。そこで次男の嘉吉は、母親のナカが早くに亡くなったという事情もあって、小学校四年を卒《お》えるか卒えないかでもう働きに出、それだけにとどまらず更に海外へまで流出しなくてはならなかったのである。

大正期のジャーナリスト沢田撫松《ぶしょう》の書いた『大正婦人立志伝』(大正十一年・大日本雄弁会)という書物があって、その〈山田わか子〉の項を見ると、そこに、嘉吉が取材者の沢田にたいして自分の生いたちを語った談話が載せられている。いま、それをそのまま引くならば――

〈私は、普通の学生の様に特に勉強する時間を与へられて学問したのではない。私は十歳にもならぬうちから丁稚奉公《でっちぼうこう》にやられたのだ。それは金物屋であつたが、私が余り小さくて仕事らしい仕事が出来ないので、毎日々々釘拾《くぎ》ひをさせられたものだ。其の時分から私は、本を読むことが好きであつた。後には夜学に行けるやうになつたが、一日の仕事を終つてから三里の田舎道を歩かねばならなかつた。少し多く先生に質問したり、考へながら歩いたりして居ると、店へ帰る時分には東の空が白みかけて居た事が少くなかつた。

稍《やや》長じて、私は二十里の道を東京まで歩いて来た。そして鋳掛屋《いかけや》の職人になつた。商家の小僧から職人に転じた理由は、職人の方が、夜間、自分の時間が沢山取れるからであつた。そして私は漢学や数学を学んだ。

私は二十歳の時渡米したが、上陸した其翌日から働き始めた。最初は下宿屋の皿洗ひをやつた。それから料理人にもなつたし百姓もしたし、船乗りにもなり鉄道工夫にもなつた。然しその間、一日たりとも勉強を怠つたことはなかつた。工夫をして居る時は列車の中を寝所にして、夜学に通つて居た。一日十八時間働いた時でも、本を読まずに寝たことはない。かうした苦学をしながらあちこちの大学へ籍を置いたが、一つの学校に居ることは事情が許さなかつたので、卒業して学位なぞを得る様なことは出来なかつた。

最初私は法律の研究を目的として渡米したのであつたが、法科の学問は私に満足を与へなかつたので、社会学に移つた。社会学に依つて私の希望が充《みた》されたので、私は衷《ちゆう》心《しん》から喜びの声をあげた。爾来《じらい》廿余年、私の心は社会学にひかれて離れない。〉

二十歳で渡米したというが、嘉吉の生まれ年の慶応元年に二十年を加えると、明治十八年ということになる。日清・日露の両戦争に勝ったあとの日本には、植民地的権益を確保し得た中国大陸への雄飛熱が高まってくるが、それよりひと時代前にあたる明治二十年代までは、一攫千金を夢みる青年たちは、当時西部開拓時代のフィナーレを奏でていたアメリカへ渡ることが多かった。徒手空拳《としゅくうけん》で渡航してしかもたいていは英語も話せないのだから、言葉を必要としない肉体労働の生活から始めて、おのおのの目標に近づくという方法を採らざるを得なかったのである。

こうした青年たちのなかからは、「明治二十一年七月廿四歳の時……一言の英語を解することも出来ないで」サンフランシスコに渡り、「或はスクールボーイ、或はハウスウォーク、或はガーデナー、或は田舎ホテルの二番コック等と、手当り次第に職を見付けては労働」（森永太一郎「今昔の感」）するあいだに西洋菓子の製造技術を身に着け、帰国ののち森永製菓株式会社を興した森永太一郎も出れば、明治十七年に渡米して同じく肉体労働に従事しながらエール大学を卒業、帰国して労働運動・社会主義運動の旗を挙げ、革命家として世界的に有名となった片山潜のような人物も出た。そうかと思えば、北村透谷の義弟であって共に自由民権運動をたたかい、いわゆる大阪事件に理想を破られて海を越え、同様な労働生活に入りついにそのままアメリカの土と化してしまった石坂公歴《まさつぐ》のような人もあった。そしてそのほかに、その志ついに成らず、完全に無名なまま異郷に朽ち果てた人がどれほど多くあったことか——

山田嘉吉もこうした海外苦学青年のひとりだったわけであり、金銭的成功よりも学問的な成功を望んでいたらしいが、しかしその道は金銭的栄達《えいたつ》よりも一層むずかしかった。彼は、日本人としては珍しく巨大なその体軀にものを言わせて超人的に働き且つ勉学をつづけ、社会学者として恥ずかしくない識見を持つに至ったのだが、しかし当時のアメリカの大学は、人種的偏見に加えて正規の大学卒業者でない彼に椅子を与えてはくれなかった。そこで彼は、サンフランシスコの街で私塾を開き、この持っている識見を切り売りするよりほかはなかったのである。

彼の教授したものの第一は英語であって、日本から渡航してまだ日の浅い人には英会話を、すでにアメリカに在住していて英会話はできながら文章を綴ることのできぬ人には英作文を教えた。のみならず彼は、ドイツ語・フランス語・スペイン語にも熟達していてそれも教え、また、乞われれば経済学や社会学の講義もしたという。当時彼の教えを受けた人がどれくらいあるのかは不明だと言うよりないが、後年奇人の社会主義弁護士として有名になった山崎今朝弥《けさや》、ジャーナリストとして知られた市川藤市——すなわち女性解放運動家＝市川房枝の兄などは、いずれも彼のサンフランシスコにおける教え子であった。

さきにも記したとおり嘉吉は慶応元年——一八六五年の生まれだから、わかが入塾した一九〇三、四年頃はすでに三十八、九歳になっていたわけであるが、しかし、なぜか彼は独身であった。適当な縁談がなかったからと言うよりも、おそらくは苦学に追われて、結婚して家庭を持つことなど考える暇もなかったからだと思われる——

山田英学塾とその主たる山田嘉吉の輪郭はほぼ以上に記したとおりなのだが、さて、ここへのわかの入塾は、一体何をもたらしたか。それは、意外にも意外、嘉吉のわかにたいするプロポーズと彼女の受諾、そうしてふたりの結婚という結果を生み出すこととなったのである。

山田嘉吉がどれくらいの期間わかを教えたのちにプロポーズをしたのか、残念ながらわたしには、精確なところはわからない。けれど嘉吉は、彼女がキャメロン＝ハウスから学習に通って来ていることは知っており、そのキャメロン＝ハウスにいる女性たちがどのような身の上なのかも当然知っていたはずである。それなのになお、彼が彼女をみずからの人生の伴侶として求めたというのは、そも、如何なる理由にもとづくのであったろうか。

「主婦之友」の昭和八年一月号には「神様の手で結ばれた新夫婦・評論家山田嘉吉氏とわか子女史」というインタビュー記事があり、自分たちの結婚をめぐってふたりが編集者の質問に答えているのだが、そのなかで嘉吉は、わかと結婚した理由を次のように説明している。——「家内は学歴こそないけれど、実に理解力のはっきりした、物覚えのよい娘でした。勉強したくとも、満足に本も読めない気の毒な事情です。私は、ぜひこの娘に、望み通り勉強さしてやりたかつたのです。仕込んだら、晩学であらうとも、きつといい素質が芽生えて、伸びて行くであらうと思つたのです。それに、家内が一月かかつて働くより、私が一日働く方が余計に収入があるといふわけで、尚ほ勉強さしてやつたり補助してやつたりしたのでは、そこは男と女のことで、世間からとやかく非難されてもと思ひ、いつそ結婚して、妻として援助しようと思つたのです。妻ならば、誰も文句を言ふ人はありませんからね。」

これにたいしてわかの方はどうかと言えば、昭和九年十月——嘉吉病没の直後の「主婦之友」に発表した「天国に夫を待たせて」という一文において、彼と結婚するに至った理由を縷述《るじゅつ》している。これによるなら当時の彼女は、『聖書』の説く神の前の平等を信ずる一方、自分を「人間の屑、とるに足りない人間」と思い、「無学文盲に等しき、もともと百姓の娘、自分は卑しい者だと観念して」いたのだったが、しかし「山田嘉吉は、私を卑しい者だとせず、立派な淑女だとして私に接して来ました。彼の私に対する態度によつて、私は自分自身を見直し、評価し直さなければなりませんでした。厳粛な気持で人生を考へ直し、自重しなければなりませんでした」ということだ。つまり嘉吉は、かつて娼婦であったと知りつつ彼女を対等にあつかったのであり、それが彼女には何よりも嬉しく、そしてそれが彼への人間的信頼をはぐくんで、遂には結婚にまで進ませたのである――と言ったらよいのかもしれない。

だが、わかが嘉吉との結婚を決意した動機は、それで尽きているのではなかった。彼女は、幼少時から他人のなかへ出て自活し、学問をしたい一心で猛進また猛進してとうとう四十歳近くになってしまった嘉吉を、「さうした過去を持つ彼の容貌は、絶えざる荒浪に叩かれてゐる磯岩の如く、触《ふ》るれば痛からう感じでした。また事実に於《おい》て、その皮肉は人の肺腑を衝《つ》き、仮借《かしゃく》なき辛辣《しんらつ》な態度は、初対面にて、多くの人の怒りを買ふのでした」というふうに見る。そしてそのあとへ続けて、以下のとおりに書いているのである――「私は思ひました、『この人は、精神の全部を知力獲得と経済活動に傾けつくして、情味というものを全然失つてしまつてゐる』と。私のその観察が、私を決心せしめました、『母親の愛情すら知らなかつた可哀想《かあいそう》な彼に、私は温いホームを造つて上げよう』と。」

知的・思想的にすぐれている男性への信頼は大事なことにちがいないが、それだけで結婚するのだったら、彼女がかつて立井信三郎にたいして採った利用的態度とさして逕庭《けいてい》のないものになってしまう。すでにキリスト教によって心を洗われている彼女は、どれほど自分に有利でももはやそのような態度とは無縁だったが、しかし彼女の眼に嘉吉は人間的情愛を欠いた存在として映り、その欠陥をおぎなうのは自分にもできることだし、またこの自分のしなくてはならないことだ――というふうに考えた。そこで彼女は、一方に自分を卑下する気持を持ちつつも、なお誇りをもって嘉吉の求婚に応ずることができたのであった。

嘉吉とわかが結婚するという知らせは、キャメロン女史や坂部牧師をはじめ娼婦救済に尽くしている人たちから喜びをもって迎えられたが、しかしそこには障害がひとつあった。それは、わかがキリスト教の信者であるのに、嘉吉が信者でなく、むしろ無神論に近い考えを持っていたという一事である。

今日のアメリカでは法律と宗教とは完全に切りはなされており、婚姻届さえ出せばそれで結婚が成立するわけだが、しかし当時の西部社会では、教会へ行き神の前で結婚の誓いをするか否かのほうが重要であった。したがってふたりが結婚するためには、嘉吉が洗礼を受けてクリスチャンとなり、その上で結婚の式を挙げてもらう必要があったのだが、しかし彼は、それが自分の学問的結論だと言ってキリスト教への入信を肯《がえ》んじない。そのため、わかの属する長老派教会の真面目一方の信者たちのなかからは、嘉吉を悪魔の手先のように言い、そういう嘉吉と婚約した彼女を口を極めて非難する人もあらわれ、ふたりの結婚は心もとなくなって来たのだった。

このような場合、事を荒だてぬよう嘉吉が形式的に洗礼を受けて結婚するというのが、いわゆる日本人的要領の良さなのであろう。けれど、妥協ということの嫌いな嘉吉は、周囲の人がいくらすすめても洗礼を受けなかったのである。

そうなるとふたりの結婚はこわれてしまうしかないわけだが、しかし教会は、それから間もなく、わかと不信者の嘉吉との結婚式を挙げてくれた。二者択一を迫れば、わかが教会でなしに嘉吉を選びそうな気配があったからかもしれないし、あるいは、嘉吉という人物の確かさを見込んだキャメロン女史が、ワカ＝アサバの幸福を確保するためには嘉吉の洗礼にこだわるべきでないと判断したためかもしれない。

嘉吉とわかの結婚式は、質素きわまるものであった。さきにも引いた「主婦之友」の夫婦のインタビュー記事のなかでわかの語っているところでは、牧師の祝福のあと、教会の人たちや子どもたちにお菓子を配り、そして小さな荷物ひとつを持ってキャメロン＝ハウスから彼女が移って行ったブッシュ街の嘉吉の家では、親友の渋谷馬頭がコーヒーを沸かして待っていてくれただけであるという。

この結婚式の挙行されたのが何時《いつ》であったか、その精確なところは残念ながら不明である。しかしそれは、一九〇四年の秋か翌五年の春——日本年号にして明治三十七年か八年のことであったらしい。というのは、キャメロン＝ハウス年報の一九〇五年版に、ミセス＝E＝A＝スタージの筆で、次のように記されているからだ。すなわち——「最近われわれは、並々ならぬ功績を挙げたひとりの日本人の娘を、彼女の結婚という出来事のために失った。彼女は、自身の過去の体験とすぐれた教養とによって、この仕事に最適の人であったのに」と。

かくて嘉吉とわかはめでたく結婚したのだが、しかしふたりには、それに先立ってしたことがひとつあった。それは、コルマの日本人墓地に、立井信三郎の墓石を建てたことである。

「アラビヤお八重出世物語」の伝えるところによるならば、わかが嘉吉のプロポーズを承諾したあとの一日、彼は彼女に向かって、「あなたは、立井の屍《しかばね》をあのままで置いてはいけません」と言い、石碑を建てて供養することをすすめたという。すでに記したとおり立井の自裁の後の始末は友人の鷲津尺魔がつけたのだが、しかしそのときには、野辺の送りをしたのみで白木の墓標くらいしか建てなかったのだろうか。そこで、おそらくは嘉吉が経済的負担を負って、立井の墓どころに石碑を建てさせ、その周囲に手ずから幾株かの薔薇を植えたのであった。

こうした行動の軌跡から推察すると、山田嘉吉は、わかがシアトルの娼館に春を売っていたことを知っていたのみならず、立井信三郎という男性の存在も承知していたのだ。さして広くないサンフランシスコ日本人社会のことだから、立井の失恋自殺という異常な出来ごとは嘉吉の耳にも届いていて不思議はないし、また、結婚承諾にあたってわかが告白したのかもしれない。そして嘉吉は、四十歳に近い年輪とそれまでの苦難の人生の体験から、ふたつとないわが命を捨ててまで彼女を愛した立井の心を諒《りょう》として、せめてその志に報い且つはその霊を慰めるべく、彼の墓石を建て薔薇を手植えたのだと思われる。

常識の裡にない結婚をしたふたりには、当然ながらさまざまな雑音が聞こえて来た。

「山田先生ももの好きな。選りに選って、あんな女を迎え入れなくてもよかろうに――」

というのが、まず、嘉吉の知人間の一般的感情で、ふたりが立井の墓石を建てたと知るや、

「山田の石塔張り」と囃《はや》し立てる者もあった。金や力で女を張り合うことは誰でもするが、死人を相手に石塔で女を張り合うような馬鹿者は、ほかにいない――というのである。

だが、どのような風評が流れても、嘉吉は少しもたじろがなかった。すでに引用した文章でわかが指摘しているように、嘉吉には荒浪にあらがう磯岩にも似た意思の強さがあったのだが、その強さをもって世間のむき出す白眼に耐えた。そうして、今は妻となったわかに、正しい英語を教え、日本や世界の歴史を教え、法律や経済学を教え、またもっとも得意とする社会学を教えて倦《う》まなかったのであった。

元来が勉強したくて山田英学塾へ入塾し、それが機縁となって嘉吉と結婚したわかなのだから、彼女は感謝して教えを受け、少しでも知識を身に着けものを考える力を養おうと

努力した。ところが、嘉吉の秋霜烈日のきびしさは、最愛であるはずの妻をも用捨しないのである。

わかは、「自分と周囲」という感想のなかで述べている――「彼は、自分の積んで来た経験、自分の得た知識を全部私に注入しやうとして居る。処が、家事に没頭して、自分の読みかけた本のありかさへ分らなくなるやうな事がたまにはある。さうすると彼は、目を三角にして、台所の隅から私を引きずり出す」と。さらにまた、「天国に夫を待たせて」においても記している――「ともすれば家事に心を奪はれ、良人に命ぜられた読書がおろそかになる。すると、雷のやうな大声で、『それだけに日を送つてゐていいのか！』と怒鳴りつけられました。ビックリして、また書物を手にするといふ調子でした」と。

嘉吉には一家の経済的な責任があり、それをはたすため入れかわり立ちかわりやって来る塾生に教授するという労働があるのだから、妻のわかが家事に専心して自分にかしずいてくれれば、どれほど暮しごこちが良いかしれない。しかし嘉吉は、そのことを十分に承知の上で、彼女に学問をさせてその才能を伸ばしてやりたいと考えたみずからの初心を、日常生活のレベルで貫こうとし実際に貫いたのである。高群逸枝《たかむれいつえ》の夫だった橋本憲三は、自分よりも能力のある妻に学問をさせたほうが世のためだと考え、自分の一切を捧げ尽してついに逸枝を大成させたわけだけれど、同様な生き方を決意し実際に生きた男性が、ああ、ここにもひとりあったのだ！

そのまま何ごともなく平穏に日々が過ぎて行ったならば、ふたりは生涯をサンフランシスコで暮したかもしれない。けれど、一九〇六年の四月十八日、ふたりの人生を大きく変える事件が突発した。――その日の午前四時三十分、サンフランシスコは大地震に見舞われ、諸方より起こった火のために市街の過半が焼失し、嘉吉の長年にわたって苦心経営して来た山田英学塾も、また類焼の憂き目に逢ってしまったのである。

嘉吉とわかのふたりは、これを機会として日本に帰ることにした。いくつかの大学を転々したとはいいながら実際は独学に近かった嘉吉は、英文・仏文・独文等の書物を数千冊持っていて、苦心して一冊ずつ買い求めたものであるだけに非常な愛着をいだいていたが、これを失ったことで意気を沮喪《そそう》し、帰国する気持になったのだという。けれど、日本語よりも英語の方が達者であり、友人も知己《ちき》もアメリカにしか持たぬ嘉吉がわざわざ日本へ戻る決心をしたというのは、単にそれだけの理由によるものではないようだ。そこには、妻の過去を知っていてあれこれと取り沙汰するアメリカの日本人社会を離れ、全く新しい生活をはじめたいという希望もあったのではないだろうか。

「北米毎日新聞」の一九〇六年――日本年号にして明治三十九年の六月三十日付には「山田嘉吉氏の帰朝」と題された記事があり、それによれば、「十数年来桑港にありて幾多の邦人学生に対し英語及び拉典《ラテン》語を教へつつありたる山田嘉吉氏は、今日出帆の亜米利加丸にて帰朝することとなりしが、妻君も同じく同伴して久振りに故山の風光に接するといふ」ということだ。このとき山田嘉吉四十一歳、妻のわかは二十七歳。数週間の航海ののちにやがて見えて来るであろう日本の山々は嘉吉には二十一年ぶり、わかにはおよそ九年ぶりのはずであった——

「明日の飛行機で東京へ帰るように手筈をととのえましたけれど、その前に、ひとつだけ行ってみたいところがあります。——コルマというところは日本人墓地があるそうですが、今日は、そこへ連れて行ってくださいませんか」と、案内人の川瀬さんの顔を見るなりわたしは言った。アメリカへ来てもう数週間、年の瀬は迫っており、家庭持ちのわたしにはそろそろ家のことが心配になりはじめていたし、山田わかの足跡に関しては一応のデータを入手したので帰国しようと思ったが、しかし、最後にひとつだけ、どうしてもこの眼で確かめたい場所があった。コルマの日本人墓地——すなわち立井信三郎の奥津城《おくつき》どころである。

立井信三郎の墓碑は、山田嘉吉がわかをして建立《こんりゅう》せさしめたものだという。立井はわかを愛し、愛していたからこそ彼女をシアトルのピンク＝カーテンの家に置くに忍びず、新聞記者という職業を捨てて共にサンフランシスコへ奔《はし》ったが、そこで痛ましい死を遂げなくてはならなかった。わかという一個の女性への〈愛情〉という点から見れば、嘉吉にとって、立井は〈ライヴァル〉だと言わなくてはならないだろう。しかし、異郷で娼婦にされてしまったひとりの薄幸な女性の〈救出〉という観点に立てば、嘉吉にとって立井はまさしく〈同志〉にほかならない。とすれば、嘉吉がわかをして建てさしめたという立井の墓は、山田わかという世に稀な生涯を生きた女性をめぐるふたりの男性の世をへだてた〈友情〉のしるしなのであり、わたしとしては、帰国の前に何としても見て置きたかったのだ。

しかし、嘉吉とわかが墓碑を建てたのは、何分にも七十年以上のむかしである。その子孫の存続している人であっても、死んで七十年が経過すれば忘れられてしまうことが多いのに、遂に独身のままで生涯を終り、生前誰にもその確かな種姓《すじょう》を明さなかったという人の墓が、果して今なお残っているものかどうか——

わたしは、川瀬さんの車に乗せられてコルマの日本人墓地へ向かった。コルマはサンフランシスコ市南郊の土地の名で、シスコ周辺に移民して亡くなった日本人は、すべてここの日本人墓地に葬ってあるのだという。

在米日本人会の編んだ『在米日本人史』（昭和十五年・在米日本人会）によるならば、サンフランシスコで最初に死んだ日本人は、一八六〇（万延元）年に咸臨丸でおとずれた遣米使節新見《しんみ》豊前守の一行中の水夫源之助・峰吉・富蔵の三名で、市内のローレル＝ヒルに葬られた。その後、日本人渡米の増加とともに客死する者も多くなり、一八七九（明治十二）年に病没した日本人娼婦の埋葬を拒絶されたことから日本人墓地の必要が叫ばれ、金門湾を見下す丘の上にそれを設置することができた。が、サンフランシスコ市街の発達につれて移転せざるを得なくなり、一九〇二（明治三十五）年、南郊のコルマが選ばれ、以来ここが、サンフランシスコにおける日本人永眠の地として今日に至っているのである。

いくつかの丘を越えて到着したコルマの日本人墓地は、いかにも南国のカリフォルニアらしく明るかった。かつては遺族の思い思いに植えた木が程よく茂り、日本人が強制移住させられた太平洋戦争中は雑草蓬々《ほうほう》と荒れはてていたというが、今は大きな樹木は伐り倒され、草はきれいに刈り払われている。そして整然と区劃された墓域には、欧米風の墓碑ももちろん見受けられたが、日本式の墓碑――灯籠を両側にならべてその奥に位牌型の石塔を建てたものが多かった。

新旧混じり合っている石塔のなるべく古いのを目当てにして、わたしは立井信三郎の墓を探した。だが、二時間たずねても三時間調べても、わたしの求めるものは見つからず、墓地の管理人に訊いても不明であった。何しろ遠いむかしのものだから、無縁仏としてすでに取り払われてしまったのである――と考えるほうが、おそらくは妥当なのにちがいない。

しかしわたしは、どうしても諦めきれなかった。そこでわたしは、その夜ホテルから、清水巌氏をはじめサンフランシスコ日本人の長老方に電話をかけて訊ねてみた——立井信三郎の墓がコルマ墓地のどこにあるか御存知でないでしょうか、と。すると、「日米時事新聞」の会長をしておられる浅野七之助氏が肯定の返事をされたばかりか、「あの墓はちょっと分りにくいから、明朝、わたしが案内して差し上げましょう」とまで言ってくだすったのである。

翌朝、わたしのふたたび訪ねたコルマの日本人墓地を、浅野氏は、八十歳とはとても思えぬ速い足どりで歩かれた。そうして墓域の一隅、古色蒼然たる石塔が建ちならび、所どころ櫛の歯を欠いたように墓石の撤去されたのもある場所に立つと、「これですよ、山崎さん——」と告げられたのだった。

浅野氏の指し示した一基の墓碑は、低く二段に積まれた礎石の上に高さ一メートルばかりの角柱石を立てたもので、大谷石に似てあまり硬くはなさそうな材石であった。長い歳月を風雨にたたかれ烈日に晒されたからだろう、石面にはいちめん小さな凹凸《おうとつ》ができ、幾本かの亀裂も走っている。そして、白く乾ききっている石の表面と裏面には、何やら文字が彫られているのだけれど、それは石面の凹凸にまぎれてうまく読み取ることができない。

浅野氏は、少し離れたところにあった水道栓に近寄り、ポケットより取り出した塵紙に水をかけると、そこで墓碑の表面をこすりはじめる。わたしも大急ぎでハンカチーフを出したっぷり水を含ませると、浅野氏にならって石の表面を濡らすことに努めた。すると、白け切っていた石の面《おもて》に忽然《こつぜん》と文字が浮き上って来たではないか。そしてその文字は——墓石表面のは「立井信三郎墓」の大きな六文字であり、裏面のは小さな文字で三行に刻まれており、「明治四年三月二日生・仝三十六年十二月十五日逝・浅葉ワカ建之」と読めたのだった。

わたしは、心の慄《ふる》えをおさえることができなかった。立井の墓が七十余年の歳月に耐えて現存した事実への驚愕もさることながら、そこに「浅葉ワカ建之」と確かに刻まれてあるのを見て、感極まってしまったのである。

ああ、この古寂びた一基の墓碑が、アラビヤお八重と呼ばれたひとりの海外売春婦の変身のプレリュードを奏でた男性の唯一の形見であり、その楽想を受け継いだ男性の彼への同志愛の証しなのだ。そして更に言うならば、これまでわたしが山田わかの生涯を追ってきたのはいわば〈眼〉と〈耳〉の次元においてであったのだが、この一基の墓石の実存は、これまでのわたしの得たすべてのデータに真実の裏書きをしてくれるものでもあるのだ！

折よく彼方に墓地管理人の姿が見えたので、わたしは昨日につづいて彼を呼び、この〈立井信三郎墓〉について訊ねてみた。「あ、この墓のことでしたか、昨日からお探しだったのは——」と言う口調から察するに、立井の墓は、長年この日本人墓地を管理している彼の注意すらほとんど惹かぬ墓であった。

彼がこのコルマ日本人墓地の墓守となってすでに三十年になる由だが、その間に、この墓に詣でる人は唯のひとりといえども無かったとのこと。そして彼は、わたしがこの墓の主の一体何にあたるのかといぶかしむ風だったが、血縁ではないと知ると、立井信三郎という無縁の仏を哀れむように言ったのだった——「この墓のまわりには、むかしは薔薇の木が植わってましてね、誰も世話をしないのに、春になると赤い花がこぼれるほどに咲いたんです。どういうわけだか、二十年くらい前に枯れてしまいましたが、あれは本当に惜しいことでしたよ」と。

墓地管理人の立ち去りがてらのこの言葉を聞いて、わたしは、不思議の思いにとらわ

立井信三郎の墓の傍に立つ著者（浅野七之助氏撮影）

れずにはいられなかった。彼の言っている薔薇の木は、「アラビヤお八重出世物語」の伝えるあの山田わか手植えのそれに相違ないのだが、その薔薇の木の枯死した二十年前といえば、それは一九五六、七年――すなわち昭和三十一、二年にあたり、ほとんどわかの死の前後にあたっているからである。

わたしは、霊魂というものの存在を信じない者だ。けれど、わかが立井の奥津城に植えた薔薇の木が彼女の没した頃に枯れたという出来ごとは、偶然と見るにはあまりにも意味が重すぎる。わかを愛して愛してそれ故に命を断った立井の魂は、彼女が手植えたひと株の花木に宿って、このサンフランシスコから遥かに遠い日本での彼女の社会的活躍を見守りつづけ、彼女の死によってその見守りを止めたのだ――とでも言わなくてはならないのだろうか。

わたしは、サンフランシスコを出るとき花を買うことに思い至らなかった自分を、何と迂闊《うかつ》だったのだろうとひそかに責めた。もう二十年も花に恵まれていないこの墓に、大輪真紅の薔薇の花束を供えたならば、それはよく似合って、まるで昔がよみがえったように見えたにちがいない。そうしてその花束を捧げたわたしが、山田わかの血縁ではないけれどしかし彼女の類稀《たぐいま》れな人生を賞揚しようとしている人間であると知ったら、彼はどんなに喜んでくれたことか。

近くに野の花でも咲いていれば、せめてそれを手折って来て手向けるのだが、しかし、いかに南国とはいえ時は十二月。オレンジは熟れて枝々に重たくても、花をつけている木や草はひとつも見当らない。わたしは、ハンドバッグに入っていた一枚の紅絹《もみ》のハンカチーフを取り出すと、かたわらにあった小石を中に入れて端を折り曲げ、あたかも薔薇の花のような形にした。そうしてそれを礎石の上に置くと、胸の裡でさようならを告げ、立井信三郎の墓の前を立ち去ったのであった——

コルマの日本人墓地より浅野氏とともにサンフランシスコへ戻ったわたしは、世話になった方がたへ別れの挨拶をして回った。そのうちに日が舂《うすず》いたので空港へ向かい、暮れるに早い冬の日の落ちた頃には、わたしの乗ったジェット旅客機は、すでに滑走を終って空に浮かんでいたのである。

夕闇をひときわ鮮かに彩《いろど》る赤や青や黄色の灯。そのサンフランシスコの灯のひとつびとつを最初は見分けることができたのに、飛行機が高空に昇りスピードを増すにつれ、それは次第に遠くなり、やがてひとつに混り溶け合い、遂にはお盆ほどの大きさの淡い光の塊となってしまった。

その淡い光の塊に最後の一瞥《いちべつ》を送りながら、わたしは、数時間前にこの眼でその墓碑を確かめた立井信三郎のことを考えていた。いや、いっそう精確に言うならば、立井という一個の男性をとおして、山田わかの胸中にひそかな疑問を投げていた。――みずからの命をなげうつまでに彼女を愛し、彼女の転身の最初の糸口を作ってくれた立井という人物の存在に、彼女がその書き残した文章のうちで唯の一行といえども触れていないのはなぜなのか、と。彼女に力添えしたいまひとりの人物については、「彼はわが夫にしてしかも師である」と再三再四感謝の言葉を綴っているのに、立井に関しては、そういう人がいたと仄めかしてすらいないのは一体なぜであったのか、と。

その答えは、簡単にして且つあまりにも明瞭だと言わなくてはならないだろう。――つまりそれは、女流評論家として活躍しているあいだじゅう、彼女のかたわらに余人ならぬ山田嘉吉がいたからである。

わたしは、かつて市川房枝さんのして下さった話の一節を思い出さぬわけには行かない。大正八年の夏、講演のため名古屋へ行って泊ったとき、わかは、月見草のいっぱいに咲く川沿いの宿で平塚らいてうにそのシアトル時代の生活を打ち明けたが、そのあとに附け加えて言ったという。――「わたしは構わないのだけれど、わたしがこういう話をするのを、お父さんはひどく嫌がるのよ。ですから、わたしがあなたに昔の話をしたってこと、お父さんには内緒にして置いてくださいね」と。

この世界全体が政治的にも経済的にもそして階層的にも完全に解放されたあかつきには、

事物の私有ということはなくなり、男性と女性のあいだの愛情も〈所有関係〉をきれいに払拭、理の当然として売春も買春も消滅し、自分のつれあいの性的過去にこだわるなどという馬鹿々々しい人間感情も薄れて行くにちがいない。しかし、近代の日本は政治的・経済的・階層的に抑圧と被抑圧とを基本として成り立っている社会であり、明治・大正期においては、その桎梏《しっこく》は今日と比べものにならぬほど強かった。そして山田嘉吉は、長くアメリカ社会に生活したとはいうもののやはり近代日本人のひとりであり、日本男性の一般レベルよりすればその女性観において格段に抜きん出てはいても、愛情の所有関係の感情から完全には自由になっていなかった。したがって彼は、妻のわかが、そのシアトル時代――彼女が金銭によって白人たちの性的玩具とされていた時期の話を、他人に向かってすることを好まなかったのである。

それに加えて、あるいはまた、こういう理由もあったかしれない。すなわち、生活的に苦労に苦労を重ねて来た彼だけに〈世間〉というものを知っており、彼女のかつて海外売春婦だったことが知れた場合マイナスにしかならぬだろうことを予測して、それで、シアトル時代に関しては彼女に緘口令《かんこうれい》を敷いたのだ。

いずれにせよ嘉吉は、わかがそのあめゆきさん時代について人に語ることを望まなかったわけであり、そしてわかは嘉吉のその意思をよく尊重しようと心がけた。そうなると立井信三郎は、彼が彼女の娼婦生活と切り離すことのできぬ人物であるだけに、わかとしてはその口の端にも筆の端にものぼすわけに行かず、窮極、彼の名は、七十年後の今日わたしが掘り起すまで埋もれざるを得なかったのであった——

ここまで考えの糸をたぐって、わたしは窓の外に瞳をこらした。サンフランシスコの灯はもはや見えず、そこにはただ、漆黒《しっこく》の闇が果もなくひろがっているだけだった——

立井信三郎拾遺

第二部を終るにあたって、註記して置かなければならないことが起こった。——というのは、立井信三郎の出身に関し、この第二部の稿を雑誌「文藝春秋」に発表したことが機縁となって、新たなデータが得られたのである。

ここに、補遺としてその経緯から記して置くなら——わたしがこの稿を「文藝春秋」に連載中だったある日、電話のベルが鳴ったので受話器を取ると先方は女性で、婦人之友社に勤めている小宮山照子という者と名告《なの》られ、立井信三郎に関してひと言お礼を申し上げたくて電話をかけたのであると言われる。意外な言葉にとまどいつつ訊ねてみると、小宮山さんは立井信三郎の縁者のひとりで、その伯叔母たち——すなわち信三郎の姪で今は高齢となった五人の老女の意を受けて、電話をかけてくだすっているのだということが分った。

小宮山さんの話によると、彼女の母方の伯叔母たちの旧姓は〈立井〉であり、彼女たちの昔日《せきじつ》を懐古する問わず語りの世界に〈信《のぶ》さま〉なるひとりの男性があって、彼女やその従姉妹《いとこ》たちは〈信さま〉の名を耳にして生い立った。そうして育った彼女の従姉妹の娘であるひとりの女子大生が、ある午後、「文藝春秋」を読みながら祖母に向かって、「この山崎朋子さんの文章に出て来る立井信三郎っていう男の人、姓は〈立井〉だし、名前は〈信三郎〉だし、もしかしておばあちゃんのよく言う〈信さま〉のことではないの？」と訊ねた由。そこでその祖母なる人がわたしの文章を読んでみたところ、彼女の聞きおよんでいたその叔父＝立井信三郎まさにその人のことと判明し、しかもわたしの書いていたことは、不名誉な死に方をしたと一族のあいだに伝えられていたその名誉を回復するものであり、その結果が小宮山さんの電話になったのだということであった――

この電話を受けたわたしは、小宮山さんの母方の伯叔母たち――いとけない頃より叔父〈信さま〉の名を耳にして来たという老女たちに是非とも逢わせていただきたいと懇願した。そして、小宮山さんはわたしの願いをこころよく受け入れ、五人の伯叔母たちのうち、わたしのもっとも近くに住まわれる岸田義子さんを紹介してくださったのである。

一九七七年の晩秋の一日、わたしは岸田義子さんにお目にかかったが、明治のフェミニスト岸田湘煙《しょうえん》の親戚で眼科医である人と結婚してすでに金婚式も間近いという義子さんは、老いてなお美しくしとやかな方であった。そうして彼女は、遠方に住むため同席できなかったその姉妹たち――祖父江静子八十六歳、岡崎安子八十二歳、岡保江七十五歳、岸田節子七十歳の耳に留めていた分をも合わせて、立井信三郎の生い立ちやその人となりを語られたのであった。

立井信三郎の姪の岸田義子さん（左）と著者（右）

さて、岸田義子さんより伺ったかぎりで記すならば、立井信三郎の生家は、尾張徳川家の祐筆《ゆうひつ》をつとめた家柄《いえがら》であって、さかのぼると、織田信長を朝廷と結びつけようとした従五位下左京亮立入宗継にたどり着く。この公卿《くげ》の立入家の一男が徳川家に祐筆として仕えるに至ったとき、〈立入《たちいり》〉の姓を〈立井《たちい》〉と変えた由で、幕末維新期、この立井家最後の祐筆職をつとめた立井信という人に四人の子どもがあった。長男は政太郎といって家督を継ぎ、次男は夭折、三男が信三郎で、その下に久子という女児があったという。

この立井信の三男信三郎が、すなわち山田わかを娼婦の境涯より救出した立井信三郎なのだけれど、彼は明治四年に名古屋で生まれ、幼少の頃より英才の誉れ高かった。その英才がどのような教育を受けたのか、そしてどのような人生遍歴ののちに渡米したのかについては、岸田義子さんも何ひとつ知らされていないということだ。

ただ、そんななかにあって、義子さんがその母——政太郎の妻きむ——よりしばしば聞かされていたのは、彼女きむが立井家の嫁として十六歳で嫁いで来たとき、何かにつけてかばってくれたのが義弟の信三郎であった——という一事である。世はすでに明治となっていたものの封建的な身分意識はまだまだ強く、美しくはあったが平民の娘だったきむは、尾張徳川家の祐筆という家柄を誇った立井家においてはうとんぜられ、舅や姑より事ごとに辛く当られた。涙に明け涙に暮れるきむ女を四歳年下の信三郎だけがいたわり慰め、それ故に彼女は、誰よりも信三郎を頼り慕った。そして、信三郎のきむ女へのいたわりと彼女の義弟への感謝の日々がどれほどつづいたのかは不明だが、おそらく信三郎の青年期に達したある年、彼は渡米し、その別れがついにふたりの永訣《えいけつ》となったのだった——

日本をあとにした信三郎より生家への連絡はほとんどなく、きむ女たちが受けた最初にして最後の消息は明治三十六、七年頃で、それは、「信三郎が、神奈川生まれのアラビヤお八重というあばずれ女に毒殺された」というものであった。この知らせを受けた長兄の政太郎は人前もはばからず号泣し、義子さんの長姉で当時六、七歳だった祖父江静子さんは、それを見て、「大人でも、こんなに泣くことがあるものか――」と深く心に刻んだという。きむ女がどのように悲しんだかは、残念ながらその五人の娘たちの記憶にとどまっていないが、おそらくは明治の女らしく、表面には涙のしずくひとつ見せず、しかし表面をさあらぬ体に取りつくろったその分だけ、胸の奥底では深く嘆き悲しんだのであったろう。

しかし、兄の政太郎を号泣させたにもかかわらず信三郎の死は、士族意識の強い立井一族には不名誉の極として受け取られ、「家門を汚した」との理由で彼の位牌だけは仏壇に安置されなかった。そして信三郎なるひとりの青年の名は、立井家の正史からは消え、以後、家族主義のもとでは次、三男と同じく疎外された存在だった長男の〈嫁〉の口をとおして、その五人の娘たちに伝えられることとなったのである。

四人の姉妹たちの分をも代弁しての義子さんの話では、彼女たちがその幼い日に見せられたことのある信三郎の遺影は、当時の日本人としては珍しく背丈があり、眼元はすずしく、鼻下に髯をたくわえた堂々たる美丈夫であった。そして母親のきむ女は、娘たちに信三郎のことを話すとき親愛の情こめて「信さま、信さま」と呼び、娘たちは、「お母《かあ》さまは、もしかしたら信叔父さまを好きだったのではないかしら――」と思った折もあったということだった――

以上のような話を聞いて、わたしは、義子さんをはじめきむ女の四人の娘たちがその幼い日におぼえた直感は、十中の八、九は正しかったのだ――と思わないではいられなかった。わたしの勝手な臆測だと言われてしまえば返す言葉はないのだけれど、おそらく信三郎は、当初、平民の家から来た嫁として四方から辛く当られるきむ女に同情を寄せたのだが、その同情は、四歳年上のきむ女の類稀《たぐいま》れな美貌への憧憬と綯《な》い合わさって、いつか恋情へと変わって行ったのだ。そしてきむ女の方も、針の莚《むしろ》のような家のなかで唯ひとりいたわりのまなざしを投げてくれる義弟に縋る思いが、次第に恋に傾いて行ったのだろうが、それは人間自然の心の動きであっていささかも不思議ではない。

だが、結婚が両性の意思のみによって成り立つとされる今日ならば知らず、すべての人間が〈家〉の存続のために縛られていた明治期ではあり、兄嫁との恋愛や結婚など許されようはずがない。そこで信三郎は、可憐な兄嫁をそれ以上の不幸に陥れぬため故郷を出、それでもまだ胸の痛みを忘れきれず、ついにはきむ女を思い出す手がかりの皆無な世界を求めて、遥かなアメリカへ旅立ったのではなかったか。

女性を人間として尊重しようとする気持を持っていたが故に、針の莚に泣く兄嫁を愛してしまい、彼女をそれ以上傷つけまいとして海外に流れた信三郎の胸には、いつでも木枯しが吹いていた。彼がシアトルの娼館街に出没したのはそういう淋しさを忘れんがためであったが、しかし、そこで知ったアラビヤお八重というひとりの娼婦の内面に何によっても汚されぬ〈純真〉を見、彼女を愛し、彼女の救出にみずからのいのちを賭けてしまった。そして、そのような結果となってしまったのは、やはり彼が、家族制度の下では余計者とされる三男として生まれ、そこより発した女性への連帯心を根底としての真正のフェミニストだったからだと思うのである――

それは兎に角として、信三郎の生い立った立井家とその一統の家々では、明治三十年頃より昭和五十年代の今日まで、「信さまは、アラビヤお八重という莫連女《ばくれんおんな》に毒殺されたのだ」と信じて誰も疑わなかったという。ところが、山田わかを評伝するわたしの文章を雑誌上で読み、娼婦アラビヤお八重が後の評論家山田わかであり、信三郎の死も彼がみずから選んだものと知るにおよんで、その評価は大幅に変わった。たとえば、岸田義子さんはわたしに言われた――「信さまは、山田わかというすぐれた女流評論家を世に出す犠牲となられたのです。この事実が七十五年ぶりにあきらかになり、これで信さまの魂も浮かばれ、わたしたちの亡き母きむの思いも晴れるでしょう」と。

義子さんは更に、その九月二十六日、立井信三郎を偲ぶ最初にしておそらくは最後になるにちがいない法要が、一族の手で名古屋の聖運寺にいとなまれたことをわたしに告げられた。そうして彼女は、一番最後につけ加えて、「わたしは足が弱っておりますけれど、年が明けてあたたかになりましたら、何としてでもサンフランシスコへ行きまして、母の名代《みょうだい》として信さまのお墓に詣るつもりでございます」と言われるのだったが、その双つの眼には大きな露が宿っていて、そこにわたしは、信さまとの叶《かな》わぬ恋に人知れず身もだえしたその母の心の伝承を見たような気がしたのだった――

第三部

四谷南伊賀町の道

二週間か三週間、何もせず何も言わず海鼠《なまこ》のようにただ寝ていたい——それが、ひと月近いアメリカ取材を終えて日本へ舞いもどったわたしの素直な気持であった。時日にすればわずかひと月足らずでしかなかったのに、東京からサンフランシスコへ行き、サンフランシスコからロスアンゼルスへ飛び、ロスアンゼルスからシアトルへ翔《か》け、そしてふたたびサンフランシスコへ戻って更に日本へという旅程に加えて、予想しなかった人物と事件の出現——すなわち立井信三郎とキャメロン＝ハウスにおける悲劇とは、わたしの心と体とを綿のように疲れさせた。それでわたしは、深海の底にころがっている海鼠のように、唯ただ眠っていたかったのである——

しかし、ひとたび弾《はず》みのついた毬《まり》がそれ自体のいきおいで進んで行くように、わたしの山田わか追跡も、もはやわたしの自由に制禦できるものではなくなっていた。——というのは、明治三十九年帰国後の山田嘉吉・わか夫妻の消息が、わたしの全く思いも設けぬ方面からもたらされて、もはや、疲れたなどと言っておられなくなってしまったからだ。

具体的に記すなら——帰国して間もない一日、わたしはある新聞より頼まれて「アメリカに生きる一世老人たち」と題する小さな文章を書いた。その新聞では折から老人問題に関する記事を連載中であり、わたしに求められたのはそのいわば変奏曲であったのだが、そこでわたしは、シアトルでお目にかかった為佐宇八さんのことを綴ったのだった。

あらためて述べるまでもなく為佐さんは、このわたしに娼婦時代の山田わかについて話してくださった唯一の人であるが、彼は九十二歳という高齢を、妻もなく子どもとも別居して、たったひとりで暮していた。そういう生活状況であってみればついつい人を羨《うらや》みそねみたくなるのが常なのに、為佐さんはまるで違って、日本人にもアメリカ人にも小指の先ほどの迷惑もかけず、それどころか、周囲の日本人やアメリカ人に親切を尽すことを生き甲斐としてあの極寒の雪のなかを生きておられたが、わたしにはその姿が、平均寿命の延びたこれからの時代における〈老人〉の〈在るべき姿〉のひとつと感じられてならなかった。それでわたしは、見聞きしたかぎりでの為佐さんの生き方を素描したのだが、その文章が新聞に載ると読者より幾通かの手紙が届き、そのなかに、かつてその父がシアトルで領事をしていたという中年の女性からの一通があったのである。

その陳《の》べて来られた大要は、為佐宇八さんは、数十年のむかし、自分たちがシアトルに住んでいた頃に、家族を挙げて親しく交際した方であること、まだ若かったその当時から彼は誰にでも親切であったことなどであり、そしてその末尾には、「母は年老いた上に病弱なので、あなた様をお訪ねすることはできませんが、為佐さんの近況をうかがいたいと申しております」と記されていた。わたしは、シアトルでの取材に力添えを惜しまれなかった方への万分の一の恩返しになればと思ってその元領事夫人を訪ねたが、老人の生き方という問題について雑談を交わしているうち、彼女の口より次のような言葉が洩れたのだった。——「そう言えばわたしの知り合いに、女ながら、為佐さんと同じような生き方をしている人がございます。その方は小学校しか出ておられませんが、娘時代にあの有名な山田わか先生のお姉様に裁縫を習って、それでひとり立ちして子どもたちの世話にならないで暮し、誰にでも親切を尽されるから、その分だけ人から慕われておられるのですよ。」

為佐さんの近況をお知らせするための訪問先で山田わかの名を聞こうとは、露ほども思っていなかっただけにわたしは因縁めいたものを感じた。そして、山田わかの姉より裁縫を習ったという老女——佐藤ていさんの住所を教えてもらうと、早速に連絡を取ってみたのである。

佐藤ていさんは、わたしの申し出に喜んで応じてくださった。彼女の裁縫の師匠だった浅葉ヤヱさんは、一度は結婚したのだが夫と死別して旧姓に戻り、山田嘉吉・わか夫妻と同居、裁縫塾は夫妻の家の二階で開いていた由で、したがっててていさんの話は嘉吉・わか夫妻の生活ぶりにも詳しかった。

夫妻の家は、当時の東京市四谷区南伊賀町四十一番地——現在の東京都新宿区若葉町一丁目八番七号にあって、道ひとつへだてた隣りは西念寺という有名な寺であるという。庭は小さいけれど割合いに大きな二階家で、一階は玄関を入るとすぐに洋間であり、沢山の洋書とピアノが目立ち、ある時期にはわかがどこかのお嬢さんにピアノを教えていたとのこと。その次の洋間は嘉吉が弟子を取って語学を教えるのに使っており、一等奥のひと間が家族の居間であった由。そうしたことを細《こま》ごまと話してていさんは、わたしへの談話を次のように締め括《くく》られたのであった——「わたしもこの歳になりますと、遠い昔が恋しくて懐しくて、時折四谷伊賀町のあたりへ足を向けてみるんですが、それほど変っておりません。わか先生のことを書かれるのでしたら、ぜひ一度、行ってごらんなさいましよ、行ってごらんなさいましよ」と。

明治三十九年に帰国して以後亡くなるまで山田嘉吉・わか夫妻が居住した土地を、何時か訪ねようと思い、訪ねてみなければならないと思っていたのだったが、佐藤ていさんのこの言葉を聞くとわたしは居ても立ってもおられなくなった。そして、アメリカの取材旅行の疲れはまだまだ癒えきっていないのに、かつて東京市四谷区南伊賀町と呼ばれていた街へ足を運んで行ったのである。

それは、一九七六年新春の門松がまだ取れたか取れないかという頃の一日で、前夜吹いた風のためか空青く澄み、陽ざしのたいそう暖かな午後だった。新宿区役所に問い合わせて、旧南伊賀町——今日の若葉町は国電中央線の四谷駅が最寄りと聞いたので、わたしは四谷駅に下車し、それからひとりで歩きはじめたのであった。手には今日の東京地図も持っていたが、しかしわたしがそれよりも頼りにしたのは、明治二十九年三月に東京郵便電信局の出した五千分の一の「東京市四谷区全図」で、これには旧四谷区の町名がすべて載っており、嘉吉・わか夫妻の住居だった南伊賀町四十一番地も明記されているのである。道路はその昔と変っていないだろうし、この地図に従って行けば、かならず、目ざす街の目ざす地点へ辿り着けるにちがいない——

二枚の地図に導かれて、わたしは四谷見附《みつけ》より旧甲州街道を西北に道を取り、三、四〇メートル進んだところで小路を南に折れ、目標ともいうべき西念寺なる寺を探した。甲州街道沿いには十階を越える高層のビルディングが建ち並び、それはどこから見ても大都市の繁華街の風貌であったが、しかしひとたび小路に入るとそこには静かな住宅地がひろがっており、別天地かと思われるほどである。たまたま羽根つきをしている幼児と母親があったので道を問い、その教示のおかげもあって、わたしは間もなく浄土宗西福寺末としての専称山西念寺の門前に立つことができたのであった。

第二次大戦の戦災に逢った西念寺は、山門はなく、木立にかこまれた本堂のみの寺であった。入口に案内の高札が立っており、それによれば、このあたりの町がかつて伊賀町と呼ばれたのは、徳川家に仕えた忍者組織としての伊賀組の屋敷があったからであり、開山は服部半蔵であるという。半蔵は江戸城の半蔵門にその名を残す伊賀忍者の頭目で、晩年出家して西念と称したから、その名にちなんで西念寺というのだろうか。そして二枚の地図によって見るかぎり、嘉吉・わか夫妻の住んだ家は、この西念寺の門前――精確には門前の北方に位置していたのである。

わたしは、胸のとどろきを抑える術《すべ》を持たなかった。ここなのだ、ここなのだ、旧四谷区南伊賀町四十一番地――山田嘉吉・わか夫妻がアメリカより帰って住居を定め、ゆくりなくも夫妻の終《つい》の住家《すみか》となったその土地は！

そこには一軒の二階屋が建っており、格子戸をしつらえたその入口には、適当に植木があしらわれていた。全体として静かなその構えには、邦楽の教授の家――琴とか長唄とかいったものの師匠の住むにふさわしい落ち着きと色気とが、感じられたと言わなくてはならない。そして、その一軒をおいた北隣りには炭や石油を商《あきな》う店があって、頭の禿げ上った老人が立ちはたらいていたけれど、あるいはこの家が、名古屋より嘉吉・わか夫妻を頼って上京した若き日の市川房枝さんが部屋借りをしたという炭屋なのかと思われた。

人影のまったくないままに、しばらくのあいだその瀟洒な格子戸の前に立っていたが、しかし際限なく立っていることはできない。それにまた、嘉吉・わかの生活したその町全体の雰囲気をつかみたいという気持もあって、わたしはそれから、樹木の多いそのあたりの小路をそぞろ歩いた。が、あの道を行きこの道を戻り、それらに交叉する坂道を下りつ昇りつするうちに、わたしの胸裡《きょうり》にはひとつ閃《ひらめ》くものがあった——この道は、以前たしかに歩いたおぼえがある、と。

このような場合、それが何時のことであったか分らないとたいそう苛立《いらだ》たしいものであるが、しかしわたしには、即座に思い当るものがあったのである。それは、数えれば十年あまりのむかし、わたしが夫と共著で出す『日本の幼稚園（幼児教育の歴史）』（昭和四十年・理論社）という書物を執筆していた頃のことであった——

——日本の幼児教育の歴史を綴るからには、東京の二葉保育園を無視することは許されず、わたしは、区立の保育園に預けている長女を気づかいつつ二葉保育園へ通い、園長の徳永恕《ゆき》先生のお話を伺った。あらためて述べるまでもなく日本の幼児教育は、明治のはじめに〈富める階級〉の幼な子たちを教育する〈幼稚園〉としてスタートし、明治中期に至って〈貧しき階級〉に属する幼児たちを保育する救貧施設としての〈保育所〉を加え、以後二本のレールの上を走って今日に至っているのだが、二葉保育園はその〈保育所〉の草分けともいうべき存在である。そして園長の徳永先生は、明治四十年頃より二葉保育園ひとすじに献身して来られた方であり、その談話は日本の幼児保育史そのものにほかならなかったが、ある日先生の話は、思いがけず若き日の平塚らいてうの上に及んだのだった。

徳永先生の語られたところによれば、大正初期、まだ若かった恕は〈新しい女〉と世間で騒がれたらいてうを深く尊敬し、「青鞜」を購読したのみならず彼女の書いた文章の出ている新聞・雑誌はすべて求め、胸に抱くようにして読んだという。東京四大貧民街の随一として知られる四谷鮫《さめ》ヶ橋《ばし》の二葉保育園に進んで飛びこみ、恵まれない幼な子たちのために生涯を捧げようと決意していた恕は、みずからの結婚は諦めていたが、しかしそれだけに、〈新しい女〉のシンボルと言ってよいらいてうの入籍をしない〈新しい結婚〉には、大きなあこがれと期待とを持っていた。そして、当時たまたま奥村博史・平塚らいてう夫妻は四谷のある町に住んでいたため、四谷左門町の自宅から二葉保育園に通う恕は道でらいてうと行き会うことがしばしばで、彼女が心こめた目礼を送るとらいてうもまた静かな目礼を返してよこすのだった。

大正四年の暮のこと、このような博史・らいてう夫妻のあいだに長女の曙生《あけみ》が生まれたが、そのことを知った恕は、〈新しい結婚〉の稔りともいうべき生命を祝福したい思いに駆られた。そこで恕は、誕生祝いのささやかな贈り物をたずさえて初めてらいてうの家を訪ねたが、姓名を訊ねるらいてうを振り切って逃げるように帰ってきてしまった。そしてそれからというもの、恕にはなぜか曙生が心にかかって、毎年彼女の誕生日が来るとかならず何かしら贈り物を届ける習いとなり、その習いは曙生が女学校を卒業するまでつづいたという。

徳永先生のしてくださったこの話は、わたしの興味を異常にそそった。わたしが幼児教育の歴史に取り組んだそもそもの動機は、幼い子どもをかかえた〈母としての女性〉には〈父としての男性〉のような自由がないという社会史的事実に由来する焦燥にあったから、日本の幼児保育史そのものと言ってさしつかえない徳永先生が日本の女性解放運動の象徴である平塚らいてうと交叉したこのエピソードに、わたしは深く心惹かれざるを得なかったのだ。そしてわたしは、その形こそ異なれ近代日本の女性史に大きな足跡を印したふたりの女性の交叉のドラマを偲ぶべく、それから旬日を措《お》かず、旧四谷左門町より鮫ヶ橋町周辺にかけて歩き回ったのであった。

何分にも十年以上も以前のことであり、その時どの道筋をどの方角に向かって歩いたのかはすでに忘れていたけれど、しかしわたしの意識下の記憶は、このあたりが、かつてわたしの行きつ戻りつした街にほかならぬことを確信していた。ああ、あの日、徳永先生とらいてうとの心のふれ合いを偲んで通《もとお》ったこの街が、現在わたしの追い求めてやまぬ山田嘉吉・わか夫妻の長く居住していた街でもあったとは！

わたしはその偶然に驚いたが、しかし実を言えばそれは偶然ではなかったのだ。というのは、その夜、家に帰って大正期の女性解放運動関係の資料をあらためて調べてみて分ったところでは、平塚らいてうが大正初期に住んでいた場所は四谷区南伊賀町四十二番地——すなわち山田嘉吉・わか夫妻の家の裏隣りであり、しかも彼女がそこに住まったのはわかの紹介によるものだったからである。そして、山田わかの女流評論家としてのスタートはらいてうをリーダーとする雑誌「青鞜」によってなされているわけだが、このこととらいてう・わかが隣り合わせに居住していたという事実とが、無関係であろうはずはない——

それにしても、らいてうとわかが一体いかなる次第で隣り合って住むようになり、アメリカより帰国して数年にしかならぬわか——しかもそれまでにおよそ文章など綴ったこともない彼女が、一体どのようなプロセスで「青鞜」グループの一員となり評論を書き出すこととなったのか。ここに至ってわたしは、帰国してより後の山田わかの足どりを、つまびらかに語らねばならなくなったようである。

アメリカにいた頃のわかに関する資料が極度に乏しいのに引きかえ、帰国後の彼女の生活を語る資料は、平塚らいてうの自伝『元始、女性は太陽であった』や雑誌「青鞜」、わかの個人雑誌とも見るべき「婦人と新社会」などをはじめとして割合いにたくさんある。

そしてそれらに依って綴るならば、十年ぶりに故国へ戻った彼女が〈あめゆきさん〉より百八十度の転換をして〈女流評論家〉としてジャーナリズムにあらわれ、その功を成し名を遂げるまでの経緯は、次章に記すとおりなのである――

「青鞜」の一員として

一九〇六年――すなわち日本年号の明治三十九年に、長かったアメリカ生活にピリオドを打って帰国した山田嘉吉・わか夫妻が居を構えたのは、すでにふれたとおり東京市四谷区南伊賀町四十一番地であった。寺が多いせいか今日でもなお閑静なこのあたりは、半世紀以上も前の明治末期には更に静かであったろうから、この地を選んだのは夫妻の好みでもあればまた贅沢でもあったように見えるのだが、事実はかならずしもそうではなかったらしい。

わかが昭和二年に出版した『昭和婦人読本・処女篇』(文教書院)によるなら、夫妻は、「米国から帰つた時には……農家である兄の家に暫く滞在して居」り、「都会の生活にはあきあきしてゐ」たので、「農業によつて生計が立てられるならば、田舎に落着きたいと思っていた。嘉吉は、二十一年の歳月を人種差別のきびしいアメリカで苦闘しただけに、そしてわかは、女性としての最底辺の生活を含む九年間を同じ国で過しただけに、母なる国へ帰った以上はせめて静謐《せいひつ》な月日を送りたいと願い、それには文字どおり晴耕雨読の暮しが良いと考えたのであろうか。けれども、「畑が一枚あるではなし、家があるではなし、それ等を買ふ金があるではなし、どうにも生計の立てやうがないので、矢張り、それ迄に得てゐた経験を利用し得る仕事を探さなければならないし、それには都会に出なければなら」ず、それで東京に住むことにしたのだという。

このような事情での東京定住であったから、四谷南伊賀町に住居を定めたのも、その土地の閑静なのを愛してなどというのではなくて、もっと卑近な理由からであったと推定される。のちに奥村博史・平塚らいてう夫妻の住んだ裏隣りの家は、らいてうが『元始、女性は太陽であった』下巻で記しているところによればいわゆる「貸家」で、その家主は「神田で自転車屋をやっている、山田先生の弟さん」であったということだが、想像を逞《たくま》しゅうするなら、嘉吉・わか夫妻の住んだ家もやはり嘉吉の弟の貸家のひとつなのではなかったか。そして、当初は借りて住んだその家を、わかの女流評論家としての声名が上り経済的に窮乏《きゅうぼう》を脱した段階で譲り受け、少しずつ建て増して行ったものらしく思われるのである――

かくて田園生活を諦めて東京の市中に住居を定めた夫妻は、経済生活の方策を樹《た》てなくてはならなかったが、誰の目から見ても、それには「それ迄に得てゐた経験を利用」するのがもっとも近道でもあれば安全でもある。そこで嘉吉は、サンフランシスコにいた頃と同じように、その四谷南伊賀町の家の一室を教室として外国語を教える私塾を開いたのであった。

嘉吉がその外国語塾を何と名附け、開塾にあたってどれほどの宣伝をしたのかは、残念ながらほとんど不明だと言うほかはない。サンフランシスコ時代の嘉吉の弟子のひとりだった山崎今朝弥は、当時の東京で、「ペーヴメント大学卒業・米国伯爵・資産百万弗」という人の意表を突く肩書の名刺を振りまわす奇人弁護士として知られていたが、この山崎が開塾するのであったならば、多分は天下の耳目を集めずにいない大宣伝をおこなっただろう。しかし嘉吉は、大袈裟なことや自己宣伝を好まない真面目《まじめ》一方の人だから、おそらくは、〈外国語個人教授（英語・独逸語・仏蘭西語・西班牙《スペイン》語・其他）――山田嘉吉〉と記した小さな看仮を、門の脇にかかげたくらいのことであったと思われる。

こうして開かれた山田外国語塾は、最初期の明治四十年代はどうであったか分らないが、大正期に入ってからは相応に繁盛したらしい。明治四十四、五年のいわゆる大逆事件で逼《ひっ》塞《そく》を余儀なくされた社会主義者たちは、堺利彦を中心に日本語であると外国語であるとを問わずあらゆる種類の〈作文〉に応ずる売文社を設け、それが意外に好成績だったというけれども、当時の社会にはこのような一風変った私塾形式の学校や職業に好意的な側面があったのだろうか。大正期には、第一次世界大戦による思い設けぬ利益のおかげで日本にも近代的な市民階層が成立し、その市民階層には明治期のナショナリズムに代わってインターナショナルな眼が大きく見開かれており、したがって外国語への志向も強く、それで嘉吉の塾も栄えれば売文社も栄えたのであった。

嘉吉のもとへ外国語学習に来た人びとは、当然ながら多様であった。第一に多かったのは、その職業的必要から英語等の会話をマスターしたいと願うサラリーマンであり、次に多いのは、外国語の実力を養おうとする高等学校の生徒や大学生。そして第三番目に位置したのが、職業・階層的にはかならずしも一定していないが、ヨーロッパ諸国やアメリカなどの新しい思想や文学にふれようと焦慮する青年たちだったのである。

真面目を絵に描いたような人柄なので、嘉吉はどのような人にも差等なく公平に教授したが、しかし彼が内心でもっとも親しく思ったのは、第三の種類に属する青年たちであったらしい。知的探求心が熾烈《しれつ》なのにそれを満たすに足りる経済的なゆとりがないばかりにアメリカへ渡り、激しい肉体労働に耐えてようやくいくつかの外国語と社会学とを身につけた彼には、同様な知的探求心に燃えながら決して豊かではない青年たちが、わが分身のような気がしたのでもあろうか。そして他方、そうした青年たちの側からすれば、語学の教師としての嘉吉の門をたたいたものの、彼には社会学を主軸とする広範な学問の蓄積があり、やがてはそれに惹かれて山田塾に出入りするようになって行ったのだった。

このグループにどのような人が属していたのかを知るべき資料は残念ながらないのだが、明らかなのは、若き日の大杉栄がそのひとりだったという一事である。幸徳秋水のあとを受け継いで日本アナーキズムの正統と目されている大杉栄は、明治三十年代の末より同世代の荒畑寒村等とともに社会主義運動に参加していたが、明治四十三年に起こった赤旗事件の主謀者として入獄していたおかげで大逆事件に巻きこまれるのをまぬがれた。かくて命を拾った大杉は、これからは欧米の漸進的な思想に学ばなくてはならないと考え、よく知られているように一度入獄するごとに一カ国語をマスターするという方針を立て、それを実行したわけだ。その間の語学の教師として、ひとりでよく数カ国語をあやつる嘉吉を頼りにしたのだった。

「青鞜」時代の山田わか

それは兎に角として、嘉吉は、語学塾の教師として生活の安定をみるようになった頃から、妻のわかに関してひとつの夢を描くようになった。端的に言ってしまえば――わかを女流評論家に仕立てたいという夢である。彼がわかと結婚したのは、晩学なのに抜群の理解力を示したこの不遇の女性に十分な援助をしようと思ったからだが、今や、それを更に一歩進めて、彼女を婦人問題についての評論家たらしめようと意思しはじめたのだ。そうして数年後に嘉吉は、わかを「青鞜」の一員としてデビューさせることに成功するのだが、その際彼女を「青鞜」に紹介したのが、ほかでもない大杉栄だったのである——

平塚らいてうの自伝『元始、女性は太陽であった』によれば、彼女は、大正二年の「九月末か十月初めのある日、大杉栄氏の署名のある、重たい郵便物を受け取」った。何ごとかと「いぶかしく思いながら封を開くと、山田わかと署名のある原稿が出てきました。それがオリーヴ・シュライネルの『三つの夢』の訳文で、大杉さんの簡単な紹介状が入っていました」ということだ。

同じ自伝の別な箇所でらいてうは、大杉と逢ったのは先にも後にもただ一度だけであり、しかもそれは大正五年十一月のいわゆる日蔭茶屋事件の直前であったというから、この時にはふたりはまだ直接には見知っていなかった。けれども当時、「青鞜」は思想的にもっとも尖鋭的な女性を結集した雑誌として知られ、大杉・荒畑の主宰する「近代思想」は大逆事件後の〈社会主義の冬の時代〉の堅氷を割ろうとする雑誌——すなわち男性社会におけるもっとも急進的な雑誌として注目されていたような関係から、大杉とらいてうとは互いにその存在をよく知っていた。だから大杉が、山田わか——彼の語学の師の若き妻を紹介すれば、らいてうもまたその紹介を決して不自然とは思わなかったのである。

大杉の紹介によって平塚らいてうに届けられたわかの原稿は、南アフリカに住む女流思想家オリーヴ＝シュライネルの散文詩的エッセイで、「三つの夢」と題されたものであった。「私がアフリカの或る平野を横ぎった時、太陽は烈しく其処を照りつけていました」とはじまるこの作品の内容は、その旅人の「私」の幻想で、重荷を背負わされて熱砂にうずくまっていたひとりの女が機械の発明によってその重荷から解き放たれ、自由の国に向かって旅立ってゆくといった筋で、女性解放の問題をメルヘン風に描いたものと言ったらよいだろうか。そしてらいてうによれば、その原稿は「小学生のようなたどたどしい字」で綴られていたが、しかし訳文は「じつに素直でわかりやすく、しかも正確」であり、そこで彼女は、「いいものを未知の人から貰ったことをよろこんで、どんな方かは知らずさっそく『青鞜』の十一月号に載せ」たのだった。

初めてものした翻訳文がこうして「青鞜」に掲載されたことで幾分の自信を得たからであろう、それから間もなく、嘉吉・わか夫妻は「青鞜」の編集責任者であるらいてうを訪れた。らいてうの自伝をそのまま引くならば、その初対面のありさまは以下のとおりであった——

〈それからほどなく、巣鴨の事務所の方へ、規定の面会日に、山田さん夫妻の訪問を受けました。二人とも揃いもそろって背が高く、しかも、なんとも逞ましい堂々たる体軀の持主であるのに、まずおどろきました。夫君の嘉吉氏は、夫人よりだいぶん年上の、五十を越した年輩で、どこかこわいような、日本人には珍らしい深刻な感じの風貌ですが、じつにひとりでよく話す人で、その話し方も独特なもので、折おり間違った言葉づかいもまじります（これは、永くアメリカで生活したときいて、すぐうなずけたことですが）。

初対面のわたくしに向かい、じつに熱心な、真面目な態度で、ご自分のことから、アメリカでのお二人の出会い、恋愛のこと、それから帰国、現在の生活、最後に夫人への大きな期待などを話します。それは、けっきょく、夫人――この山田わかという女性をよろしく頼むということなのでした。終始そばで夫君の話を満足そうに笑いながら、ただ聞いていた夫人は最後に、「子守ばかりさせられて、小学校へも満足に行けなかった無学な者です。中年から主人について勉強して、ようやく読んだり、書いたりすることを覚えたのですから、皆さんとごいっしょに行けるかどうかわかりませんが……」と謙《けん》遜《そん》していいました。音量のある落着いた信頼できる声でした。わたくしは、このまれな大柄の象のような、自分より年上の婦人に――流行など無視したむしろ質素な身なりで、善良な生地丸出しという感じに不思議な魅力を覚え、第一印象で親近感をもったことを

いまも忘れません〉

嘉吉・わか夫妻のこの日の青鞜社訪問は、察するところ、そのままわかの青鞜社への入社となったらしい。明治四十四年に創刊されてよりすでに三年を経過していた「青鞜」は、その間にらいてうの奥村博史との結婚その他の体験を踏み台として思想的に一歩の成長をとげ、わかの翻訳「三つの夢」の載った次の号では社則の改正をおこなった。すなわち、「本社は女流文学の発達を計り各自天賦《てんぷ》の特性を発揮せしめ他日女流の天才を生まむ事を目的とす」と記されていた第一条は、「本社は女子の覚醒を促し、各自の天賦の特性を発揮せしめ、他日女流の天才を生まむ事を目的とす」と修正。また、「本社の目的に賛同したる女流文学者将来女流文学者たらんとする者及び文学愛好の女子は人種を問はず社員とす」とあった第五条は、「社員は本社の目的に賛同するのみならず本社の事業を自己の生命とするもの」と規定する第十二条と、「社員たらむことを希望する者は住所、姓名、年齢の外に履歴の大体と現在の境遇と入社の動機に十枚以上の原稿（小説、戯曲、感想、詩歌、評論、翻訳、いづれにてもよろし）と最近の写真とを添へ本社宛申し込まるべし」とする第十三条とに分割されたのである。

　第一目的を「女流文学の発達」から「女子の覚醒」に変えたのは、百八十度とは言わないまでも九十度くらいの転換だが、そうした青鞜社にとってみれば、女性問題についての評論を書きたいと望む山田わかの出現はありがたいことであった。その上、すでに誌上に載った翻訳「三つの夢」は、「入社の動機」として「十枚以上の原稿」を提出すべしという箇条を満しており、そこでわかは、ただちに青鞜社への参加を許されたのであったろうか。

かくして青鞜社のメンバーのひとりとなった山田わかは、それより、「青鞜」誌上で活潑に仕事をしはじめる。「三つの夢」発表号の次号にあたる第三巻十二号（大正二年十二月）に早くも翻訳「生の神の賜」（シュライネル）を発表したのを手はじめとして、以後しばらくのあいだ、「歓喜の失踪」（四巻六号）、「芸術家の秘密」（同七号）、「猟人」（同九～十号）、「荒れたる礼拝堂」（五巻一号）、といったようにシュライネルの翻訳をつづけた。他の人の訳さぬシュライネルをこんなにもたくさん翻訳したのは、南溟《なんめい》のかなたに住むこの女流思想家の詩的エッセイが、思想的にも思惟の形式においても更にまた語学力に関しても、当時のわかの心的実情にもっとも近かったからであったと思われる。

しかしわかは、いつまでもこの詩的思想家の作品の翻訳のみに低迷してはいなかった。翻訳の対象をアメリカの社会学者ウォードの論文「女子の教育について」（五巻四号・大正四年四月）やエレン＝ケイの「児童の世紀」（五巻七号～六巻二号・大正四年七月～五年二月）などにひろげるとともに、「女郎花《おみなえし》」（四巻十一号・大正三年十二月）や「虎さん」（五巻二号・大正四年二月）という小説を書き、更に「堕胎について」（五巻八号・大正四年八月）、「恋愛の自由と本能」（同十号・同年十月）、「自分と周囲」（六巻一号・大正五年一月）などといった感想・評論を発表するようになって行ったのである。

「青鞜」誌上においてこのように多様な文章活動をはじめた山田わかの名は、当然ながら、ジャーナリズムの大いに注目するところとなった。あらためて述べるまでもなく、生田長江が名づけたという「青鞜」の運動の本質は、西欧社会のいわゆる〈ブルー＝ストッキング〉運動――すなわち近代的女権拡張運動の日本版であったのだが、しかし当時のジャーナリズムはこれを風俗の次元であつかい、そのメンバーに〈新しい女〉の名を冠して現象的側面だけを興味本位に喧伝した。たとえば、〈新しい女〉は女だてらに吉原へ行き、加えてこれまた、女だてらにバーで五色の酒を飲む――といったふうに。したがって青鞜社のメンバーは、女性解放問題について心もあり学識もある人びとからはあたたかに、ジャーナリズムを含む世間一般からは半ばの期待と半ばのセンセーショナリズムをもって見守られていたわけだが、そこへ多彩な文章をもって登場して来ただけに、わかは注視の的とされ、次第に新進の女流評論家と見なされるようになって行ったのだった。

明治四十四年九月に創刊され大正五年二月号をもって廃刊となった「青鞜」にそのちょうど半ばから加わりながら、間もなく新進女流評論家としてのジャーナリスティックな地位を確立してしまったのだから、山田わかにとって、「青鞜」に参加したのはこの上なく有利なことであったと言わなくてはならないだろう。だが、管見によるなら、山田わかという女性が青鞜社の一員となったことは、実はそれ以上に、青鞜社の他のメンバーにとっての幸福であったように思われる。――というのは、わかが同志となったことでらいてうをはじめとする青鞜社の女性たちは山田嘉吉に近づくことができ、そして嘉吉は女性問題を含む欧米の新しい思想に詳しく、彼女たちは意識的・無意識的にその教えを受けることとなったからである。

たとえば平塚らいてうは、嘉吉がわかのために、未だ翻訳のないエレン＝ケイの『児童の世紀』を毎朝講読していると聞くと、望んでその講筵《こうえん》に連ならせてもらった。そしてらいてうが嘉吉の講読を許されたと知るや伊藤野枝・斎賀琴子・岡田ゆきなども参加して、名づければ〈エレン＝ケイを読む会〉は、あたかも青鞜社の講座のごときおもむきを呈したのである。やや遅れて、名古屋より上京した市川房枝がこの会に加わったことは第一章におさめた彼女よりの聞書きにあきらかだし、また、らいてう自伝の記すところでは、「山田先生のところでは、その当時女学生であった吉屋信子さんが英語を習いに来ていて、少しのあいだですが、いっしょにエレン＝ケイを読みました」ともいうことだ。

この会のありさまは、伊藤野枝が雑誌「文明批評」の大正七年五月号に発表した小説

「乞食の名誉」によって、その片鱗をうかがい知ることができる。この小説は、彼女がふたり目の夫の辻潤《つじじゅん》に絶望して新しい生き方を模索している時期を描いた自伝的な作品で、作中の人物もシチュエーションもすべて彼女の現実そのままだと言ってさしつかえない。すなわち、作中の「Y氏」は山田嘉吉、「Y夫人」は山田わかであり、そして「友達のH」は平塚らいてうにほかならぬことだけを註記して、野枝の文章をそのまま引用してみるとしよう——

〈その頃とし子は、友達のHから雑誌の仕事を全部引きついでゐた。彼女がその雑誌を引きつぐ事になつたのも、Hからその仕事を持つてゐては勉強が出来ないから止めるといふ決心を話されて、せつかく持ち続けて来たものを止めるといふ事が惜しいのと、他の一方にはこの仕事を利用して、自分の勉強の時間を、仕事の時間から出さうといふ魂胆もひそんでゐた。そして、この雑誌の同人の一人であるY夫人の処を訪ねた時、そこでY氏が夫人の為めに、いま大きな社会学の本を読む計画があるから、勉強する気ならと誘はれて、毎週二回ぐらゐづつそこに通ふ事になつたのであつた。Y氏は、その書物を手に入れる事がむずかしいために、毎週読むはずの幾ページかの部分を、わざわざタイプライターで写さして送つてよこした。とし子は、その親切を、本当に心から感謝しながら、少しもさうした勉強の機会を外づさないやうに心掛けてゐた。〉

〈深い悩みが、その夜も、とし子を強く捉へてゐた。予定のレッスンに入つてから、Y氏の読みにつれて、眼は行を逐《お》つて行くけれども、頭の中の黒い影が、行と行の間を、字句の間を覆《おお》つて、まるで頭に入つて来なかつた。払ひ退けようと努める程いろいろ不快なシインやイメージが、頭の中いつぱいに拡がる。思ひ出したくない言葉の数々が、後から後からと意識のおもてに滲み出して来る。そこに注意を集めようとしてゐるにも拘らず、Y氏が丁寧《ていねい》につけてくれる訳も、とかくに字句の上つ面を辷《すべ》つて行くにすぎなかつた。

レッスンが済むと、いつものやうに熱いお茶が机の上に運ばれた。子供はとし子の膝の上に他愛なく眠つてゐた。快活なY氏夫婦の顔も、その夜のとし子には何の明るさも感じさせなかつた。小さなストーヴにチラチラ燃えてゐる石炭の焰をみつめながら、かたちばかりの微笑を続けてゐる彼女は、そのとき惨めな自分に対する憐憫《れんびん》の心が、熱い涙となつて、今にも溢れ出さうなのをぢつと押へてゐたのだつた。

外はいつか雪になつてゐた。通りの家々はもうどこも戸を閉めて、どこからも家の中の灯は洩れて来なかつた。街灯だけがボンヤリと、降りしきる雪の中に、夜更けらしい静かな光を投げてゐた。無理々々に停留所まで送つてくれたY氏と、言葉少なに話しながら電車を待つてゐる間も、とし子の眼には涙がいつぱいたまつてゐた。やはりあの家

に帰つて行かなければならないと思ふと、情けなかつた……〉

主人公の「とし子」――つまり野枝自身の心的苦悩をライトモチーフとする小説であるために、山田家における勉強会の光景も彼女の〈憂愁の眼〉からとらえられているわけだが、それでもなお、嘉吉の講義とその家の雰囲気とが十分に看取される。すなわち嘉吉は、学びたいと願う女性は誰でも迎え入れる心の広さと、手に入れにくい英文のテキストを毎週わざわざタイプライターで打って郵送する程の熱意に加えて、夜だからと野枝を電車の停留所まで送って行く親切心を持っていた。一方、妻のわかはといえば、夫が元来は自分のためにしてくれる講読の無料の聴講者たちにたいして、「レッスンが済むと、いつものやうに熱いお茶を机の上に運」び、その労を談笑で慰めてから帰宅の途に就かせるのだった。

しかも、同志の女性たちにたいする夫妻の親切は、講義の日の講義の席のみのことにとどまらなかったとしなくてはならない。結婚して間もないらいてうが妊娠して悪阻《つわり》に苦しむようになると、夫妻は、らいてうが遠い住居から通うのは体に宜《よろ》しくないと考え、山田家の近くへ越して来てはどうかとすすめ、勉強を放棄したくないらいてうが夫を説いて夫妻の傍へ住居を移すというようなこともあった。その、博史・らいてう夫妻の入った家が、四谷区南伊賀町四十二番地――つまり山田家の裏隣りであり、嘉吉の弟の所有にかかる貸家だったことはすでにふれたところである。

なお、蛇足ながら附け加えれば、博史・らいてう夫妻が大正四年七月より一年半ばかり住んだこの家の前住者は、布施《ふせ》辰治とならぶ社会主義弁護士で奇人の風評高かった山崎今朝弥であった。日本じゅうの弁護士が羽織袴かフロックコート姿の写真でおさまっている『弁護士名鑑』に、ただひとり真裸《まはだか》の腕組み姿で平然としているという人物だから、この家でもさぞかし人の度胆を抜く生活をしていたにちがいない。

そして更に蛇足を加えると、博史・らいてう夫妻の去ったあとのこの家に住まった人は、奇《く》しくも堀保子——山田わかと「青鞜」とを結びつけた大杉栄の糟糠《そうこう》の妻であったという。彼女が「中央公論」大正六年三月号に書いた「大杉と別れるまで」という文章によるなら、大杉と神近市子と伊藤野枝の多角的な恋愛関係がジャーナリズムを沸かせたとき、彼女は「別居の断行を大杉に迫り、上京して別居すべき家を探し歩き、四谷南伊賀町の山田嘉吉さん御夫婦に事情を明かすと、非常に同情して下すつて、そんなら自宅の裏に以前平塚雷鳥さんが住んでゐた家が空いてゐるからとのお話でしたので、直ぐに借受け」たのである。そして彼女は、この事件のショックで持病の腎臓病が悪化して病臥《びょうが》勝ちの生活をつづけ、大杉・野枝が関東大震災の騒ぎにまぎれて虐殺された翌年の春、実兄の堀紫山や義兄の堺利彦に看取られつつ、この家でひっそりと息を引き取ったのであった——

ところで、話を元へ戻さなくてはならないが——この山田嘉吉の開いた自主的講座に出席したことによって、青鞜社の女性たちの眼は大いに開けた。らいてうがエレン＝ケイの『恋愛と結婚』を知りその訳筆を執りはじめたのは、彼女が山田夫妻を知る一年ほど前であったけれども、学識豊かな嘉吉の逐行的な講読は、彼女たちのエレン＝ケイ理解をどんなに深いものにしたか知れない。また嘉吉は、レスター＝ウォードの『社会学』の講読もおこない、その結果は「青鞜」第五巻四号以降に載った山田わかのウォード論文の翻訳——「女子教育について」「婦人問題に対する科学の態度」「女性の直覚」などとなって残っているのだが、これで養われた教養が彼女たちの思考にどれほど広さと奥行きとを与えたことか。

さきにも少しくふれたとおり「青鞜」は、山田わかが社員に加わった頃より従来の〈文学誌的傾向〉を脱して次第に〈女性解放誌的傾向〉を強め、やがてその延長線上に、日本最初の女性解放運動の組織と言って過言でない新婦人協会を誕生させることとなって行く。日本女性史上に特筆される

「青鞜」明治44年11月号

べき大きな転換を導いた思想は、あらためて記すまでもなくエレン＝ケイのそれだったわけだが、このスウェーデンの女流思想家の真髄を精確に理解させしめた人が山田嘉吉であったとすれば、彼は「青鞜」のブレインであったにとどまらず、大正期における日本の女性解放運動全体のそれであった――と言わなくてはならぬのである。

青鞜社の社員であったりその周辺にいたりした女性たちや、市川房枝・山高しげりなど新婦人協会頃より女性解放運動に加わった女性たちは、申し合わせたように、自分たちより十歳前後も歳上の山田わかを〈おわかさん〉と呼びながら、その夫の嘉吉については〈山田先生〉の尊称を崩さなかった。平塚らいてうなどはその自伝で、当時すでに六十歳を過ぎていた哲学者の田中王堂あたりまでを〈氏〉附けにしながら、年齢からすれば五十歳前後の嘉吉に関しては〈山田先生〉と書いて始終している。女性解放運動にたずさわる当時の女性たちにとって、山田嘉吉は、それだけの尊敬を払わなくてはならず、そして払うに価《あたい》する存在であったのだ。

以上に述べたとおり青鞜社の女性たちは、山田わかがその仲間に加わった縁によって山田嘉吉を知り、女性問題を含む欧米の新思想について学ぶところ多かったわけであるが、しかし彼女たちの得た利益はそれだけでなかった。「青鞜」創刊の時には若い上に若かった彼女たちも、大正初年代も半ばに近くなるといわゆる結婚適齢期となり、らいてうが奥村博史と結婚届を出さぬ〈新しい結婚〉をしたのをはじめとして、安田皐月《さつき》は歌劇俳優の原田潤と、西崎花世は詩人の生田春月と、尾竹紅吉は陶芸家の富本憲吉と、斎賀琴子は早稲田大学教授で後年エレン＝ケイ学者として知られた原田実と――といったぐあいに相次いで結婚。それまでの唯たのしいだけの恋愛に代わった経済生活を含む日常的な〈結婚生活〉の知恵や技術を、彼女たちは、嘉吉・わか夫妻――なかんずくわかより教えられたのである。

典型的な例と思われるので再度らいてうの自伝を引くと、前記したような事情で山田家の裏隣りに住むこととなった博史・らいてう夫妻は、嘉吉・わか夫妻の起居をとおして、「無駄のない、合理的な生活の仕方というものを学んだ」という。具体的に言うなら、嘉吉・わか夫妻の暮し方は、「丸善から新刊書をどしどし取寄せるという生活で、書物のためだけはお金を惜しまないのでしたが、生活面ではおどろくばかりの倹約ぶりでした。わたくしの父と同じで、葉巻たばこを片時も離せない先生でしたが、それも一番安いものでがまんする。夕食の魚は皿盛りのものを少し、遅めにいって買い、ひと切れいくら以上のものは買わないことなどきめていました。こんなふうですから、わたくしの暮し方などどれほど注意されたか分りません。うっかり電灯をつけっぱなしにしておくと、『電気がむだですよ』と、窓ごしにおわかさんにどなられることがしばしばで」あったということだ。

隣家に住んだらいてうには及ばなかったかもしれないが、山田家に出入りした青鞜社のメンバーは、夫妻より、結婚生活・衣食住生活の細ごまとした知恵や技術を授けられて例外がなかった。日常生活というものは、それが茶飯事の連続であるためかえって意識の上にのぼせにくく、ひとたび蹉跌《さてつ》を来すと致命的になりやすい厄介な性質を持っているが、それだけに、嘉吉・わか夫妻の日常生活の仕方についての助言や世話は、いずれも結婚して間もないブルー＝ストッキングたちにとっては、この上なく貴重なものだったと言わなくてはならないのである。

「青鞜」とその周辺についてやや筆をついやしすぎたような気がするが――さて、その「青鞜」は、大正五年の二月に第六巻二号をもって廃刊となった。前年に平塚らいてうより編集権と発行権とを譲り受けていた伊藤野枝が、生活力のない夫の辻潤との疎隔《そかく》に加えて大杉栄とのあいだに燃え上らせた新たな恋愛問題などのため、発行不能となってしまったからである。近代日本女性史におけるひとつの時期が、ここに確実に終りを告げたのだ！

しかし、「青鞜」が終刊となり近代日本女性史におけるひとつの時期が終ったからといって、それは、「青鞜」の運動が瓦解したのでもなければ、その運動者であった女性たちが逼塞《ひっそく》してしまったのでもない。そうではなくて彼女たちは、独身女性の感情と空想とを基礎として文学的・芸術的であった「青鞜」に代えて、結婚生活の重い実感に立ちつつ自分たちの解放を社会的に求めるべく、その道をおのおのの信ずる方向に取ったのだ――ある者は母性保護運動に、ある者は婦人参政権運動に、そしてまたある者は社会主義的婦人運動にといったふうに。そしてそれは、それまでさまざまな色を含みつつも「青鞜」という一色としか見えなかった花束が、そのひと本ひと本を分け、それらが個性的に育って行くことを意味していたのである。

そのプロセスを余人は措《お》いて山田わかについてみるならば――「青鞜」廃刊ののちの彼女は、らいてうの熱意が作った新婦人協会に参加はしたもののこれにはそれほど力を入れず、大正九年三月に創刊した個人雑誌「婦人と新社会」に評論や感想を書くほか、乞われるまま各種の新聞や雑誌へ精力的に寄稿しはじめた。言ってみれば、〈女性解放運動家〉としてよりも〈女流評論家〉としての道を歩きはじめたわけである。そして彼女は、大正九年にそれまでに書いた文章を集めて評論集『恋愛の社会的意義』（東洋出版社）、『家庭の社会的意義』（東洋出版社）ならびに『社会に額《ぬか》づく女』（耕文堂）の三冊を上梓《じょうし》し、また同じ年のうちにマイナー著『売笑婦の研究』（天佑社）の翻訳を出し、翌年マグダレン＝マルクス著『女』（平凡社）の翻訳を刊行するにおよんで、その女流評論家としての地位を確固たるものとしたのだった。

かくして女流評論家としての社会的地位は確立したとは言いながら、しかしわかの名は、実はまだ、綜合雑誌を読んだり新聞の文化欄に眼をとおしたりする知的階層の人びとにしか知られていなかった。それは彼女の書くものが、一定の教養を積んだ人でなくては興味の持てぬような内容を持ち、またむずかしい表現を採っていたからである。たとえば、彼女の第三評論集『社会に額づく女』の目次を覗いてみると、「婦人思想界の傾向」「社会問題の系統的研究」「婦人労働運動の指導者に与へて四大改造案を論ず」「婦人労働組合「紡績工女の改善に就て」「社会奉仕と婦人参政権」「新婦人の要求する新男子」「新婦人協会の創立とハルハウスの事業」とつづいているが、いかに中等教育の盛んになりかけた大正期だとはいえ、これらを正当に読んでくれる読者の多数あるはずはなかったのである。

だが、短かった大正期が過ぎて昭和初年代に入ると、山田わかという名前は、少数の知識階層の域から脱して、それこそ全国の津々浦々《つつうらうら》にまでも知られるようになって行く。そしてそのようになったについては、大正期このかた女流評論家として筆を執りつづけて来たというキャリアの故もあったろうけれど、それにからんで、彼女が「東京朝日新聞」の家庭欄に新設された「女性相談」欄の回答者に選ばれたという事実が大きく作用していると思わざるを得ないのだ。

思想の科学研究会が編んだ『身上相談』（昭和三十一年・河出書房）という書物によるな

らば、いわゆる〈身上相談〉のあらわれた最初は明治十三年二月創刊の「交詢雑誌」だということだが、以来ジャーナリズムの発達につれて盛んとなり、大正期には新聞の多くが身上相談欄を設けるに至った。読者よりその悩んでいるさまざまな問題を具体的に打ち明けてもらい、それについて著名人が意見を開陳《かいちん》するという身上相談欄は、しばしば常識では考えられない奇怪でセンシュアルな問いが寄せられ、しかもそれが架空の話ではなくて事実だということから来るインパクトのため、新聞の読者拡大のもっとも有利な武器だったのである。

そういうなかで「東京朝日新聞」は、風俗的な興味に棹さす新聞ではなくて社会の木鐸《ぼくたく》であるという誇りから身上相談などは見向きもしなかったのだけれど、昭和初年に入ると孤高を守ってもいられなくなった。そして昭和六年五月一日附の紙面より「女性相談」欄を新設し、悩み迷う女性たちに助言することとしたのだったが、その際回答者として選ばれたのが、ひとりは小説家の三宅やす子であり、いまひとりが山田わかであったのだ。

このうち三宅やす子は三カ月ほどで退き、代って登場した前田多門も間もなく止め、「東京朝日新聞」の「女性相談」欄は山田わかのひとり舞台となったが、彼女にたいする読者の支持は絶大だった。他の人の回答が、理論的には正しくても読者大衆のハートをつかむことはできなかったのに、わかのそれは、女性の心情をそのもっとも奥深いところでしっかりと把握してしまったのである。若き日に海のかなたで、およそ女性としての苦しみのかぎりを苦しみつくした彼女であったからこそ、大衆の心の奥底にふれた答えを返すことができたのであったろうか。そしてその「女性相談」欄を持つ「東京朝日新聞」は、当時、発行部数百万部を越えて二百万部に迫ろうとしていた新聞であり、そこで彼女は、女流評論家として世にあまねく知られる存在となったのだった——

妻のわかを女流評論家に仕立てたいというのが嘉吉の夢であったとわたしは前に記したが、その夢はみごとに実現されたのだ。けれども、ここで衆目に疑問として残るのは、そもそも如何なる理由から、嘉吉がわかを評論家としてジャーナリズムに送ろうとしたのであるか——という一事である。

知的興味心旺盛で理解力もすばらしいとはいいながら書物にふれて十年ほどにしかならぬわかに比べ、嘉吉は三十年近く苦学を積み、社会学をはじめ多面的な教養を身に着けていたから、評論家として登場するのには彼の方が十倍もふさわしかったはずである。それなのに、どうして彼は、自分ではなくて妻のわかを論壇に送ろうとしたのであったか。

わたしには、その理由はふたつあったように思われる。——第一は彼がウォードの社会学理論を正しいと信じていたからであり、そして第二は、彼が日本文を自在に綴ることができなかったからである。

まず、第一の理由から説くなら、すでに幾度も引いた「アラビヤお八重出世物語」によるならば、嘉吉は、「米国に来て、彼の有名な社会学者のウーヅ先生の許《もと》に寄寓して勉強した」ということだ。今のわたしは残念ながらその真偽を確める術《すべ》を持たないが、しかし彼がウォードを尊敬していたことは確かであり、そのことは、わかを含む青鞜社の女性たちへの講読テキストとして、彼がウォードの『社会学』を取り上げている事実からも明瞭であると言えよう。

わたしは社会学に関してはほとんど何も知らない者だが、レスター＝F＝ウォードは十九世紀末より二十世紀初頭のアメリカで活躍した社会学者で、アメリカ社会学の草分けと見られている人だという。『純粋社会学』『応用社会学』等の大著がある由だが、前者の一部を堺利彦が大正五年に訳出した『女性中心説』（牧民社）という書物があって、これに依るならウォードの学説は、あらゆる生物において〈生む性〉としての〈女性〉の方が本質的に優れているとする基礎に立っている。そして、そういう本質的に〈優れた性〉の女性が男性に屈したのは、女性に衰弱がはげしかったのに引き換え男性に理性発達が顕著だったためであるが、「最近二世紀に於て女子の地位の著しく進んだのは、つまり、女子衰弱の極点が既に過ぎて、之より再び向上の途に向ふ前兆であ」り、やがては「男性支配でもなく、女性支配でもない、言はば男女同権制といつたやうな時代が来る」に相違ないと主張するのである。

このようなウォード社会学に学びその〈女性中心説〉に共鳴していた嘉吉は、いわば、自分の妻の上にその学説の証明を見ようとしたのだ。彼は中年にして結婚したその若い妻を愛していたが、真面目な上にも真面目な学問好きである彼は、その妻を愛する心が深ければ深いほどその思いをみずからの学問的信条と結びつけることとなり、窮極、〈女性の優位性〉の回復をわかの女流評論家としての成功に求めずにはいられなかったのであった。

これに次いで嘉吉がわかを評論家にしようと考えた理由の第二は、彼が在米二十余年におよんで英語が母国語に近くなってしまい、日本文を正当に綴ることができなかったからであった。平塚らいてうが初対面の際に感じたように、嘉吉の「話し方は独特なもので、折おり間違った言葉づかいもまじ」っていたが、口語はまだしも、文章を書くとなるとほとんど手も足も出なかったらしい。

嘉吉には生涯に著書が二冊だけあって、ひとつは在米中の明治三十八年にサンフランシスコの青木大成堂より出した『西洋料理大全』であり、いまひとつは、大正十三年十二月に世界文庫刊行会より刊行の『社会学概論』上下二巻だ。前者は親友だった渋谷馬頭との共著であって、伝え聞いたところでは、嘉吉が材料を吟味《ぎんみ》し料理に腕をふるったのにもとづいて渋谷が記述したものだといい、そして後者となるとその「はしがき」に、「私に文章が書けないので人に筆記させた」けれども、「一切の結論に対する責任は当然私が負ふべきである」とみずから告白しているのである。

　このような次第であったから、嘉吉は、自分が苦心惨憺してなお且つ間違いだらけの文章を書くよりも、在米期間みじかく、年齢的にも若くて頭脳のしなやかな妻わかの方が難が少いと考えて、彼女を女流評論家に育てようと骨を折った。むろん彼も資本主義の社会に生育した人間だから、日本の論壇に自分の名を登録させたい気持が絶無だったということはあり得ないと思う。けれども、彼はその欲望を超越したのであり、おそらくそれは、わかの思想は自分が彼女に注いだものにほかならぬという自信と確信に加えて、彼女への底知れぬ愛情によってはじめてなしとげられたものにちがいない。

　そして、そういう嘉吉の思いは、言うまでもなく妻のわかには十分に分っていた。それだからこそ彼女は、『恋愛の社会的意義』を処女出版するにあたり、序文の前に特に一ページを取り、次のようなデジケートの言葉を書きつけたのである――

〈私は此の書を夫に献じます。文明生活に無くてならぬ文字を、殆《ほと》んど其の最初から彼は私に教へました。以来約二十年一日の如く、彼は私の蒙を啓《ひら》く事につとめて参りました。もし、私の仕事にいくらかでも価値があるならば、それは皆、彼の努力の結果であると私は信じて居ります〉

わたしは、妻の伊藤野枝が少しばかり世間的に有名となったことでコンプレックスに陥り、自堕落な生活の末ついに離婚し、生涯をボヘミアンとして終えてしまった辻潤の姿を思い浮かべる。そのほか、〈女性〉である妻の方が秀れた仕事をしたり著名になったりした事態に焦慮を感じ、解放の道を別離に求めた〈男性〉たちの数は枚挙《まいきょ》にいとまがないほどだ。そうした男女に比べてみたとき、この山田嘉吉・わか夫妻の生き方は、一体何と評すればよいのだろうか。

それは、美しい〈夫婦愛〉と言ったらふさわしいのかもしれないし、あるいはまた、稀《け》有《う》な〈男女の同志愛〉と讃えた方が適切なのかもしれない。そうしてわたしは、心から、そのような関係を築き上げた嘉吉とわかのふたりを、双方共に立派であったと思わないではいられないのである——

限りなき〈母性〉の人

「青鞜」グループのひとりとして大正中期のジャーナリズムに登場した山田わかは、昭和初年代に「朝日新聞」の「女性相談」欄の回答者に選ばれた時点で女流評論家としていわば功成り名遂げたわけであるが、わずか十年ばかりのあいだに、彼女はどうしてそのような成功をおさめたのだろうか。前章にも記したとおり、自分に代えてわかを評論家に仕立て上げたいと願い、能うかぎりの協力を惜しまなかった嘉吉の力の大きく作用していることは確かだが、しかし不特定多数の人の思想・感情に拠って立つジャーナリズムは、嘉吉といえど勝手に操作することはできなかったはずである。とすれば、わかが女流評論家として著名になったということは、取りもなおさず、彼女のオピニオン＝リーダーとして持っていた思想が大衆の共鳴と信頼を得るにふさわしいものだったのだということにならざるを得ない。そしてそれでは、そういう彼女の評論家としての思想は何であったのかと問うならば、それは、端的に言って〈母性主義思想〉であったと思うのだ――

しかし、彼女が評論家としてのスタートから母性尊重主義の考えを持っていたのかといえば、どうもそうではないように思われる。そう思われるひとつの根拠は、彼女が「青鞜」に寄稿した最初の頃、オリーヴ＝シュライネルの翻訳にたいそう心を入れているという一事である。商業雑誌ではなくて同人雑誌であり、おそらくは稿料の支払われなかった「青鞜」へ自分の文章ではなくて翻訳を載せるからには、その原作者の思想に共鳴するところがあったからだと考えてさしつかえあるまい。そうして彼女の訳したシュライネルはといえば、そのフェミニストとしての思想的傾向は、〈母性尊重主義〉ではなくして、〈社会的労働参加説〉であったのだ。

オリーヴ＝シュライネルの主著は『婦人と労働』といい大正期に神近市子の手で翻訳が出ている由で、残念ながらわたしは入手できず、従って詳しく紹介することはできないが、しかし山田わかの最初に訳した「三つの夢」からでも、彼女の思想の大要をつかむことは可能である。すでに述べたごとくこの詩的エッセイは、主人公が極熱の砂漠で幻想を見るというスタイルで書かれており、その幻想の内容はといえば、重い荷物を背負わされて灼熱の砂にうずくまっているほか術《すべ》のなかったひとりの女が、機械の登場によって荷を軽くされ、希望を持って立ち上り歩きはじめる——というものだ。これは、古代社会このかた男性の支配の下に置かれて来た女性の解放は、機械の登場——換言すれば機械の発明が必然的に生み出す生産関係としての資本主義的生産労働に、女性が積極的に参加することによって達成されるという論理をシンボライズしているので、つまりは〈社会的労働参加説〉だと言ってさしつかえないのである。

無賃の家事労働と違って、社会的労働に参加すれば当然賃金が支払われるから、女性も男性と同じく経済的にも自立することにならざるを得ない。その点に重きを置いて言うならば、〈社会的労働参加説〉はまた、女性解放の鍵《かぎ》を女性の経済的独立にみる〈経済的独立説〉でもあるということになるだろうか。

山田わかが、女性解放の要諦を女性の経済的独立にみるシュライネルのこのような考えに惹かれたのは、当然すぎるほど当然であったとわたしは思う。職業的に自立するに足りる資本もなければ学力もなく、そのために異国で屈辱の青春を余儀なくされた彼女であってみれば、女性解放という大きな問題もだけれど、女性が人間らしく生きるのに欠くことのできぬ最低限の条件が〈経済的自立〉であるということを、それこそ骨の髄《ずい》から実感していた。だから彼女は、世の多くの同性たちがかつて自分の体験したような地獄へ堕ちぬためには、何としても、自分一個を養うだけの経済力は持たなければならない——と考えざるを得なかったのだ。

だが、わかは、女性は経済的に自立しなければならぬとする考えを間もなく捨て、〈母性主義〉の主張に傾いて行く。そしてそれが、遂に評論家としての終生の思想となったのであった。

それでは、彼女終生の思想となった〈母性主義〉とは如何なる思想であり、そしてその一般的性格は兎に角として、彼女のそれはどのような特質であっただろうか。あらためて説くまでもなく〈母性〉は〈女性が母として持っている性質〉のことだから、〈母性尊重主義〉と呼ばれもする〈母性主義〉は、女性の属性として最大のものであるその母性を精神的にも社会生活的にも尊重しようとする思想を意味し、そのウェイトを精神面の尊重に置くか社会生活面の尊重に置くかで多様な風貌をあらわすが、山田わかの母性思想の性格は、たとえば大正中期におこなわれた有名な〈母性主義論争〉において明瞭であると言ってよいのである。

近代日本の女性史に特筆大書されているこの母性主義論争は、一般には大正七年の四月、与謝野晶子が「婦人公論」に書いた感想「紫影録」にたいし、平塚らいてうが同誌五月号に「母性保護の思想は依頼主義か」という反論を寄せた時にはじまるとされているが、しかし管見では、それより二年前の大正五年に早くも緒戦《しょせん》がたたかわれている。すなわち、晶子が雑誌「太陽」の大正五年二月号発表の「一人の女の手紙」で、近年評判になって来たトルストイとエレン＝ケイの思想を批判したのにたいして、これを読んだらいてうが「母性の主張」を書いて晶子の女性論的なあやまりを指摘したのである。その頃、大正八年に新潮社より刊行されることとなるエレン＝ケイの『母性の復興』の翻訳に取り組んでいたらいてうは、母性保護に志薄い晶子の考えをエレン＝ケイの誤読によるものと見、そのいわば啓蒙のために筆を執ったのであった。

だからこそらいてうは、「母性の主張」を読んで晶子がエレン＝ケイの正当な理解に達し、そこから母性の社会的保護への深い関心に進んでくれるものとひそかに期待したのだったが、大正七年の春、晶子の「紫影録」――のちに「女子の徹底した独立」と改題して感想集『若き友へ』（大正七年・白水社）におさめられたエッセイが発表されるにおよんで、期待の空しかったことを知らなくてはならなかった。そこでらいてうは、晶子にあてて「母性保護の主張は依頼主義か」を執筆、それでも足りないと見て、「母性保護の問題に就《つい》て（再び与謝野晶子氏に寄す）」（「婦人公論」八月号）を書き、更に「現代家庭婦人の悩み」（「婦人公論」大正八年一月号）という一篇を綴った。むろん晶子も黙ってはおらず、「平塚さんと私の論争」（「太陽」六月号）、「平塚・山川・山田三女史に答ふ」（「太陽」十一月号）その他を発表。このふたりの論争へ、「婦人を裏切る婦人論を評す」（「新日本」八月号）と「与謝野・平塚二氏の論争」（「婦人公論」九月号）を引っ下げて山川菊栄が介入し、次いで「母性保護問題（与謝野氏と平塚氏の所論に就て）」をもって山田わかが参加、論争は四つ巴《どもえ》となって展開して行ったのである。

いま、山田わかの母性主義思想を浮き彫りにするための手続きとして他の三者の主張を要約するなら、まず与謝野晶子の考えは、母性保護を否定して女性の完全な自立を要望するものであったと言ってさしつかえない。彼女は、「紫影録」――「女子の徹底した独立」において、「私は欧米の婦人運動によつて唱へられる、妊娠分娩等の時期にある婦人が国家に向かつて経済上の特殊な保護を要求しようといふ主張に、賛成しかねます」とし、その理由を、「すでに生殖的奉仕によつて婦人が男子に寄食することを奴隷道徳であるとする私達は、同一の理由から、国家に寄食することをも辞さなければならないからだ」と説明する。そして女性があらゆる外的な力から解き放たれて在るためには、女性は職業を持って経済的に自立しなければならず、職業的自立のためには、良き女子教育とともに女性自身の強い意思と学習意欲とが必要である――という結論を下すのだ。

一方、平塚らいてうの考えは、「母性保護の問題に就て（再び与謝野晶子氏に寄す）」の一篇に端的に表現されている。すなわち彼女は、晶子の主張して止まぬ女性の経済的自立という箇条を認め、それへの支持を表明した上で、さて、次のように言うのである――「母性保護は、母の仕事といふ社会的事業に従ふことによつて社会的義務を果すものの当然の権利として要求すべきことで、かうすることは婦人の尊厳を傷つけるどころか母としての婦人の正当な社会的地位を認めしめることになるのです」と。そして更に加えてこうも言うのだ――「女子の経済的独立は、母性が保護され、子供を生み且つ育てるといふことが公的事業となり、国家が母親に充分な報酬を支払ふやうにならなければ到底成り立たないことであり、又斯くなることに依つてのみ、婦人をして家庭生活と職業生活との間に起る苦しい矛盾から脱却させることもできるので、私から見れば、母性の保護こそ女子の経済的独立を完全に実現する唯一の道」にほかならないと。

これらにたいする新人評論家としての山川菊栄の意見は、社会主義的な視点より母性保護論の止揚《しよう》をめざしたものであった――と言ってよいだろう。のちに「母性保護と経済的独立」と改題して評論集『現代生活と婦人』（大正八年・叢文閣）におさめられたエッセイ「与謝野・平塚二氏の論争」において、菊栄は、晶子の意見を「ブルジョアジーに出発してブルジョアジーに終つて居るもの」と批判する一方、らいてうの母性保護論を古典的女権論の修正としてあらわれたケイの日本版にすぎないとし、その本質は、〈社会政策〉を是とする妥協的な思想であると指摘する。そうして最後に、彼女は、母性問題を含む女性問題の根本的な解決は、「現在の経済関係てふ根本的原因の絶滅に依る外、実現の道はない」と強く主張して止まないのである。

以上、晶子・らいてう・菊栄という三人の母性保護に関する考えを眺めて来て、さて、いよいよ山田わかのそれについて記す段に立ち至ったわけであるが、彼女の母性主義思想のアウトラインは、彼女がこの論争に加わって最初に書いた「母性保護問題（与謝野氏と平塚氏の所論に就て）」にもっともよく示されていると言うことができる。

わかの立論は、まず、「家庭は夫、子供、及び自己の魂の住家です。子供は家庭にあつて母親の慈愛の手で円《まろ》らかに発育します。夫は妻の手で温くととのへられた家庭に於て其の精力を養ひます。婦人のこの仕事の価値は、会社や工場などの仕事と比較されるやうな安つぽいものではありません」という措定《そてい》にはじまる。つまり〈生命の再生産〉ならびに〈労働力の再生産〉の場としての〈家庭〉の重要性を説き、その家庭生活を円滑に運行して行く仕事は、〈物質の再生産〉よりもはるかに意義のあることだと言うのだ。そして、会社や工場に働くのが個人的な仕事なのに対し「子供の養育は国家的の仕事」であるのだが、現状は「母の生活が男子の機嫌によるやうな、又は資本家の都合によるやうな不安定な状態」にあり、それだけに、「男子が母の位置にある妻に対し、或る事情のため支払ひ不能になつた場合には、国家が其の男子に替つて其の母を補助する事」――すなわち〈母性保護〉は、「誠に当を得た事」であり、それは「母の位置にある婦人の権利」であると主張するのである。

ここまでならば、わかの母性保護思想は、エレン＝ケイを背景として、平塚らいてうのそれと同一歩調のものと見ることができるだろう。けれどらいてうが、母性を強調する一方で「女子の経済的独立」――職業という回路による女性の経済的自立をも認めていたのにたいし、わかはそれを「例外の才能を持つ婦人」以外には認めず、一般の女性は「家庭にゐて夫の能率を増す工夫をこらし、未来の確実なる労働者を、自己の権利を正々堂々資本家に対して主張し得る人物を造るに努力する事」がふさわしいとする点で、ふたりの歩調は異って来る。つまりわかの考えの基調は、女性は〈母性〉たることにその存在意義のすべてがある――とするところにあるので、理論的な当否は兎に角、〈母性〉とその〈尊厳〉を強調したという点では、この論争に加わった四人の誰よりも上に立っていたと見なくてはならないのだ。

ところで、このような山田わかの母性保護論――というよりも母性尊重主義は、公平に見て、与謝野晶子よりは優っていたかしれないが、平塚らいてうにも山川菊栄にも残念ながら及ぶものでなかった。いや、もっと精確に言うならばわかの母性尊重思想は、らいてうと歩調を同じくした部分はらいてうに呑み込まれ、らいてうと歩調を同じくしなかった部分では、遂に他の人を説得できなかったのだ――と言うべきであるかもしれない。そしてそれだからこそ、近代日本女性史の少なからぬ書物が、母性保護論争には言及しながらその参加者を晶子・らいてう・菊栄の三人として山田わかの名を切り捨て、読者もまたそれを怪しまぬような事態が起こってきたりもするのである。

だが、理論としては不備なところが少なくなく、そのため遂に大きな説得力を持つに至らなかったけれど、しかしわかの母性尊重思想には、他の人と異る特徴がひとつあった――と言わなくてはならない。それは、彼女の母性主義が、抽象的な思想として頭のなかに在ったのではなくして、日常生活レベルのものとして在ったという一事である。与謝野晶子の女性の経済的自立論の背後には、妻と母と芸術家の三役をみごとに演じおおせている彼女の生活があり、らいてう・菊栄の思想もそれなりに生活の上に現実化されていたわけだが、わかの母性主義は、彼女等のそれよりもなお深く日常生活に浸透したものとして在ったのだ。

このように言えば、当然ながら、では、山田わかの終生の思想たる母性主義思想の日常生活におけるあらわれはどのようであったか――ということが問題となるが、それをうかがうに足りる文章をわか自身はほとんど書き残していない。『聖書』のどこかに「右の手のしたことを左の手に知らすな」という一句があったと記憶するけれど、彼女は、かつてサンフランシスコのキャメロン＝ハウスで『聖書』に親しんだ折にこの言葉にふれ、それを守って何ひとつ書き残さなかったのであろうか。

したがって、彼女が世の多くの母性を守るためにした仕事の数かず、女性であると男性であるとを問わず助けを必要としている人たちに手を差し伸べたすぐれて母性的な行為の数かずは、彼女の身近にあった人たちよりの談話による以外にはあきらかにしようがない。そしてわたしは、山田家の隣家で長く暮した花房春子さん、山田家に住込んで通学された池田文雄さん、山田嘉吉氏から料理を習ったという児島やすえさん、同じ町内の歯科医で四谷婦人会の活動をわかと一緒にした向井英子さん、後述する幡ヶ谷母子寮の寮長としてわかを助けた武部りつさん、わかの姉の浅葉ヤヱの裁縫の弟子であった佐藤ていさんなど多くの方に逢い、それぞれに貴重な談話の提供を受けたのだが、ここには森田とよ子さんの直話を引いて、わかの日常生活を垣間見ることにしたいと思うのだ。

森田とよ子さんは、大正元年生まれの六十五歳。東京都下国立市で保育園の園長をしておられる方であるが、わかが彼女に取ったその態度からして、わかの母性思想が建前かぎりのものでないことを物語っているのである——

＊

——山田わか先生はわたしの命の恩人でございますが、先生との縁は、わたしが一方的に先生のふところへ飛びこんだことから始まりました。それをお話しするには若い頃の恥を忍ばなくてはなりませんが、わたしは阿波徳島の質屋の家に生まれて、二十歳のとき近郷切っての豪農と言われた家の次男に嫁ぎました。その家は大きな蜜柑《みかん》山を持ってましたので、夫は神戸に出て蜜柑問屋をはじめましたが、何分にも金持の息子、たいそうな遊び癖がついていて、三日も四日も家に帰らないことがつづき、お金がなくなれば郷里へ無心するというありさまです。

わたしは、人間、目的を持ってそのために一所懸命つとめなければ――という考えを持っていましたので、このような夫がうとましくてなりません。身を切り売りする女を売春婦というけれど、妻というものも、相手が特定のひとりであるというだけで、本当のところは売春婦とおんなじではないか――と思うと、もう、どうにも我慢がならなくて、離婚を決心いたしました。――二十一歳で生んだ女の子がようやくお誕生を迎えたばかりでしたから、わたしは二十二歳、昭和六年か七年の頃でした。

眠れない夜を幾晩かすごしたある日、わたしは子どもを置いて夫の家を出ましたが、実家へ帰ればその日のうちに居所が知れて、翌日には連れ戻されることが目に見えています。そこでわたしは、汽車へ乗ってまっすぐに上京して、東京神田に主婦之友社を訪ねました。主婦之友社を訪ねましたのは、その時わたしは毎月「主婦之友」を取っていまして、そこで訊けば、毎号のように文章を書いておられる山田わか先生の住所が教えてもらえるだろうと思ったからです。そしてわか先生の住所を知りたかったのは、御推察のように、先生を頼りにさせていただこう――という考えからでございます。

ほかにもおおぜい有名な方はおられますのに、どうしてわか先生を頼る気持になったのかと申しますと、わたしがまだ女学校の生徒だった時、徳島新聞社がわか先生を招いて講演会を開きました。わたしも聞きに行きましたところ、わか先生のお話は、「女だから我慢しなければならぬなどということはない、男も女もおんなじだ」とか、「妾《めかけ》を置くような米屋は出入りを許すべきでない」とか、また「からかって侮辱した御用聞きを女中がたたいた、その女中は正しい」とかいった内容でした。こういう考えを持った先生だったら、きっとわたしの気持を汲み取ってくださるにちがいないと思ったのです。

主婦之友社で四谷のお宅の住所を教えてもらい、やっと尋ね当てましたら、わか先生は御病気で、嘉吉先生が話を聞いてくださいました。そうして嘉吉先生は、わか先生にわたしを、「おわか、君を慕って遠いところから来てくれたとよさんだよ」と紹介してくださり、「そういうわけなら、取り敢えずこの家に居なさい」と言われ、わたしはその日から山田家に暮らすことになりましたのです。

わたしの実家や夫の家にはわか先生が手紙を出してくださって、それだからでしょう、間もなく父と夫とが上京して参りました。わたしの決意の固いのを知ると、父は諦めて徳島へ帰って行きましたけれど、夫の方は何とかわたしを連れ戻そうと、子どものことを申します。何分にもお誕生を迎えたばかりの子どもですし、その子が「お前を慕って日夜泣いている」と言われますと、それこそ身を切られる思いで、結局わたしは、子どもに惹かれて夫のところへ帰ったのです。

山田先生夫妻にいとまを告げて、いざ、下駄を履こうとしますと、わか先生がわたしに「とよさん、もしも、また出て来るようなことがあっても、ほかへは行かないで、かならずここへ来るのですよ――」と耳打ちされたのは、本当に嬉しゅうございました。もっともっと追い詰められたとしても、わたしには行く家がある――そう思えることは、行き詰って眼の前が真っ暗な人間にとって、それこそ大きな救いなんです。わか先生は、そういう本当に追い詰められている者の胸の裡をよくよく知っておられて、さりげないかたちで救いの綱を投げかけられるというお方でした――

こんなふうにしてわたしは夫の家へ帰ったのですが、夫の生活態度は依然として改まらず、結婚生活はどうしてもうまく行きません。四年たって二十六歳になったとき、わたしはふたたび決心して、今度は子どもを連れて家出をし、わか先生のもとへ駈けこみました。江戸時代には駈けこみ寺というのがあったと聞きますが、わか先生は、わたしに取っての駈けこみ寺だったと言ったらよいのかもしれませんね、山崎さん。

予測していたとおり今度も夫が連れ戻しに参りましたが、わたしは死ぬか生きるかですから、絶対に首を縦に振りません。すると夫は、「それなら、子どもはお前の子ではなくておれの家《いえ》の子なのだから、法律にかけてでも連れて帰る」と申します。何としても尊敬できない夫のもとへ帰るか子どもと別れるか、二つにひとつを取らなくてはならなくなった人間の胸の苦しさを、山崎さん、あなたは御存知ですか。そうして、夜の眼も眠らずに悩みぬいた末、わたしは、わが身を分けて生んだ子を手放すことにしたのです！

夫が子どもを連れて神戸に帰った日の夕方、わたしは台所で立ち働きながら、泣けて来て泣けて来てどうしようもありませんでした。それまでも、この子と一緒に暮らせないのかと思うと悲しくて泣いていたのに、それが現実となった今、咽喉《のど》の奥から、それこそ心臓まで飛び出してしまうのではあるまいかと思われるような嗚咽《おえつ》がこみ上げて来て、何としても止まりません。山田先生夫妻や一緒に暮らしている人たちの手前、そしてまた近所の人たちの手前を思うのですけれど、自分で自分を押さえることができないのです。

そうすると、そこへわか先生が出て来られて、わたしにタオルを渡されて、あのふくよかな体へわたしを引き寄せて、背中を幾度も幾度も撫《な》でさすりながら、「泣きなさい、泣きなさい、思う存分に泣きなさい――」と言われるのです。わか先生からそう言われますと、わたしの心の奥底には、「あ、わか先生は御自分では子どもを生んでおられないけれど、子どもと別れた母親の気持がよくお分りになるのだな――」という思いが湧き出てきました。そして、わたしの悲しみを先生にわかっていただけたと思うと、何だか安心できるものがあって、それでわたしは立ちなおることができたのだと思うのです――

しかし、このように親切にしていただいたのは、決してわたしだけではございません。わか先生は、女や子どもであれば誰にでもああいう優しい態度を取られたので、そのことは、長く山田家に暮らしたわたしがこの眼で直《じ》かに見て知っております。

どのことから申し上げたらよいか見当がつきませんけれど、たとえば、わたしが駈けこみました頃の山田家の人数は十四人でございました。お子さんのない先生御夫妻ですから、本当の家族はふたりだけのはずなのに、縁のある人ない人をそれこそみんな引き受けて、世話をしておられたのです――このわたしとおんなじように。

少し詳しくお話ししますと、嘉吉・わか先生おふたりを別としまして、まず、養子の山田民郎・こまさん夫妻とそのお子さんの弥平治さんがおられました。民郎さんは、わか先生の甥御《おいご》さんの由で、どういう事情からかは存じませんけれど、小さい時分から養子として嘉吉・わか先生がお育てになったとうかがっております。お母様は何でも看護婦をしておられ、色の白い眼の大きな美しい方だったそうで、住込みで病院にでも勤めておられたのでしょうか。時どき山田家へ来ていたといいます。このお母様は、民郎さんが十歳になるかならないかの頃に、山田家で亡くなったと聞いております。

一方、おこま奥さんは嘉吉先生の姪御《めいご》さんで、小学校の四年生か五年生のときに神奈川県の田舎から連れて来て養女にされたのです。むかしの田舎のことですから学校へもあまり通わずお勝手の仕事をやっていたのを、嘉吉先生が、これではいけないと東京へ引き取られたのだという話です。そうして、民郎さんとおこま奥さんが年頃になった昭和のはじめにおふたりは結婚して、二、三年たってお子さん——嘉吉・わか先生からすれば初孫の弥平治さんが生まれました。わたしが山田家に厄介になったのは、それから数年のあと、弥平治さんが三、四歳の無邪気盛りの頃でございます——

なお、これはわたしの実地に見たことではありませんで、遠い昔の話として耳にしただけのものですけれども、民郎さん・おこま奥さんが小さいときの山田家には、もうひとり、引き取って育てていた子どもがあったとのことです。その子は〈しんちゃん〉という名だったそうですが、どういう漢字を書くのか聞きませんでしたから、〈新ちゃん〉なのか〈信ちゃん〉なのかわかりません。山田家のアルバムに写真があったので見ましたが、いかにもアメリカからやって来た男の子らしく、色が白くて、髪をおかっぱにしていて、とてもかわいらしく写っていました。何でも、嘉吉先生がサンフランシスコで親しかった友達の子どもさんだったと申します。

お父さんが結核で倒れたので嘉吉先生のところへ来たのですが、七つ八つの子がひとりで太平洋を渡って来たというので、当時の新聞に、「アメリカからひとりで来た子供」と担架《たんか》で運ばれ、両先生の手厚い看護を受けた甲斐もなくあの世の人となり、それから幾年かあと、騒がれたと聞きました。この子の父親は、やがてアメリカから海を渡って山田家へ〈しんちゃん〉も同じ病気で亡くなったのだそうでございます――

この民郎さん・おこま奥さんと弥平治さん三人のほか、浅葉ヤヱさんとヒサさん――わか先生のお姉さんと妹さんがおられました。共に独身のこのおふたりは、わか先生の家のすぐ裏の家――むかし平塚らいてうさんが住まれたこともあるという家に起居されていましたけれど、ヤヱさんの裁縫の教場はわか先生の家の二階ですし、三度々々の食事は一緒ですから、まず、先生御夫妻の家族と申してよろしいのでしょう。お姉さんのヤヱさんは、わか先生とは似ない細《ほ》っそりした美人で、気持もおとなしくて優しい方でした。妹のおヒサさんは、英文タイピストとして丸の内のどこかの会社へつとめていましたが、あとで子どもの多い人の後妻に行き、間もなくその人が亡くなったのに、その大勢の子どもたちを立派に育て上げた人で、偉い方だったと今もわたしは思っています。

本来ならふたりの家族が、これでもう七人にもなりますのに、その上へ男三人、女四人の寄寓者がありましたのですよ。――そのうちのひとりは、ほかでもありません、このわたしなのですけれど。

ざっと申しますと、男の三人はいずれも学生さんでして、学資がなかったり下宿がなかったり何か事情があるとかいったような人を預かって、学校へ通わせていたのですね。学校の授業料まで嘉吉・わか先生が払っていたのかどうかは今日まで遂に存じませんが、部屋代だの食費だのというものは、わたしの場合とおんなじで、先生は一銭も受けておられません。この三人の学生さんのうち、ひとりは確か嘉吉先生の甥で山田武雄さんといい、早稲田大学の大学院に行っておられ、ひとりは池田文雄さんといい、東京帝国大学の法科へ通っておられ、わたしにはよく分りませんが宇宙航法とやらの権威で、今はたしか専修大学の教授をしておられるはず。そしていまひとりは、苗字《みょうじ》を吉田さんといったと思いますが、中央大学に通っていて、卒業後はどういう伝手《つて》からですかクリーニング業界に入り、現在はクリーニング協会の理事か何かして活躍されているはずです。

この男三人に対しまして女四人の方は、鈴木みつ子さんに岡田冬子さん、どうしても苗字を思い出せませんがよし子さん、そして終りのひとりがこのわたしです。わたしがどういう事情でわか先生のところへ来たかははじめにお話ししたとおりですが、ほかの三人も、それぞれ、言うに言われぬ差し迫った問題に追われてわか先生のふところへ飛びこんだ方ばかりです。

岡田冬子さんはたいそう頭が良くて、帝国女子専門学校へ通わせてもらっており、あとでわか先生の養女として入籍もされた方ですが、やはり、死ぬか生きるかの瀬戸ぎわでわか先生に救われたのです。郷里は四国で、漁業に携っていた父親が何かの争いからついつい人を殺《あや》めてしまい、田舎というものは世間の狭いものですから、それで評判となって身を置くところがありません。ただでさえものに感じやすい娘の身には、父の事件に加えてのこの追い撃ちはそれこそショックで、幾度も海に身を投げようとしたそうですが、なかなか死にきれない。そうした悩みの末に、わたしと同様、わか先生を頼って上京したのだということです。

わか先生のことですから、冬子さんの涙ながらの話を「うん、うん」とうなずきながら聞き終ると、きっと、ほかの言葉は何ひとつおっしゃらず、「あなた、この家にいなさい」とだけ言われたのだろうと思います。——本当に困っている人には誰にでもそう言って、その言葉のとおりにされる方でした、わか先生は。

わたしが山田家にいた数年のあいだでもこれだけの寄寓者がいたのですから、おそらくほかの時期でもおんなじだったので、その数は幾十人になるのかわたしには見当もつきません。しかも、いま申し上げたのは二年とか三年とか相当の長期にわたる寄寓者なわけで、実は、それ以外に短期間の寄食者もずいぶんと多かったのですよ。「朝日新聞」の「女性相談」を受け持たれてからは、そういう方が急に増えたようでした。

もう亡くなられたけれど、藤原あきさんを御存知でしょうね——テナーの藤原義江さんの奥さんで、離婚してからテレビに出てなお有名になって、参議院議員選挙に最高点で当選した人。あの藤原あきさんは、どなたでしたかお金持の若夫人で坊やもひとりあったのですが、藤原義江さんと恋に陥《お》ち、とうとう離婚して藤原義江さんと結ばれることになったのです。その恋愛劇最中のあきさんが、坊やをかかえて飛びこんで来られたこともございました。また、いまは婦人運動家として活躍しておられる方が、共産党員だということで警察から追われ、わか先生に助けを求められたこともありましたっけ。

こんなふうに寄寓者の大勢なところへ臨時の宿泊者が次から次へとあるのですから、その掛かりは莫大です。嘉吉先生の語学塾のお弟子は、大正時代はどうだったのか存じませんが、わたしのお世話になっていた頃はちらりほらりで、収入はあまりありませんから、家計は全部わか先生の肩にかかっていたわけで、ですから決して豊かではございませんでした。あの時分の生活は、盆暮《ぼんくれ》の年二度支払いから少し現代風に近づいて毎月末払いとなって来ていましたが、山田家では、お米屋さんに払った月は酒屋さんに待ってもらい、酒屋さんに払った月は魚屋さんに待ってもらう――といった塩梅《あんばい》です。家計をあずかるおこま奥さんは、さぞかし苦労多かったろうと、今になってお察ししているのでございますよ。

それですのにわか先生は、わたしたち寄寓者を外へ働きに出したり、女中がわりに使ったり――ということをなさらないのです。わたしなど、神戸では女中を使っていたため洗濯も掃除もしたことがなく、家事をすればお茶碗は割るし手の皮は剝《む》いてしまうし、それだからかもしれませんが裁縫くらいしかさせられませんでした。そうして、男三人の大学
通学をはじめとして、わか先生は、わたしたち女性組も、たとえば冬子さんが帝国女専へ
通い、わたしが神田の東京看護婦学校へ行くといったふうに、先行きわたしたちの身の立
つようなはからいをしてくださったのです。
　こんなふうにしていただいてわたしたちが恐縮すると、わか先生は、「遠慮しなくって
いいのよ。みんな、山田家のお嬢さんと思っておって頂戴」とおっしゃるんです。そしてわか
先生には、恩着せがましい素振りはかけらほどもありませんし、それでわたしたちは、安
心して先生のそういう御厚意を受けることができたような気がするんでございますよ——
　そういう包容力といいますか寛容さと申しますか、それは何時でもどこでも発揮されて
いたのでございましてね、わたしたちに不機嫌な顔を見せた日は一日もありませんでした。
朝起きていらっしゃると、誰にでも彼にでも、「おはよ」「おはよ」と明るく声をかけられ、
丸いお膳をかこんでみんなで朝飯《あさはん》を摂るのですが、しめっぽい食事というのは一度もなか
ったと思います。そうして、問題をかかえた人が駈けこんで来ますと、「うん、うん」と
残らず話を聞いてあげ、なぐさめの必要な人にはなぐさめを、励ましの必要な人には励ま
しをごくごく自然なかたちで与えられ、どうにも差し迫った人は、冬子さんやわたしの場

合のように、わが身を削ってでも救助されるのです。それがどれほど大変なことだったか、現在、わたし自身が人から相談を受ける立場になってみて、はじめて骨身に沁みてわかります。

わたしは、わか先生のもとに八年間も御厄介になりましたけれど、その間の体験やら見聞きしたことやらからして、先生は他人の心の深傷《ふかで》をいつの間にか癒してしまう名看護婦——というふうに感じます。ちょっと逢ったり話してみたりしたところでは、体の大柄な唯のおばさんでしかありませんでしたけれど、その胸に大きな大きな包容力を持っていて、悩んでいる人は誰でもあたたかくつつんでくださった。あのように偉大な日本女性を、この歳まで、わたしはほかに見たことがございません——

＊

長ながと森田とよ子さんの談話を紹介したけれど、ここに見られる山田わかの姿の、おお、何と感激的なことだろうか。森田さんに示した態度といい、殺人の罪を犯した人の娘だという岡田冬子さんへのそれといい、そしてその他多くの悩める人にたいする厚情といい、すべて日常生活のレベルで実践されているわけだが、誰にでもできることではない。それは、物質的損得をかえりみない人か、無償の愛情の第一のものたる〈母性愛〉の滾々《こんこん》たる人でなくてはよく為し得るところのものでなく、そしてわかは後者によって、それを自己の日常生活裡のものにしていたと思われるのだ。

前述したごとく、わたしはわかの身辺にあった人たちに幾人も逢って話を聞いたのだが、かつていろいろなかたちで共にわかの世話を受けた彼や彼女たちは、現在はほとんどお互いの往来がなさそうに見受けられた。だが、そういう彼や彼女たちが異口同音に強調したのは、わか先生は、〈書かれた文章〉よりもその〈母性の人〉としての人間的存在の方がずっとずっと偉大だった――という一条である。以前わたしは、ある尊敬する人の葬儀の折、ひとりのクリスチャンが「人は、死んでより後は、その友人たちの心に生きるものであります」とスピーチしたのを聞き、今なおその言葉を真実と信じて忘れないが、この言葉に則《のっと》って言うならば、死して二十年になる山田わかが、互いに往来のないその被護者たちのすべてから〈母性の人〉としての人間存在を尊崇されているという事実は、それこそが彼女の真価であったことを証明するものだとしなくてはならぬであろう。

ああ、限りなき〈母性〉の人！　そしてこの限りなき〈母性の愛〉を湛《たた》えた人は、母性保護の理論的優位性が競われた大正期が過ぎて、昭和初年代――母性保護問題が現実のプログラムに載せられる時期になると、かつて彼女より理論的に優位だった人たちを措いて、その運動のシンボルともいうべき位置に進むことになるのである。

彼女が昭和初年代の母性保護運動のシンボルとなって行ったプロセスを簡単に述べるならば、それはまず、昭和二年の金融恐慌につづいて起こった昭和四年の世界恐慌に端を発していると言ってよいだろう。日本の労働者・農民階級を生活のどん底へたたきこんだこの恐慌の波は、母子家庭には更に激しく襲いかかり、その結果、親子心中——殊に母子心中を激増させた。そうして、新聞に日々報道されるこの社会的現象は当然ながら世論を喚起し、そこから、社会的にもっとも弱き存在としての〈母と子〉の保護を国家に求める運動がスタートしたのだった。

運動の烽火《のろし》は、昭和九年二月十八日に東京で開かれた第五回全日本婦選大会においてなされた「母子扶助法の即時制定」要求の決議であった。あらためて記すまでもなく婦選大会は、女性の政治的参加の権利をかち取ろうとする各種の婦人団体が昭和五年より年に一度開いているデモンストレーションの会であるが、「法律上における婦人の地位を高め、これを保護する方法」のひとつとして母子扶助法制定の要求が出てきたわけだ。そしてその夏頃より準備活動が始められ、九月二十九日の午後、東京日比谷公園内の松本楼において母性保護法制定促進婦人聯盟が結成されたのである。

その翌年、母性保護同盟というすっきりとした名称に変わるこの母性保護法制定促進婦人聯盟は、その組織を、婦選団体を中核に一般婦人団体・社会事業団体の加入に求めたのみならず、有志の個人の参加にも求めた。「母性保護法制定促進婦人聯盟会報」第一号（昭和一〇年二月）所載の「創立より今日まで」という記事によるなら、そのような組織方針を採ったのは、ひとえに、「一人でも多くの同志を陣営に併合する」ためであったという。

婦人団体らしいものとほとんど縁のなかった山田わかを加えることのできたのは、聯盟のこの賢明な方針のおかげであったとしなくてはなるまい。そして彼女は、中途より個人の資格で参加したにもかかわらず、その聯盟の結成大会において、満場一致で委員長の椅子に着けられるということになったのだった。

母性保護法制定促進婦人聯盟——母性保護同盟の当時の役員を見ると、金子しげり・堺真柄《まがら》・久布白落実《くぶしろおちみ》・市川房枝・河崎なつ・吉見静江・押川美香など著名で且つ女性運動歴も長い人たちが大勢いるのだが、それらの人を措いて山田わかが委員長に推されたのはなぜであろうか。いくつもの団体が代表を出し合って新たなひとつの組織をつくるときには、そのリーダーシップに関してしばしば揉めごとが起こるものだから、それを避ける意図で個人参加のわかを委員長に選んだのかもしれない。それも確かにあっただろうが、しかしそういう人事をすべての人すべての団体が受け入れたのは、山田わかといえば母性尊重思想の評論家、いな、〈母性〉そのものの化身のような人である——という認識が、広く行きわたっていたからであった。すなわち、わかの限りなき〈母性〉の人であったことが、いま、時を得て、母性保護同盟という大きな社会的運動の枢要な地位に彼女を就《つ》ける結果をもたらしたのだ。

そして一方、山田わか個人に即して言えば、彼女には、この母性保護に関する運動こそ自分のなすべき仕事にほかならない——とする気持があったと思われるのである。そのことをもっとも端的に示すのは、彼女が、亡夫のいわゆる香奠《こうでん》を、母性保護同盟の活動資金として寄附したという一事であろう。

——「主婦之友」の昭和九年十月号にわかが発表した「天国に夫を待たせて」によるならば、山田嘉吉は、「心臓性喘息《ぜんそく》にて呼吸困難に悩むこと十二日、二十日朝に至り危険状態に陥り、七月二十一日の黎明《れいめい》、室内を揺がすやうな雄大な深呼吸を一つして、フッと息が絶えた」という。慶応元年——すなわち一八六五年の生まれだから、古稀に一年だけ足りぬ享年《きょうねん》であった。

わかは、「体を半分もぎとられたやうな気分」と言おうか、「何かしら、底がぬけてしまつたやうな心地」になってしばらくは茫然としていたが、しかし間もなく気を取りなおすと、諸方より香奠として贈られたうちの五百円を、当時未だ発足するかしないかだった母性保護同盟に寄附。同盟は、これを当座の資金として、円滑に活動をすすめることができたのだった。

嘉吉がわかの夫であるとともに師でもあるということはすでに一再ならず述べたところだが、彼がその妻を女流評論家に育てたのは、それが彼女ひとりの向上のためのみならず、めぐりめぐって女性階層全体のために役立つと信じたからであった。そういう嘉吉の死に際して贈られた香奠を母性保護同盟に提供したということは、彼女が、母性保護の運動こそ、その夫であり師であった人の遺志に沿うものと考えたからだ——と見なくてはならぬであろう。そしてそれだからこそ彼女は、女流評論家としてどちらかと言えば書斎派であったそれまでの生き方を止め、母性保護同盟の最高責任者という困難な役目を、進んで引き受けたのだと思われるのである——

かくして山田わかをその委員長とした母性保護同盟は、貴族院・衆議院に母子保護法案の提出を請願したり、世論を喚起するためさまざまな催しを開いたりした。そして、たゆみなくつづけたその運動は、やがて政府をして内務省社会局立案の「母子保護法案」を議会に上程せしめ、ついにはめでたく可決されるという好果を結ぶに至ったのである。——昭和十二年三月二十日、わかが同盟委員長を引き受けてちょうど二年半ののちであった。

母と子の国家的な保護を要求してつくられた母性保護同盟の第一目的は達せられたわけだから、客観的に考えれば、あるいはわかは、同盟委員長という重責を返上してよかったのかもしれないと思う。しかし彼女は、決してそうはしなかった。いや、それどころか、制定された「母子保護法」にもとづいておこなわれる母子の保護では十分でないとして、みずから母子寮と保育所とを設立する仕事に乗り出して行くのである。

わかがみずからの手で作った母子寮と保育所は、幡《はた》ヶ《や》谷母子寮・幡ヶ谷保育園といい、その場所は東京の渋谷区幡ヶ谷原町である。「母子保護法」制定の一年後にあたる昭和十三年の四月、市有地六百十坪を借り受けることに成功し、十五室の母子寮と五十人の幼児を容れる保育所の建設に着手したのだった。

この幡ヶ谷母子寮と幡ヶ谷保育園とは、共に昭和十四年三月に完成し、四月から開寮・開園したのだが、その建設・運営資金の調達にあたってわかの採った方法は、ユニークと評すべきか奇妙と言うべきか、他に前例を見ないものであった。すなわち彼女は〈母を護るの会〉というものを設立し、自分の居住する四谷区内に奉仕部なる名の事業場を設け、廃品回収をすることによって資金をつくろうとしたのである。

廃品回収業の営業鑑札も受けてはじめたこの仕事は、わかが「幡ヶ谷母子寮・保育園概要」（昭和十四年）というパンフレットで言っているところによるならば、ふたつの目的を持っていた。ひとつは勿論「屑物を集めて金に代へ資金とすること」だが、いまひとつのそれは、屑集めのための戸別訪問によって「各層の人々に、国の力の源、母の生活に就いてお考へ頂きたいといふ」こと、換言すれば「母性尊重精神の普及」にあった。そしてこの思い切った実践は、ジャーナリズムにも採り上げられればまた母性保護同盟に好意的な知識人たちの支持も受けて、非常な成功をおさめたのだった。

ただ、この廃品回収事業の件では、どうしても、エピソードをひとつ附け加えて置かなくてはならないだろう。それは、わかがこの事業をはじめると、近くの鮫ヶ橋町その他に住む専門の廃品回収業の男たちが恐慌を来たし、わかの家へ押しかけて来て、「女の癖に、おれたちの仕事を横取りしやがって――」と叫び、匕首《あいくち》で刺すようなアクションをして見せ、母を護るの会の女性たちの心胆を寒からしめたという事件である。しかしわかは、男たちには母子寮と保育所の必要なことを諄々《じゅんじゅん》と説いてたじろがず、母を護るの会の女性たちには、「これくらいのことで、じたばたしてはなりません――」と叱咤《しった》して仕事をつづけさせ、結局は廃品回収業の男たちの諒解を取り附けてしまったということだ――

文章の上の母性保護論にとどまっておらずそれを要求する運動に参加、それでもなお足りなくてみずから母子寮と保育所を設立し、その設立資金と運営費を得るため廃品回収業までした山田わか。いわゆる母性保護論争の一方の旗手だった平塚らいてうをはじめとして母性保護思想の持主は多いけれども、この地点まで進み出た人はほかにひとりもいなかった。

仏教には〈捨身供養《しゃしんくよう》〉とか〈捨身飼虎《しこ》〉とかいった修行法があると聞くが、それになぞらえて言うならば、わかの母性保護にたいする態度は正しく〈捨身〉のそれであった。そして彼女のそうした態度の土壇場における姿を、わたしは、彼女が「朝日新聞」の「女性相談」欄のある日の問いに答えたその回答に見るのである。

この「朝日新聞」の「女性相談」欄におけるある年ある月そしてある日のわかの回答は、山田わかの母性尊重思想の窮極相を示すとともに、また、日本の〈身上相談〉史上のひとつのピークをなしているとも言わなくてはならぬであろう。そこで、わたしとしては、何としてもこの事件に照明を当ててみる必要に迫られるのだ——

強姦の子、生んで育てよ

母性論者または母性尊重論者としての山田わかが、いわば〈捨身〉でその思想の窮極相を呈示したのは、昭和七年三月三十日の「東京朝日新聞」紙上においてであった。彼女は、その前年に新設されたいわゆる身上相談欄としての「女性相談」欄の回答者となって読者の信頼を得つつあったが、その日掲載された〈質問〉は、「盗人に妊娠せしめらる」と題して次のようなものだったのである――

〈私の身近かに私の問題を解決して頂ける適当な方が居ませんので、先生にお願ひ致します。私にはTといふ愛人がございます。T大のP科を来年の春卒業するので御座います。ほんとに優しく、そしてりりしく、理解に富んだ青年紳士です。両親も親類の方もTを尊敬し、私も又彼を誇つてゐます。

昨年の九月の末でした。父の病気の看病を私自身で三日三晩一睡もせずに続けて、随分疲れましたので自分の部屋に帰り、前後も忘れて眠つてしまひました。処《ところ》がその晩、盗人にはひられたのでございます。指輪も時計も、それから私の生命にも代へ難い誇りさへ奪はれてゐました。先生、私は何といふのろまだつたので御座いませう。いくら泣いたつて、ベッドに取りすがつてぢだんだ踏んで悔いても駄目でした。

私はスグこの事を母に話し、数日ののち母と一緒に、堅い覚悟をしてTに総てを話しました。Tも又どんなに悲しんだ事でせう。けれどもTは、「Kちやんは僕に対する節操を失つたんぢやないね。不慮の災難なんだ」、かう言つて私の立場を弁護し、息も出来ない程強く私を抱きしめてくれました。それから後も彼の深き愛と深き理解によつて、私達は以前にも増して親しくなつて来たので御座いますが、それなのに先生！　私は今身重になつてゐるので御座います。どんなに歎いても、どうする事も出来ません。Tに打ち明けねばならないのですが、どうしても、その勇気が出ません。

これを知つたら彼は、どんなに悲しむ事で御座いませう。彼が理解に富めば富む程、お気の毒でなりません。そして又私は、生れる子供を、何の責任もない子供を、如何に処置すべきでせう。この子供に今の私は愛着を感じていませんが、然し、この子供を真実に愛し得る者は私以外にはないと思ひます。さう思ふと、子供に対して責任を負はないわけには行きません。けれども、私のこの考へ方をTはどう思ふでせうか？

Tと子供との間に立つて苦しんでゐます。Tは一月以来九州に旅行してゐます。便りの来る度に苦しめられます。Tは四月上旬帰京します。一日も早く解決をお願ひ致しま

す。(K子)〉

第二次世界大戦後の今日なら、この問いにたいする答えは簡単にして明瞭だと言うことができるであろう。なぜかと言えば、昭和二十三年に公布・施行された「優生保護法」が、その第十四条の第五項において、「暴行若しくは脅迫によって又は抵抗若しくは拒絶することができない間に姦淫されて妊娠したもの」の「人工妊娠中絶」を認めているからだ。そして、こうした法律を礎石としてその上に築かれた世の中のモラルも、人工妊娠中絶をもってもっとも適切な処置と見ているのである。

ところが、この相談の持ちこまれたのは昭和七年、理由の如何を問わず一切の「堕胎」を禁ずる「刑法」だけが聳《そび》えており、ほかに何ひとつ救済策の用意されていなかった時期である。したがって、このK子なる女性よりの相談に答えることは至難であり、大きな勇気を必要としたのだが、山田わかは敢えてそれをし、今日のわたしたちからすれば仰天《ぎょうてん》するような答えを与えたのだった。すなわち、以下に引く「人道の理想に生きよ」と題された一文が、K子の苦悩に応じた山田わかの回答である――

〈それは、実に何ともいひやうのない不覚なことでした。が、今はそれをいってもせんなきことです。そして、胎児に対してどういふ風に考へたらあなたの気持が落ちつくかといふことが先決問題だと思ひますが、それには、「女性が種族の本幹である」といふことを、まづあなたは信じなければなりません。

今までは「男性が種族の本幹」で女の腹は借りものだと考へてゐたのですから、この考へ方で行くなら、あなたはいはば敵を胎内に宿してゐるといふことになつて、本当に身も世もあられぬ思ひですが、それに反して、種族の本幹は女性である、子供といふものは母体の骨をけづり肉をさき血をわけて成育して行く、子供は文字通り母体の延長だと考へる時に、どうして出来た子供であつても、それは徹頭徹尾自身の子供であるとこだはりなく考へられ、親としての責任を安心して持てるやうになると思ひます。

或ひは又、かういふ方面からも考へて見る必要があると思ひます。人道の粋は我身と同じやうに隣人を愛すること、我が子と同じやうに他人の子にいつくしみの目をかけることです。そんならば、我が腹をいためた子供であるならば、万ぷくの愛情をそそぐことが至高です。

敵を愛すといふことが倫理の最高点であることを思つて、この子供を立派な人間に成長せしめようとする態度にあなたがなる時に、それは子供のため社会のために最善な行為であり、従つてあなたの気持を安らかにします。Tに対しては、実際何といつてよいか言葉が見つからない程気の毒ですが、といつて、今更どうにもしやうがない。で、あなたが、過去の失態に対する償ひとして、悲壮な決心のもとに、人道の戦士として勇敢に有意義に、過去の禍《わざわい》を福となす（生まれる子供を立派な人間に仕上げる）といふ決意をもつて、一切をTに打ちあけるならば、もともとあなたを愛してゐた彼です。最初「不慮の災難なんだ」とあなたの立場を弁護して下さつた程寛大な彼です。人道の戦士としてのあなたの共鳴者かつ協力者となつて下さるに相違ないと、私は信じます。あなたは今、大自然から人道の最大理想（敵を愛す）の実現を迫られてゐるわけです。御自重を望みます〉

強姦によってみごもった子、しかも行きずりに侵入したどこの何者ともしれぬ盗賊の子どもを、生んで育てよと言うのである。そしてそのようにすることが、もっとも人間的に生きる道だとも強調するのである。

「東京朝日新聞」の「女性相談」欄の回答者が、当初は作家の三宅やす子と山田わかのふたりであったものが、三ヵ月ほどで三宅が退き、これに代わった前田多門も間もなく退いて遂にわかのひとり舞台となったのは、彼女の回答が読者の支持を圧倒的に受けたからであった。悩める女性たちにたいする彼女の答えは、ひたすらに優しいという性質のものではなく、時として直言的に相談者の態度を突く遠慮のないものであったが、それがかえって相談者と読者から信頼されたのかもしれない。

わかには、この「女性相談」欄の問答を編んだ二冊の著書――『女性相談』（昭和七年・

木村書房）と『私の恋愛観』（昭和十一年・協和書院）があって、それをひもとくと、彼女のカウンセラーとしての特質がよくわかるのである。少しばかり寄り道をすることになるけれど、いくつかの例を挙げてみるなら――

家庭でくつろぐ山田わか（昭和10年ごろ）

たとえば真面目な青年と結婚の約束をしたひとりの娼婦が、「私は自分の身の上を考へて、その人の将来を誤らせるやうなことがあつてはと思ひ、幾度あきらめようとしたか知れません」と訴えて来たことがあった。いわゆる世の〈常識〉なら、その青年の求婚は世間知らずな真面目《まじめ》さから来た一時の情熱によるものであって、将来かならず不幸な結果を見ることになるから、一日もすみやかに身を引くのが分相応でもあれば賢明な道でもある――と忠告したにちがいない。ところがわかは、そうではなくて、「酒でも飲んでその人のことを忘れようとするなどとは、とんでもない不心得」だと叱りつけ、「不幸にしてさういふ位置に陥つてゐたにもかかはらず、さういふ頼母《たのも》しい青年に恋されるやうになつた幸福を感謝して、二人の前途のために真剣に考へ……幸福に行く道から脱線などしてはなりません」と奨めるのである。

また、親の商売を継がないという約束で待合の長男と結婚し二男の母となった女性から、「ところが現在になつて、夫の気持は、生きて行くため、家族を扶養するため、やつぱりこの商売を引きついでやつて行くといふやうにな」ったので、どうしたらよいかという質問の来たことがある。世故《せこ》に長《た》けた人であれば、生活のために止むを得ないから当面は夫の言葉に従い、いずれ真面目な職業に替わるように努力しなさい――と答えただろう。けれどもわかは、「夫婦の間をこはすことは容易ならない悪いことであるけれども、然し、世の悪徳、悲劇を生む源となり、その悪徳を代々に伝へて行くことに比較してみるなら、大したことではなくなります。ですから、あなたは、夫婦生活をこはすか維持するかの分岐点に立つて御良人をいさめて御覧なさい。……あなたの今の位置は、人道のために悪徳と戦う一軍人であります。あなたはあなたの結婚生活を賭けて、その悪徳を征服しなければなりません」というふうに答える。

そうして更にもう一例を加えると、夫の存命中、出入りしていた九歳下の学生と肉体的な関係を持って女児を出生、その関係を知らぬままやがて夫が病没して未亡人になったという女性から、その学生と結婚したいのだが周囲が挙《こぞ》って反対なので、心中を選ぼうかと迷っているという相談の寄せられたことがあった。これにたいする世の大多数の見解はおそらくふたつあって、第一は止むを得ないから結婚せよとするものであり、第二のそれは、年齢が掛け離れているから別れる方が不幸が少い——とするものである。わかはと言えば、この問題について、「過去の罪を思へば思ふ程、死んでその責任から逃れようとすることは卑怯です。そんならばどうするかといふと、二人は結婚してお子さんを幸福にしてあげなければならないが、といつて、このままノメノメと結婚式を挙げ」てはいけないので、「過去の罪を十分に悔いてゐるといふ証拠を表明してから結婚式を挙げなければならない。そして、その方法としては、恐らくはあなたの前夫が残して行つたであらう財産全部を、その前夫の名で有益な社会事業へ寄附しておしまひなさい」と回答し、「丸はだか」となって再出発することを呼びかけるのだ。

こうした回答にみられる山田わかの意見や態度は、新聞の身上相談欄に救いを求めるほかはない女性たちに基本的に同情を寄せ、悩み多かったその前半生の体験に学んで酸いも甘いも嚙みわけたものであるかのように見えながら、しかし世の〈常識〉とはあきらかに一線を劃すものであった——と言わなくてはならないだろう。そして、所与の社会の価値観の風俗的尺度としての〈常識〉に近接しつつ微妙な点でそれを弾き飛ばすところが、わかの身上相談回答者としての魅力であり、多くの人より絶大の支持を受けた理由でもあった。

そういう山田わかであったから、盗賊より強姦されてみごもった胎児をどうするか——という相談にたいする回答に、「東京朝日新聞」の読者はかならずしも〈常識〉的な答えを期待してはいなかったと言ってさしつかえないだろう。しかし現実に彼女のあたえた答えは、衝撃的、あまりにも衝撃的であった。——強姦されて宿った盗賊の子を、生んで育てよ！　それは、〈常識〉を無《な》みするものであるばかりでなく〈良識〉からもはるかに掛け離れたものであると、誰しもが感じないではいることのできない意見だったのである。

当然、「東京朝日新聞」紙上には、この不運な女性の投書とそれにたいする山田わかの回答をめぐって、賛否の両論が巻き起こった。すなわち同紙は、相談の掲載された翌日にあたる三月三十一日の家庭欄の全ページを、「ある婦人の身に起つた不幸な事件への批判——卅日の本紙『女性相談』の質問に就て」と題する特集に充て、「識者の代表的意見を聴く」として、菊池寛・高島米峰・穂積重遠・永井潜・下村海南・徳永恕の六人の談話を掲載したのである。——相談掲載の翌日に反響が活字化されるというのはあまりにも速すぎるから、これは、わかの回答に問題ありと見た新聞社側が、前もって六人の意見を聴取しておいたものであろうか。

この六人の著名人の意見は、期せずして、綺麗にふたつに分れていたと言うことができる。その第一は、小説家の菊池寛・生物学者の永井潜およびジャーナリストの下村海南の意見であって、その主張するところは、菊池寛の談話に尽きていた。「医師に頼んで堕胎を行ふべし」と題された彼の談話を全部書くならば――

〈こんな場合は、本人が妊娠したと知つたら、出来るだけ早く医者に頼んで堕胎してもらふのが当然だと思ふ。それがために法律問題になつて罰せられたとしても、それは決して不名誉でも何でもない。こんな者を罰するとすれば、法律の不備で、むしろ法律の不名誉であらう。

男が女を許すべきかどうかは、男の性格その他にもよるが、許すのが当然だと思ふ。現実問題として、その様な女を男が許し得るかといふことも、その男の愛の深浅によつて決まることで、昔娼妓《しょうぎ》をした女でも自分の妻にしてゐる人もゐるのだから、許し得ると思ふ。

しかし、すでに手遅れになつて、堕胎がどうしても出来ないとして、産れて来る子供の処分であるが、それはその人の災難だから自分の家庭で育てるより仕方はないと思ふ。それは全く、強盗に殺されたり、又手を切り取られたり足を切り取られたりしたのと同じ災難で、決して弁償の出来ないことで、仕方のないことであるから、当人の親兄弟と愛人は理解をもつて本人の負担を軽くしてやる様につとむべきであらう。とにかく、若し堕胎し得る程度なら、今だつて、懇意な医者に事情を訴へて堕胎する方がよいと思ふ。〉

これにたいして第二の意見は、堕胎を否とするもので、それには「産れてくる子供は何の罪もなく頑是《がんぜ》も無いものであるから……その子供の将来の幸福であるべきことを予想し得る方法において育てるのが妥当」とする仏教思想家・高島米峰の考えから、「母性の愛は強いから、将来K子さんはきつと、産れる子供を中心にしてすべてをお考へになる日が必ず来る」とする二葉保育園長・徳永恕の見解に至るまで、相当の幅があるとしなくてはならない。——が、有り得べき将来の条件を切り捨てて堕胎を否とする考えのみを抽出すれば、その典型は法律学者の穂積重遠のそれであったと思われる。すなわち彼は言う——

〈この場合は異常な不幸なことではあるが、既に母胎には生命が出来てゐる。現在の法律では、その子供を産むことが母体の生命に関するといふ以外は、堕胎して胎児の生命を断つことは許されぬ。或る人があつて、その人が家庭に迷惑をかけやうが、又不具であらうが、その人の生命を断つことは許されぬと同様である。ただ、この場合、身に余つて堕胎した時には、裁判官は情状酌量《しやくりよう》するではあらうが、それだからといつて堕胎する事はよくない。又、この様な特例の場合を考へて法律を改正する事は、悪用される恐れが多分にあるから、法律を改むる必要はない。

　故に、今となつては、速かに相手の男にその事実を伝へるべきである。相手の人は、一度「僕に対する節操を失つたのではない、不慮の災難だ」といつて許してゐる以上は、仮令《たとえ》妊娠したとて許すのが当然の事である。若しこれが許せないならば、如何なる事情にもしろ、他の男と関係した事を許してはならないはずであつた。故に、速かに相手に伝へると共に、子供を産み、それを、育てるに当つては、家庭においては都合が悪ければ他の方法によつて育てるとか、改めて考へるべきである。〉

　さきにも触れたごとくこの時代は、如何なる理由があろうとも堕胎は刑法の対象でしかなかったから、菊池寛の意見は堕胎教唆《きょうさ》または幇助《ほうじょ》になりかねず、それなのに敢然と発言したのは、さすがに自由人だと賞揚しなくてはならないだろう。そして今日のわたしたちの良識からすれば、この菊池寛の意見こそがもっともヒューマニスティックな考えだと思えるのだが、しかし昭和初年代という時代状況を思いみれば、むしろ、硬直的に見える穂積重遠の提言の方が、世間というものの大方の考え——つまり〈常識〉をストレートに代弁していたのかもしれないのだ。

　かくして起こった山田わかの意見にたいする賛否の両論は、それからなおしばらく続いたのち、社会的と言うよりはきわめて風俗的なセンセーショナリズムの路上に終熄《しゅうそく》したと言わなくてはならない。すなわち、その年の五月、いわゆる新派芝居がこの事件を脚色して東京劇場で公演し、現実のドラマの人間的苦悩は舞台の上のドラマに収斂《しゅうれん》され終ってしまったからである。そして、それではその新派芝居のストーリイはと言えば、昭和七年四月十九日の「東京朝日新聞」の予告的記事によるかぎり、それは以下のようなものだったのであった――

〈父の看病に疲れた娘が、前後不覚に眠つてゐる時、思ひがけなくも侵入した泥棒に犯され、その事だけは早く母親と相談して許婚《いいなずけ》の青年に打ち明けて、快い諒解を得たところが、後になつて不幸にも妊娠してゐることを発見、これをも許婚者に打ち明けるべきか否か、大いに煩悶《はんもん》する――

劇はここから始まるのであるが、娘が急に許婚の青年と結婚するのは嫌だと言ひ出すので、父親が不審に思つて調べて見て、始めて娘が妊娠してゐる事を知り、自分の看病のためにこんな事になつたのだから飽迄《あくまで》責任は自分が負ふといつて、自身青年のところに行き事情を話して、是非結婚してやつて呉れと頼む。青年はこれを聞き流石《さすが》に驚きかつ煩悶するが、父親の切なる頼みもあるので、婚約の間を待ち切れなくてひそかに自分が娘と関係したのであつて、妊娠させたのは自分であるといふ事にして世間体をつくろひ、不名誉は私が負ふといつて結婚を承諾する。ところが、青年の兄夫婦がこれに反対で、「お前は盗人の子供を今後自分の子としてほんとに愛して行けるか」と、堕胎させることをすすめる。これを立聞きした娘が、自分さへ居なければといふので死を決心するが、許婚者に止められて結局結婚することになる。

その後十八年の歳月が経過して、子供は既に十八歳の青年になつたが、やはり種は争はれないもので、幾分性質に不良的分子を持つてゐる。又、祖父母が事毎に冷たくあたるので幾分変に思つてゐる折柄、祖父がつい口をすべらして「盗人の子」と言つたのを耳にし、それがきつかけとなつて一切の事情を知り、「自分を生んだのは誰だ」といつて大いにどうこくし、今後あらゆる女をのろつてやると言つて駆け出さうとするのを、母親が思ひ余つて遂に手をかけて殺すといふので幕になる……〉いささか資料のあるままに言わでもがなのことまで記したのかもしれないが、しかしわたしが敢えてそうしたのは、盗賊の強姦によってみごもった女性にたいし、世の〈常識〉に敢えて逆らってまで〈生んで育てよ〉と答えた山田わかの回答の特異性を際立たせたいためであった。——が、しかし、他の件では〈常識〉に割り合いに忠実な彼女が、この事件に関しては〈常識〉を無視して異見を樹《た》て、それに強く執着したのは一体なぜか。新聞の読者は階層的にも年齢的にも多様であり、したがってその舞台で評論家としての地位と人気を保つためには、多数の人の現状的価値観の反映としての〈常識〉に大きく異を唱えてはならないというのに、この件についてだけは〈常識〉に真向うから対立したのは如何なる理由によるものか。

それをあきらかにすることはわかの〈母性主義思想〉の由来とその本質を究めることにほかならないが、まず第一に考えられるのは、彼女がその思想的形成期に親しんだエレン＝ケイの影響である。すでに述べたとおり彼女は、大正の初期、嘉吉の指導により「青鞜」メンバーの有志の女性たちと〈エレン＝ケイを読む会〉をつくり、「青鞜」誌上にケイの主著『児童の世紀』の翻訳を連載しているが、こうした事実からも、わかの母性主義のひとつの由来がこの北欧の母性主義思想家にあったことが推察される。そしてこの母性主義思想が、理由はともあれひとりの女性の胎内に宿った生命を守ることに集中して表現されたのであった。

これに次いで第二番目に考えられるのは、山田わかという女性の〈人間的資質〉とでもいうべきもので、彼女は生来、小さい者や弱い者が困難に出逢っているのを黙って見過すことのできない性格――〈母性的性格〉を豊かに持っていたのだった。小学校へ上るか上らないかの時分、生家の近くの八幡神社へ住みついた女乞食に自分の食べるものを割いて運んでやったのもそのあらわれなら、没落しかけた生家を助けようと遠くアメリカへ渡ったのも、困っている者に手を差し伸べないではいることのできないその母性的性格の露頭にほかならない。そういう人間的資質のわかであったから、思わぬ妊娠に苦しみ悩む娘へも深く同情したが、しかしそれ以上に、自分を自分で守ることのできぬ胎内の小さな生命に心を寄せないではいられなかったのである。

しかしながら、わたしは、以上のふたつよりももっと大きくて且《か》つその根の深い要因があったと考える者だ。――それは、一言にして尽くすなら、彼女山田わかが〈みごもらぬ女〉であり、〈生むことのできぬ女〉であったという事実にほかならない。

売春という職業ならざる職業に身をさらした女性たちは、むかしも今も、その過半が〈みごもらぬ女〉である。いや、〈みごもらぬ女〉だと言っては正しくないので、精確には、〈みごもれぬ女〉になってしまうのだ――と言うべきであろう。妊娠しては困るので娼館主が不妊の手だてを講ずるのだとも聞けば、また、不特定多数の男性との限度を越えた接触でさまざまな病菌をうつされ、その結果そうなってしまうのだとも聞くけれど、いずれにせよ売春は、それにたずさわった女性たちの多くを〈生むことのできぬ女〉としてしまうのである。そして山田わかも、また、そうした女性たちのひとりであったのだ！

遠く太平洋を東へ渡って雪のシアトルにいた七年の歳月、わかは、言ってみれば夜ごと強姦のされつづけだった。そういう彼女だからして、心ならず盗賊に姦されてしまった娘の重たい悩みを理解できなかったわけではない。いや、そのような体験を心身に刻んでいたまさにその故に、その娘の苦しみを、世の一般の人よりもはるかに深く諒解したにちがいないと思われる。

また彼女は、その良識によって、盗賊の強姦によりみごもった子どもを生んで育てるということがどのような事態を結果するかについても、むろん想像しなかったわけではないだろう。愛人だという青年はこの娘との結婚を取り止めることが予想されるし、よしんば彼女への信愛を変えず結婚に踏み切ったとしても、人間はそれほど強いものではないから、青年が、わが子ならぬわが子をみずから愛し、またその子を慈《いつく》しむ妻を心底から受け容れられるものかどうかも危ぶまれる。そして、娘と青年とがよくその煉獄《れんごく》に耐えたとしても、口さがない世間のうわさなどから万一子どもがその出生の秘密を知ってしまったような場合、そこに新たな悲劇の惹起されないという保証はない――

このようにわかは、哀れな娘の胸の裡《うち》を人一倍深く理解し、生んで育てた場合の不幸についても、決して盲目だったのではない。が、しかし彼女は、それにもかかわらずなお、生んで育てよ――と娘に答えた。〈みごもらぬ女〉であり遂に〈生むことのできぬ女〉とされてしまった女の魂の声が、その女の魂の底知れぬ深い嘆きが、どのような者の子であれ生んで育てよ――と絶叫せさしめたのであった。

強姦の子を生んで育てよと言った山田わかの回答は、はたして人間的に正しかったのか否かについては、正直なところわたしは判断を保留するしかない。しかしわたしは、この回答の背後に、身をもって母となることの遂に永久に叶えられぬ彼女の慟哭《どうこく》があり、〈母なる存在〉への無限の憧憬《しょうけい》があったという一事だけは、論理の筋道からはもちろん、性を同じくする者の直覚からも固く信じて疑わぬ者だ。そうしてそれこそが、女流評論家山田わかの〈母性主義思想〉の根柢でもあれば窮極でもあったのだと思うのである——

わかのアメリカ再訪

以上、アメリカより帰国した山田わかが女流評論家として功成り名遂げるまでのプロセスと、その抱いていた母性主義思想の根柢とを明らかにしたわけであるが、しかしわたしには、そのほかにもうひとつ、究明しなくてはならないことがある。そしてそれは、彼女が師父と仰いだ夫＝山田嘉吉にかかわっていると言ったらよいだろうか――

山田わかが評論家としてジャーナリズムに花々しく活躍した背後には、嘉吉の献身的な援助ならびに指導があり、それが嘉吉のわかにたいする愛情であるとともにまた彼の社会学的思想の結論でもあったということは、すでに記したところである。――が、嘉吉はその援助と指導とをなすにあたって、わかにひとつの〈いましめ〉を強いていたらしく、そのことをわたしは、その前身の海外売春婦であったこの女流評論家を考祭する場合、避けて通ることの許されぬ大事な問題だと考えるのだ。

わたしは、かつて市川房枝さんがわかについてしてくれた談話の一部を思い浮かべないではいられない。わかがアメリカで人肉の市にいたことを知っておられるか否かとのわたしの問いに、市川さんは、わかから直接に聞いたことはないけれど平塚らいてうより又聞きしたと答え、それに附け加えて以下のように言われたのだった。――「おわかさん、その、アメリカの苦界《くがい》にいた時分の話をらいてうさんにした時ねえ、『わたしは構わないんだけれど、お父さんが厭がるから、わたしは誰にも話さないのよ。だから、誰にも言わないでね』と念を押したそうですよ。そんなわけだから、おわかさん、滅多な人にはその話したことがないはずで、当時知ってる人は極《ご》く極くわずかでしかないはずだね。」

平塚らいてう亡きあと市川房枝さんの伝えてくださった山田わかのこの言葉は、きわめて重要な意味を含んでいるように思う。「わたしは構わないんだけれど、お父さんが厭がるから――」という表現の下には、一種天真爛漫《らんまん》であったわかにたいして、夫であると同時に指導者でもあった嘉吉より、〈前身を秘めよ〉といういましめの課せられていたらしいことが看て取れる。そして、そう看て取った眼でわかの書いた評論やら随筆やらを読んで行くと、そこには、彼女のシアトル時代に言及した箇所が少からずあるのだが、それらはいずれも、具体性をすべて削り落された抽象的なかたちでしか記述されていないことを発見するのである。

たとえば彼女の第一評論集『恋愛の社会的意義』を覗いてみると、「弱き小羊のやうに、惨忍な人間共の手に翻弄されて居た自分は」とか、「それから何年かの間私は依然として無智の状態を続けて……虫けらのやうに、唯、貴国の片隅を汚して生きて居ました」とかいったふうな記述が散見する。けれども、その「惨忍な人間共の手に翻弄された」ことの具体的な事実——どこでどのような仕事や生活をしどのような事件に出逢ったかというようなことは、何ひとつ明示されていないのだ。

欧米社会でもそうだろうが、日本の社会では、いわゆる〈水商売〉——第三次産業としてのサービス業に属し、人格のひとつのファクターでもある愛敬や性的魅力は言うまでもなく、場合によっては女性の肉体そのものまでも金銭で売る仕事は、他の職業に比べて一段低いものと見られている。そして、同じ〈水商売〉のなかにまた高下の別が意識されていて、飲食物とともに愛敬と性的魅力を売る女性まではさほど軽蔑の眼で見られることはなく、殊に二次大戦後の現代はその傾向が強くなって来たが、肉体そのものを切り売る女性たちに関しては、常識は昔も今もこれを最下段に位置づけ、遇するに最大限の蔑視をもってしているのである。

このいわゆる〈水商売〉にたずさわった女性への蔑視は、さまざまな側面で社会的差別となって立ちあらわれ、たとえば結婚や転職などの際に大きなハンディキャップと見なされる。幸福な結婚生活に入ったのに、かつてキャバレーやトルコ風呂で働いていた事実があきらかとなったというだけで、婚家の態度は硬化し近隣の視線は冷たくなり、ついに居たたまれず婚家を飛び出し、行く宛てのないままに自殺したり水商売に舞いもどったりしたというような例を、これまでにわたしたちはどれほど多く見聞きして来ただろうか。男性優位の社会では、キャバレーやトルコ風呂だのへ出入りして人間の性的魅力や肉体そのものを買うのは女ではなくて男たちなのに、その男たちが、いざ自分やその息子の結婚する相手となると、かつてそのような所にいた女性を蔑視し差別して止まないのだ——

山田嘉吉は、男性優位社会におけるそのような傾向を知っていた。わかよりも十四歳の年長だという事実に加えて有色人種への排撃意識の強いアメリカで生きぬいて来た体験から、彼は、ひとたび水商売に足を踏み入れた女性にたいして社会がどのような態度に出るかを、骨身に沁みて知っていた。そこで彼は、わかにいましめを与え、その前身を固く秘《ひ》匿《とく》させたのであった。

必要あってわかがシアトル時代の生活に文章でふれようとした場合には、嘉吉は、先に引いたような抽象的・概念的な表現においてするように指導し、講演の場合にもおそらくは同じであったと思われる。これにたいし、一方わかはと言えば、嘉吉を限りなく信頼していたから、彼の忠告はすべて受け容れすべて忠実に守ったので、彼女がかつてアメリカにおいて春を鬻《ひさ》いでいた女性であるという事実は、それを打ち明けられた平塚らいてうなど極くわずかしか知る人はなかった。したがって、ジャーナリズムや世間一般の受け取っていたところでは、山田嘉吉・わか夫妻は、アメリカ帰りのエリート夫婦にほかならなかったのである。

欧米崇拝の今より幾層倍も強かった大正期であっただけに、嘉吉・わか夫妻におけるアメリカ帰りという一項は高く評価され、それは、わかを女流評論家として世に送る大きな力のひとつとなった。そして、わかが数少い女流の評論家としての地位をひとたび確立してしまうと、彼女が抽象的な表現で記すそのアメリカ時代の〈どん底〉生活は、エリートである彼女のいわば謙遜の辞と理解されるに至ったのだった。すなわち、嘉吉が〈前身を秘めよ〉と言い、その指導に従ってわかが前身を秘めたおかげで、社会は彼女の女流評論家たることを許したのだと言ったらよいだろうか――

だが、このように眺めて来ながら、ここでわたしの胸裡《きょうり》にわだかまるのは、ほかならぬわかが、〈前身を秘めよ〉といういましめを本当のところどう感じていたのだろうか――という疑問である。すでに繰返し述べたとおり、彼女は嘉吉に師父としての尊敬を持っていたから、彼の言葉は喜んで聞き、ほとんど逆らうことなく従っていたと見えるのだが、その〈本心〉ははたして如何《いかが》であったのか。

わかは、その〈本心〉と見られるものを、文章の上ではかけらほども書いていない。したがってそれをつかむには他の方法に依らざるを得ず、そして今のわたしとしては、とあるひとつのエピソードに頼るほかはないのである。

そのエピソードというのは、山田わかが三十年ぶりにアメリカを訪れたときのことであって、それをわたしは、シアトルへの旅のとき、長くその町に住むというひとりの老婦人より聞いたのだった。が、その聞いたところを記すには、まず、わかのアメリカ再訪について一言ふれて置かなくてはならない——

山田わかがアメリカを再訪したというのは、昭和十二年——一九三七年の晩秋であった。その少し前から、彼女は雑誌「主婦之友」に迎えられてその専属のようなかたちになっていたが、その年、主婦之友社の社長石川武美《たけよし》より、「婦人親善使節としてアメリカへ行き、各地で講演をしてアメリカ婦人との親善を深めるとともに在米同胞を慰問してはもらえまいか」と頼まれ、それを引き受けたのである。

「主婦之友」昭和十二年十二月号より毎号のように掲げられたわかの「主婦之友遣米使節通信」によると、彼女は十月十四日に日本郵船の竜田丸で横浜を出港、太平洋をおよそ二週間で横断して、二十七日の夕方にサンフランシスコに到着した。その若き日に、知らずしてとは言いながら海外売春婦となるべく渡ったその同じ太平洋を、日本において最大の部数を誇る婦人雑誌の栄誉ある代表として渡った彼女の感慨には、けだし無量のものがあったにちがいない。

そして金門湾に到着した当日の夜から、彼女には、打ち合わせ、日本人会の人たちとの会議・会食、アメリカ人婦人団体の代表との会見・懇談などがつづいて多忙をきわめたが、その間、上陸三日目にあたる三十日の夕刻、彼女はサクラメント街九二〇番地を訪ねたという。あらためて記すまでもなく、サンフランシスコのサクラメント街九二〇番地は、あのキャメロン＝ハウスの建っている場所――彼女の人生の決定的な岐路となったところである。「通信第二信」のなかより彼女自身の文章を引くならば――

〈この日の夕刻、以前お世話になつたことのあるミス＝カメロンへ御挨拶しようと思つて、サクラメント街へ行つた。そこは支那人街である。御案内くださつた藤田夫人が、「支那人が何かするかも知れませんから、気をつけてください。私達は皆、この町へは寄りつかないことにしてゐます」との御注意。

生憎《あいにく》、御不在でお目にかかれなかつた。町で逢ふ支那人は私達を睨《にら》みはするが、別に何もしなかつた。〉

中国人をしきりに懸念《けねん》しているのは、その年の七月にいわゆる支那事変――日本側より無理に仕掛けた侵略戦争がはじまっており、中国人の反日感情が激化していたからであることを註記しておくが、しかし、わたしがもっとも留意しなくてはならないと思うのは、わずか数行のこの文章が、実は、山田わかが、サンフランシスコの〈サクラメント街〉と

〈ドナルディナ＝キャメロン女史〉の名を具体的に記した最初にしてしかも最後であった——という一事である。そして、「生憎、御不在でお目にかかれなかった」という一句より察すれば、彼女のキャメロン＝ハウスへの訪問はキャメロン女史との予約のもとになされたものではなかったのであり、そのことはまた、彼女が帰国してよりの三十年のあいだ、彼女とキャメロン女史とのあいだに何ひとつ交信のなかったことを推測せしめる。

おそらくわかは、帰国してよりの三十年のあいだ、〈前身を秘めよ〉といましめる嘉吉の方針に従って、キャメロン女史に自分の消息をただの一度も送らなかったのだ。けれど、そのいましめを与えた嘉吉が亡くなって三年後の今、ほかならぬサンフランシスコへやって来た彼女は、かつての恩義黙《もだ》しがたく、且つは懐旧の思いも手伝って、多忙なスケジュールの合い間を縫ってサクラメント街九二〇番地を訪れたが、キャメロン女史はたまたま他出していて逢うことはできなかったのであった。

この時以後、わかのスケジュールには文字どおり寸暇もなく、彼女はふたたびキャメロン＝ハウスを訪ねることはできなかったわけであるが、もしもこの折キャメロン女史が在館していたとしたら、ふたりはどのような邂逅《かいこう》をしたであろう。一九〇四、五年頃のキャメロン＝ハウス年報にしばしば記されている〈ワカ＝アサバ〉の名を、女史は記憶していただろうか。眼の前に立った地味な和服姿の五十七歳のわかに、二十四、五歳で洋装のよく似合った日本娘〈ワカ＝アサバ〉の面影を、はたして見出すことができただろうか。そして、同じく三十年を取って六十七歳になっていたキャメロン女史は、その昔の〈ワカ＝アサバ〉を確かと思い出すことは困難であったとしても、かつてこのハウスの救助したひとりの東洋娘が、その母国で女流評論家となり、単に机上の仕事のみならず母性保護運動にまで挺身していると知ったら、どんなに喜んでくれたことか――

それは兎に角として、わかはこのキャメロン＝ハウス訪問の翌日より主として在米日本人を対象としての講演活動を開始、サンフランシスコを振り出しに、サンホセ・メアリースビル・サクラメント・ストックトンといったぐあいに南カリフォルニアの都市をおよそ一カ月にわたって巡訪。十二月七日にはワシントンのホワイト＝ハウスで大統領夫人アンナ＝エリノア＝ルーズヴェルトに会見し、ふたたび大陸西岸に取って返して日本人の在住する諸都市の歴訪をつづけた。そうして、故意にか偶然にか最後に講演をする場所となったのが、彼女にとって忘れようにも忘れることのできぬ町――すなわちシアトルだったのであった。

ここに至って、いよいよわたしは、かつてシアトルへの旅において聞いたひとりの老婦人の談話を紹介しなくてはならない。すでに記したごとく、わたしはシアトルでの取材を景山昇さんの案内で果したのだが、その折お目にかからせていただいた幾人もの古老のなかに、七十六歳になる元田清子さんという方がおられた。そしてこの元田さんが、山田わかのシアトルにおける講演を記憶していて、わたしに語ってくださったのである。

＊

——わたしの歳でございますか。いま七十六でして、来年が喜の寿でございます。アメリカへ来ましたのは大正時代の末ですから、山田わか女史がこのシアトルの町で人がうしろ指差すような商売していた頃のことは、なアんも存じません。けど、一九三七年だったか八年だったか、山田女史がこの町へ来て講演されたときのことは、今でも良うくおぼえとります。あの時のことは、四十年たってこの歳になった今でも、決して忘れられません。

一九三七年といいますと、日本が支那と戦争をはじめて、支那に同情したアメリカ人が、日貨排斥、日本の品物は買わないという運動を起こして、わたしら日本人は仕事が減って困るし肩身も狭かった時代です。そんな時代でしたが、わたしら夫婦はまだ二十代で元気でもあったし、メイン＝ストリートと五番街の角に日本風のうどん屋の店を開いて一所懸命に働き、まずまず無事に商売をやっていました。

山崎さん、あなたはお若いからこの頃のことは御存知ありますまいし、まして日本から遠く離れたアメリカの事情など見当もつきますまいが、小さくとも一軒の店を構えるというのは大変なことなのですよ。わたしは山口県の女でしてね、二十歳ばかりで結婚してアメリカへ来て、主人ははじめアラスカで鮭鱒《さけます》捕りの請負い仕事をしましたが、根が丈夫なほうじゃないからとうとう体をこわしてしまって、それでこのシアトルへやって来た。クリーニング屋がいいだろうというのでそれをやりましたが、なかなかうまく行きません。そこでうどん屋に商売替えをして、夫婦して骨身惜まず働いたおかげで、二十七、八歳でどうやら安定したというわけですよ。

わたしらには子どもがおりませんでしたし、淋しさも手伝ってか、本や雑誌を読むのがたいそう好きでした。このシアトルにも日本字の新聞があったし、シスコあたりで出た本が手に入ることもありましたが、何よりも本国のことを知りたいし懐かしいしするから、日本から来る雑誌が一番でした。

そしてわたしは、「主婦之友」を毎月買って喜んで読んでいたのですが、ある月何の気なしにページをめくって行ったら、「山田わか女史が訪米する」と大きな予告が出ています。そうして、講演をやる町の名前がずらっと並べてありましたなかに、わたしらの住むシアトルも入っているじゃございませんか。

山田わか女史の名は「主婦之友」に毎月かならず出てましたたし、その書かれたものは、酸いも甘いも噛みわけた人の言葉のようでしたから、わたしはたいそう尊敬してました。

その山田女史がアメリカの北のはずれの町へ見えるというんだから、わたしは、胸のふくらむ思いでその日の来るのを待ってましたね。――もちろん、その時のわたしは、山田女史がそのむかしこのシアトルにいたなんてことは、毛筋ほども知りませんよ。

ところが、ある日のこと、店へやってきたお客が、うどんを啜《すす》りながら大きな声で、「山田わかか。あんなあばずれ女が、どの面《つら》下げてやって来るつもりなんだ」と大変な剣幕《けんまく》です。そうすると連れの男も、「婦人使節だか何だか知らねえが、講演だなんぞと偉そうなことを。講演の壇の上にあがったら、みんなで弥次《やじ》り倒してやろうぜ――」と相槌《あいづち》を打つのですね。せっかくこのシアトルくんだりまで来てくださる山田女史が、どうして男たちから弥次られなくちゃならないのか、わたしは不審で不審でなりませんでした。

わたしのその不審は、山田女史講演の日の近づいて来るにつれて解けました。五十歳、六十歳という年輩の人に多かったと思いますが、久しぶりに出逢ったりすると挨拶がわりのように山田わか女史の話をして、その話からわたしは、山田女史が三十年か三十五年前にこの町のキング＝ストリートで身を売っていたのだ――ということを知ったのです。男の人のなかには、「ああいう商売をしていながら、そこから抜け出て、よくもまあ、〈女史〉と言われる人にまでなったもんだ、偉いもんだ――」と褒《ほ》める人もいましたが、それはほんの少数でしてね、たいていは「来たら弥次って、立ち往生させてやれ」の組でした。

講演会のあったのは、月日はもう忘れてしまいましたが、何でも寒い時分でした。会場は、ワシントン街とメナード街の境い目にある日本館ホールです。

この日本館ホールと申しますのは、そのむかし、わたしら日本人が集ったりするのに適当な場所がないというので、みんなが金を出し合って、大変な思いをして建てたものです。今はアスター＝ホテルというホテルになっていますが、煉瓦づくりのがっしりした建物で、そのなかに、たいして広いとは言えますまいがホールというのか講堂というのか有りまして、そこで山田女史が話されたわけです。

わたしは、前から待ちかねていたのですし、むかしこの町のキング＝ストリートの女だった人が〈女史〉と呼ばれるようになっているという興味にも惹かれて、当夜、もちろん日本館ホールへ出かけました。会場はそれこそ超満員で、椅子がなく立っている人もずいぶんいたような気がしますねえ。日本人会の会長だの二、三の人の挨拶があって、その時から弥次る言葉が飛んでいましたが、いよいよ山田女史が演壇に立ちますと、そりゃあもう大変です。「いよう、アラビヤお八重」とか「久しぶりだな、お八重さん」とか、なかには、女のわたしには恥ずかしくて口にできないような言葉もまじります。――あの方、キングに出ていた頃の綽名というんですか源氏名というんですか、〈アラビヤ八重さん〉て言ったんですとねえ。

地味ィな着物に眼鏡をかけた山田女史はどこから見ても野暮なつくりで、この人に黄色い声を張り上げていたむかしがあるなんて、わたしにはどうしても考えられませんでした。その山田女史、壇に上ったままひと言も申されず、ずうっと黙っておられます。――と、人間というものはおかしなもので、話すべき人が挨拶も言わないで黙って立っていると、何となく気になって来るものらしく、数分したらさしもの弥次が間遠になり、それからにわかに静かになってしまったのですね。

そうしましたら山田女史、その静かになった一瞬を待っておられたかのように、はじめて口を開かれました。おだやかな口調で、しかし真剣なおももちで最初に言われた言葉を、今でもわたしははっきりとおぼえています。女史はこのように言われたのでした――「わたくしは、皆様の前に立てる女ではございません。しかし、わたくしは生まれ変りました。そうして、地獄から生まれ変って来た女だからこそ、ここに立って、皆様にお話したいことが胸いっぱいにあるのでございます。」

このひと言を聞きますと、会場は水を打ったように静まりかえって、それこそ咳《しわぶき》ひとつ立ちません。男たちも、山田女史のその言葉に圧倒されたのか、さすがに恥を知ったのか、それからはひとつの弥次もさしはさみませんでした。そうして女史は、あとは政治のこと、平和のこと、婦人の役目のことなどを諄々と話して、無事に講演を終えられたのでした――

山田女史は講演の名手だそうで、あのときの講演もお上手だったのでしょうけれど、わたしは、そのなかみはあまり良くおぼえていません。何しろ凄い弥次の嵐《あらし》で、どうなってしまうんだろう――と気をもんでいたのを、最初のひと言で森《しん》とさせてしまったその劇的な印象が、あまりにも強かったからですね。あれが、わたしの山田わか女史を見た最初で最後でございますが、本当に、あの晩のことだけは、いつまで経っても忘れることができません。

ああいう方を見ますというと、人間、どんな不幸な境涯に落ちても、本気で生まれ変わるつもりなら生まれ変わることができるんだと、そう思えて力が湧いて来ますねえ。今のわたしは、主人にも死なれて、子どもはいないからたったひとりですけれど、不幸な人の生まれ変わる手助けが少しでもできれば生きている意味もあると考えて、社会事業や日本人会に奉仕しているんでございますよ――

＊

ひとつのエピソードを紹介するにしてはずいぶんと長い記述になってしまったが、このシアトルでの講演は、山田わかが、〈前身を秘めよ〉という嘉吉のいましめを、嘉吉亡きあとは自分自身にとってさほど重要と思っていなかったらしいことを語っている。嘉吉が生きていたならばまず以て絶対に賛成しなかったシアトル訪問、しかも人知れず訪ねるのではなくて公衆の前に身をさらして講演をするという訪問を引き受けたということ自体が、すでに、彼女が、〈前身を秘めねばならぬ〉とは思っていなかった例証だと言えるであろう。——なぜなら、その前身を隠すつもりの人が、旧知の多いアメリカをわざわざ訪れ、しかもみずからを汚辱に染めた当のシアトルで講演するなどという愚挙をするわけがないからである。

また、更に言うならば、サンフランシスコでキャメロン＝ハウスを訪ねた一事も、彼女が前身を殊更に隠すつもりでなかったことの一証左と見なしてよいかもしれない。キャメロン＝ハウスがどのような性質の施設であるか当時のサンフランシスコ在住の人は周知であり、調べる気ならば、彼女とそことのつながりは、わずかな手間であきらかとなるにちがいないからだ。

そうして、なおもうひとつ附け加えれば、「青鞜」を脱皮して新婦人協会が生まれようとしていた大正中期のある日、その前身を平塚らいてうに打ち明けたときのわかの態度も、やはり彼女が、嘉吉とかならずしも同意見ではなかったことを暗示していたのではなかったか。すなわち彼女は、月見草の乱れ咲く矢作《やはぎ》川の岸辺の宿屋でそれをらいてうに打ち明けた際、「わたしは構わないんだけれど、お父さんが厭がるから——」と言った由だが、これは彼女が嘉吉の意思を尊重したことを物語りこそすれ、彼女自身では〈前身を秘めなければならぬ〉とはかならずしも思っていなかったことを示唆しているのである。

以上に依って見るところ、師父たる山田嘉吉は〈前身を秘めよ〉といういましめに固執したが、わかの〈本心〉は、かつて自分が心ならずも売春婦であったことを恥じてもいなければ、評論家という社会的地位を保持するためにはその事実を隠さねばならぬ——とも思っていなかったのだ。これは、わかの持っていた一種の天真爛漫性——一文の得にもならないのに人を助けたり、困っていれば仇敵にでも手を差し伸べるような性質に由来するものか、それとも、人生見るべきほどの事は見てしまった女性としての円熟の境地から来たものであろうか。その双方が縄のように綯《な》い合わさっていたとしか、わたしは言うべき言葉を知らない——

わたしは、その前身を心に恥じなかった山田わかを、本当に立派であったと思う。しかし、それだからと言って、〈前身を秘めよ〉とわかをいましめた嘉吉を非難することは、わたしにはできないしまた誰もしてはならないであろう。

そして、このように思う反面で、わたしは、次のようにも考えないではいられないのである。——〈前身を秘めよ〉といましめつづけた嘉吉が昭和九年に亡くなったからこそ、わかは昭和十二年にアメリカを再訪することが可能となり、彼女みずからはその若き日の苦界生活を卑屈に恥じていないことを示すことができたのだけれど、また、嘉吉が先立ってしまったまさにその故に、昭和十年代のわかの評論家としての歩みに乱れが生じて来たのではなかったか、と。

周知のとおり昭和十年代は、わかがアメリカを再訪した昭和十二年に起こったいわゆる支那事変で日中戦争が本格化し、四年後の昭和十六年には太平洋戦争に突入、戦争遂行のため、軍需物資の生産とともに〈人的資源の生産〉が強く叫ばれた時期である。日本国家は「生めよ、殖やせよ、強く育てよ」というスローガンをかかげて人的資源の再生産政策を推進したが、このとき山田わかの母性尊重主義の思想は、巧みにその戦力再生産政策に収斂《しゅうれん》されてしまったのだった。つまり、わか自身は母性尊重の運動をしていたつもりなのに、その運動は、客観的には侵略戦争に協力する結果となってしまっており、そのことが、敗戦ののち、彼女の女流評論家として花々しく活躍するさまたげとなり、逼塞《ひっそく》状態を余儀なくさせる結果を生んだのであった。

しかし、この昭和十年代にも山田嘉吉が生きていたらどうであったか。彼は、〈前身を秘めよ〉といういましめを依然としてわかに遵守させただろうが、一方、わかの母性尊重を日本ファシズムの「生めよ、殖やせよ、強く育てよ」政策の口に呑みこませるようなことは、決してさせなかったにちがいない。若くしてアメリカへ渡り、苦学のうちにアメリカ民主主義の思想の基本を身に着けた嘉吉が、あの理不尽な日本ファシズムの戦争政策を認め、それに協力したとは到底考えられないからである。

このように考えると、昭和九年という時点における嘉吉の死は、その前身を敢えて秘めようとしないわかの壮烈にして天真爛漫な生き方を眼に見えるものとしたと同時に、昭和十年代の彼女の歩みを心もとなくさせたとも言わなくてはならない。〈前身を秘めよ〉といましめた嘉吉は、やはり、わかには無くてはならない半身だったのであった——

娼婦更生保護の仕事へ

春を先駆ける黄色あざやかな連翹《れんぎょう》の花はすでに散り、どこからとも知れずただよって来た沈丁花《じんちょうげ》の芳香も遠のいた一日、わたしは、地図を片手に、東京都渋谷区の西北部を歩いていた。目ざすのは、旧渋谷区幡ヶ谷原町八七〇番地——すなわち山田わかが昭和十四年に幡ヶ谷母子寮と幡ヶ谷保育園とを作ったその場所である。

東京と八王子のあいだを走っているので京王線と呼ばれている私鉄電車を、起点の新宿駅より二つめの幡ヶ谷駅で降りたわたしは、甲州街道沿いを訊ね歩いた。徳富蘆花が現在の蘆花公園駅近くで彼の言う「美的百姓」の生活を送っていた大正中期までは、通るものといっては徒歩の旅人と農民たちの肥車《こえぐるま》だけだった甲州街道は、今では幅数十メートルの大道と変り、しかもその路上に支柱を林立させて頭上に高速道路を走らせている。そしてその両側は高層のビルディングばかりだったけれど、足を一歩奥へ踏み入れると、そこには小さな家が軒をつらね、庶民の哀歓の交錯しているような雰囲気の町がひろがっているのだった。

旧渋谷区の地図を入手できず今日のそれしか持っていないわたしには、旧幡ヶ谷原町八七〇番地を訪ね当てるのは、決して容易なことではなかった。しかし、空は晴れ風もうららかな日でもあり、着ていては汗ばむほどなので脱いだコートを小脇にかかえ、めざす場所へ少しずつ近づいて行く気分は、気ままな散歩に似ていたと言っても過言でない。第二次世界大戦の空襲で焼けたこのあたりの家は、古いといっても戦後に建てられたものでしかないのだが、わたしは、そうした家のもっとも古そうなのを見つけては訊ねに訊ね、その甲斐あって、真上にあった太陽が幾分西に傾きはじめた頃、ついに目的の場所に着くことができたのである。

昭和三、四十年代の町名地番変更政策によって渋谷区幡ヶ谷町三丁目四番となっているその場所は、かつて東京都の上水道を地下に埋めて作られたためにそう呼ばれる水道道路の北側に位置していた。水道道路より四、五メートル低地となっているその場所は、六一一坪の広さがあるのだというが、見ればその東半分には鉄筋コンクリートの建物が建っており、その玄関には〈幡ヶ谷第二保育園〉の門標がかかげられている。そうしてその土地の西半分――保育園園舎の背後にあたるところには、継ぎ足し継ぎ足しして作ったとおぼしい木造モルタル二階建の建物が、複雑な〈コ〉の字型で建っており、その入口には、有るか無きかに〈幡ヶ谷女子学園〉の文字が記されてあるのだった。

この幡ヶ谷第二保育園と幡ヶ谷女子学園とが、かつて山田わかの作った保育所と母子寮の今日の姿なのであり、読者は、それを見たい一心からわたしがこの土地を訪ねたのだ――と思われるにちがいない。たしかに、そういう意味がなかったとは言えないだろう。だが、わたしがこの土地をどうしても訪ねなくてはならないと考え、そしていま実際にこの場所に立った最大の理由は、敗戦後のわかの主力をそそいだ仕事が、〈幡ヶ谷女子学園〉――売春婦の更生保護を目的とした施設の設立と経営だったからである。

その若き日に不幸にも売春婦であったひとりの女性が、努力の末に評論家となって母性保護の運動に加わったのみならず、晩年に至って、ほかでもない売春婦の更生事業に身を挺すとは！　ようやく探し当てた幡ヶ谷女子学園の周辺には、にぎやかな商店街があるかと思えば篠林《しのばやし》の鬱蒼《うっそう》と茂る行き止まりの小径もあったが、それらをそぞろ歩きながら、わたしは、この学園の輪郭《りんかく》とそれにかかわった晩年のわかの姿を思い浮かべないではいられなかった――

第一部に記したような次第で、山田わかの養孫にあたられる山田弥平治さん――幡ヶ谷女子学園の責任者でもあれば幡ヶ谷第二保育園の園長でもある方より協力を一切得られないため、わたしは、わずかに入手した資料より垣間見るほかないのだが、わかが売春婦更生保護の事業に手を着けたのは、昭和二十一年のことであった。

前年の五月二十五日より二十六日にかけてのアメリカ軍の空襲によって、わかが廃品回収業までして建てた母子寮と保育園とは共に焼失。それからおよそ三箇月後の八月に日本の敗北で戦争が終ると、わかはしばし茫然自失したものの、やがて気を取り直して母子寮と保育園の再建に取り組みはじめた。以前の経験に学んで廃品回収による資金調達も考えたらしいが、生活物資の極度に欠乏していた時期ではあり、廃品として出すようなものはどの家庭にもなく、加えて凄まじいインフレーションだったので、そのような方法ではとても資金をつくることなどできなかった。そこでわかは、幡ヶ谷母子寮・保育園の設立主体としての母を護るの会代表として厚生省に補助金の交付を要請、幸いに聞き容れられて五十万円の補助金を受けることとなったのである。

このままで何事もなかったならば、おそらく幡ヶ谷母子寮と保育園とは再建され、わかの社会福祉的な事業は母子保護に始終することとなったにちがいない。——ところが、厚生省よりの補助金交付の決まったのとほとんど同時に、彼女は、母子寮・保育園の再建計画を売春婦更生施設の設立に変更したのだった。

あらためて詳述するまでもなく、敗戦後の日本社会には、それまでの如何なる時代にもなかったほどの多数の売春婦が生まれてきた。戦前の日本は公娼制度を認めていたから、全国の主要都市にはいわゆる遊廓が設けられており、相当数の娼婦が公然と春を鬻《ひさ》いでいたのだが、敗戦による世相の混乱とアメリカ軍を主力とする日本占領軍の駐留とは、街角に立つ私娼を一挙に増加させたのである。

東京都民生局の出した『東京都の婦人保護』（昭和四十八年）という書物があって、国家そのものではないにせよその手足としての地方自治体の作成になるものだから公的記録と見なしてさしつかえないと思うのだが、これによるなら、敗戦日本の売春の増加は日本の国家政策によるものであるということだ。すなわち、敗戦一週間目にあたる八月二十一日、東京永田町の首相官邸で緊急閣議が開かれたが、その議題は「日本に進駐して来る連合軍将兵の性的慰安問題について」であり、この閣議の決定を受けて内務省警保局長はほとんど即日、次のような秘密通達を全国の警察署長に宛てて発したのだった。――「警察署長ハ左ノ営業ニツイテ、積極的ニ指導ヲ行ヒ、設備ノ急速充実ヲハカルモノトス。／性的慰安施設、飲食施設、娯楽場（カフェー、ダンスホール）等、営業ニ必要ナル婦女子ハ、芸妓、公娼妓、女給、酌婦、常習的密淫犯者ヲモツテ、優先的ニコレヲ充足スルモノトス。」

この秘密通達を知らされた全国の売春業者は、警視庁の指導のもとに大蔵省より三三〇〇万円を借りて国際親善協会なるものを設立、各所に「新日本女性を求む」の大看板を出して占領軍用の売春婦を募集した。すべての日本人が生活に窮迫していた時期だけに、他では得られぬ「高給」に「宿舎、衣服から食糧まで支給」するという条件に釣られて、おびただしい数の若い女性が占領軍の将兵相手の売春婦となったのである。

かくして国家売春政策は着々と推進されて行ったのだが、翌昭和二十一年の一月になって、国家と売春業者にとっては青天の霹靂《へきれき》とでも言わなければならぬ事態が起こった。略称GHQ——連合軍総司令部が、「公娼制度廃止に関する覚書《おぼえがき》」を日本政府に手渡したのである。その「覚書」の内容は、「日本の公娼存続は民主主義の理想に違背するから、日本政府は、ただちに従来公娼を許して来た一切の法律および命令を廃棄し、その諸法令の下に売春を業務として結んだ一切の契約を放棄せしめよ」というのだ。

敗戦国家にとっては占領軍の最高司令部からの命令は至上であり、したがって日本政府は、わずか半年前にみずから命じてつくらせた国際親善協会をも含む公娼制度のすべてを廃止しなくてはならなかった。このとき政府が実際に採ったのは、公娼はなくすけれどいわゆる特殊飲食街は残すという方法——〈公娼〉の名だけ無くして〈私娼の集合地域〉を作るというやり方であって、これは公娼制度の根絶では断じてなかったと言わなくてはならない。しかし、それでもなお、政府の政策転換は売春業者にとっては痛棒であり、業者の手をはなれた売春婦たちは、いきおい占領軍の基地周辺や繁華な街角へ進出するようになったのだった。——当時の流行語で〈夜の女〉とも呼ばれれば、また〈パンパン＝ガール〉とも呼ばれた女性たちの簇生《そうせい》である。

山田わかが母子寮・保育園の再建計画を売春婦更生施設の設立に変更した背景には以上のような状況があったのだが、しかし彼女がどうして急遽計画を変えたのか、残念ながらわたしには詳しいことはわからない。

前記『東京都の婦人保護』には、母子寮の再建を図っていたわかが、「当時は浮浪児と売春婦が大きな社会問題として放置できない状態となっていたため、各方面からの要請もあって……年少女子の保護」にあたる施設をつくったと記されている。「各方面からの要請」があったというのは、おそらくそのとおりであったろう。しかし、そうした要請に応えてという以上に、そこには山田わかの切実な心情とそれに根ざした使命感が大きく関与していたのではなかったか。

東京といわず大阪といわず少し大きな町であれば、昼間からアメリカ兵の腕を取る口紅の濃い女性たちの姿があり、灯ともし頃より後となれば、繁華な街の角々に客を待ってたむろする女たちの群が見られる。外出のたびにこのような女性たちの姿を眼にしたわかの胸に、その若き日、シアトルの娼館内に囚われていた頃の思い出に照らして、するどい痛みの走らなかったはずはない。そうして彼女は、われとわが身を切り売って生きるほかない〈売春婦〉というものの悲惨さを知悉《ちしつ》しているまさにその故に、彼女たちに手を差し伸べるのは自分の使命であると考え、すでに決定していた母子寮と保育園の再建計画を捨てて、売春婦更生施設の設立に邁進《まいしん》しないではいられなかったのだ――

このようにして山田わかが設立した売春婦更生施設の名は〈幡ヶ谷女子学園〉で、開園は昭和二十二年四月。同じ頃に設立された同様な施設が、たとえば婦人厚生寮（仙台市）、睦寮（横浜市）、白菊寮（川崎市）、草薙寮（名古屋市）、洛北婦人寮（京都市）、西成寮（大阪市）などといったようにその名に〈寮〉の字しか帯していなかったのに、わかの作ったそれだけが〈学園〉の文字を持っているのは、そこに彼女の売春婦更生観が表わされていると見なくてはならぬであろう。〈寮〉の文字は単に〈寄宿所〉の意味であり、したがってこの文字を附した施設は〈売春婦の厚生宿舎〉の意味しか持たないけれど、〈学園〉は〈学びの園〉であって、〈売春婦が更生のために学ぶ花園〉という意味だからである。

当初建てられた幡ヶ谷女子学園の園舎は、木造瓦《かわら》葺《ぶ》き九十七坪の平家建で、事務室や職員室を除いて居室五部屋と作業室一部屋とから成っていた。そうして代表者としてのわかの下、園長には彼女の実妹の加藤ヒサ、主事には養子の山田民郎があたり、他のふたりの指導員とともに収容された娘たちの更生に尽したのである。娘たちが夜の巷《ちまた》へ堕《お》ちた窮極の原因は経済力のないことにあるという考えから、職業的自立をめざす生活教育と技術教育に重きを置いて、洋裁・編物・刺繡などを教え、技術的に一定水準に達した上精神的にも安定して来た女性は、外部に就職させて学園から通わせるようにしたのだった。

敗戦直後のことだからあらゆる生活物資が欠乏しており、わかたちは、日々の食糧の確保に悪戦苦闘しなくてはならなかった。空いている敷地を耕して馬鈴薯《ばれいしょ》や南瓜《かぼちゃ》を作り、園長をはじめ職員総出で郊外の農村へ米や薩摩芋の買出しに行き、それらで辛うじて空腹をまぎらわすといったような有様である。当然、衣服についても同様であったと言わなくてはならない。

こうした状況において、わかたちは使命感に燃えて仕事にはげんだが、しかし、初期にあってはかならずしも好い成績は得られなかった。——というのは、質素というよりは困窮に近い学園の生活をあとにして一歩外へ出れば、闇市には物資があふれ、金さえあればいくらでもそれらを手に入れることが可能だった。そして、ひとたび売春生活に陥った女性のなかには貞操感の乏しい人たちも多く、それに加えて敗戦に起因するペシミズムが社会全体に色濃く流れていたその反映もあって、学園に入所はしたものの、物質的に豊かな生活に惹《ひ》かれると、無断で逃げ出してふたたび街頭に立つ生活に戻ってしまう例が少くなかったからである。

たとえば、東京都民生局からは毎年「民生局年報」というものが出されているが、その昭和二十四年版によるならば、幡ヶ谷女子学園の昭和二十三年度——つまり創設二年目における入園者は総計九十二名であり、その年齢・学歴・家庭の状況などはかかげる表のと

入寮者		92名
転落の動機	生活苦	19
	家庭不和	24
	好奇心	—
	誘惑心	4
	強姦	3
	浮浪性	30
	その他	12
前職	無職	70
	芸妓	1
	女給	3
	ダンサー	—
	進駐軍雇人	1
	タイピスト	—
	事務員	2
	女工	3
	女中	9
	商業従事	2
	農業従事	—
	その他	1
学歴	専門卒	2
	高女卒	17
	高女中退	8
	小学卒	54
	小学中退	6
	未就学	5
	その他	—
年齢	18歳まで	46
	19〜20	14
	21〜25	24
	26〜30	6
	31歳以上	2
家庭の状況	両親あり	24
	両親なし	40
	養父母	3
	継父母	9
	父のみ	12
	母のみ	4

退寮者		65名
更生	帰宅	14
	就職	6
	結婚	1
非更生	逃亡	38
	移管	5
	入院	—
	死亡	1

（『東京都民生局年報』昭和24年版）

おりであった。そしてこの九十二名のうち、退園した者六十五名、在園する者二十七名と記録されているのだが、その退園者の詳細は以下のとおりだったのである。——まず〈更生退園〉した者が二十一名で、その内訳は帰宅十四・就職六・結婚一となっており、これにたいして〈中途退園〉は四十四名、内訳は逃亡三十八に移管五、それに加えて死亡一。〈更生〉の実を挙げて退園した女性二十一名にたいするに、無断で〈逃亡〉しおそらくは夜の街角に舞い戻ってしまった女性たちの数は、その二倍近い三十八名にものぼっているのだ。しかも逃亡する女性たちの多くが、行きがけの駄賃とばかり、学園のミシンや編物機、職員や同室者その他の衣類や持物を攫《さら》って行くのだったという――

だが、このような惨憺たる成績であっても、わかは決して諦めたり仕事を投げ出したりはしなかった。彼女は、みずからの過去の体験に照らして、労多くしてかならずしも報われない〈更生〉の道を避け、眼前の奢侈《しゃし》に惹かれて〈逃亡〉を選んでしまう女性たちの気持をも理解し、彼女等を許していたからである。そして、彼女が仕事をねばり強くつづけたその結果として、やがては逃亡が少くなり、みごとに生まれ変った女性たちが数多く巣立つようになるのである。

そのみごとに更生した女性の一例を、全国婦人福祉施設連合会が昭和二十九年に出した『婦人福祉事業要覧』から拾い上げてみるとしようか。この小冊子には、全国各地の売春婦更生施設の概要のほか「更生した実例」として十数例の報告が載っているのだが、そのひとつとして幡ヶ谷女子学園の野田稲子なる仮名の女性の足跡が記録されているのである。「過去を忘れて楽しい家庭の建設へ」と題されたその全文を、いま、ここに紹介してみるならば――

〈生年月日・昭和七年十月四日生
本籍地・茨城県鹿島郡鉾田町

前居住地・同右
入園経路及その年月・中央児童相談所　昭和二十四年六月十日
本人の身心状況・健康状態＝良好　智能程度＝普通智　性格＝準放逸不定性
生い立ち及び経過・昭和七年東京で生れ、その後昭和十九年本籍地に疎開するまではなんの変化もなかったが、疎開後生活に困難を来たしてから家庭内に風波のたえることなく、そのため二人の姉は家出し、本人も間もなく両姉の後をおって昭和二十三年五月に家出上京、上野附近で徘徊《はいかい》中女親分にひろわれ、始めはパン売りをさせられ、そのうち売春を強要させられるようになった。そのうち狩りこまれてA施設へ送られたが早速逃亡、上野へ逆戻り、また警察に検挙され病院へ入院、そこを逃亡後再度狩り込まれて中央児童相談所へ入所した時は十六歳であった。二十四年六月から当学園へ送られて来た時はハンカチ一つ持っていなかった。
　寮内で造花等の手内職をしていたが、そのうちN工場の工員として通勤するようになった。その間心の動揺を示したことも時々見うけられた。生来の強気者で人の云うことには一々反抗した。時にはあまりにものすごく周囲の者も手を引かざるを得なかった。そうした時、長時間をついやして説きさとした結果、泣いて手を握り合ったこともあった。はれものにさわるように様子を見ながら三年有余を過したが、かつては「ノガミのお稲」と云われた彼女もだんだんと落ち着きを見せ、ついには下着の一枚も縫うことを覚えようとするようになった。二十六年同工場の男工員に見込まれその男より学園に対して正式に結婚の申し込みがあり、二十七年十月の吉日をえらんで学園の職員が親がわりとなって明治神宮の御神前で結婚式をあげた時はなかなか美しい花嫁であった。

一年間の婚約中挙式の準備を怠りなくしていたので寝具は一人前であったが、お婿さんの枕、寝巻を調え、小さいながら箪笥《たんす》鏡台等も揃え、寮生一同の寸志の結集で世帯道具の一部を送りなどしたため、荷物はオート三輪車に一ぱいになった。中央児童相談所でも開所以来初の花嫁と、職員一同非常に喜ばれお祝品とともにその前途を祝福された。新居もS町に月賦で住宅をたて夫婦共かせぎのたのしい生活をおくっている。〉

幡ヶ谷女子学園がこのような女性を多数生み出すようになったということは、取りもなおさず、山田わかの勝利を示すものだとしなくてはならないだろう。そして、それからもなお彼女はこの学園を守《も》り育てること——すなわち売春婦更生の事業に心を砕いたが、昭和三十二年の九月六日早朝、心筋梗塞《こうそく》のため四谷南伊賀町の自宅で急逝したのである。——明治十二年の生まれだから、その、この世に享けた歳は、七十に余ること八であった。

わかは日頃から、親しい人たちに、「わたしの葬式は、花輪を麗々《れいれい》しくならべ立てたりしないで、極く簡素にやってもらいたい」と告げていたという。その遺志を尊重して、九月八日、自宅においておこなわれた葬儀はきわめて質素であった。
当時の新聞の伝えるところでは、この質素な葬儀には、「故人の古い同志」たち——平塚らいてう・市川房枝・山高しげり・竹内茂代・徳永恕などといった人たちが並んでいたという。わかと同じく今は著名人となったかつての仲間たちの列席を、彼岸の彼女はどんなにか嬉しく思ったことだろう。また、世間的にこの人たちほど有名ではないけれど、さまざまな社会事業に専念して来た多くの人びとの参列もあり、それも彼女はどれほど有難く感じたか知れないと思う。けれど、彼女がもっとも心に満足した参加者は、現実にそういう人があったか無かったかは無論あきらかでないのだが、彼女がその手で育ててきたいくつかの施設——幡ヶ谷母子寮・幡ヶ谷保育園および幡ヶ谷女子学園の出身者であったにちがいない。彼女の生涯をここまで追ってきたわたしには、何としてもそうとしか考えることはできないのである——

にぎやかな商店街があるかと思えば篠林の鬱蒼と茂る行き止まりの小径もある町をそぞろ歩きつつ、幡ヶ谷女子学園とそれに晩年の情熱をそそぎ尽した山田わかを思い浮かべていたわたしだったが、ふと気がつくと、何時《いつ》とも知れず、ふたたび学園の入口の前に出ていた。その向こうにはわかの売春婦更生事業に関する多大の資料があるだろうのに、わたしには入ることの許されない入口である。

有るか無きかに〈幡ヶ谷女子学園〉の文字を記したその入口を眺めながら、わたしは、数カ月前に訪ねたサンフランシスコのキャメロン＝ハウスをしきりに思った。それからまた、山田わかがそのキャメロン＝ハウスにいた時期に出逢い、ついに生涯の伴侶となったひとりの男性——山田嘉吉のことを思わずにはいられなかった。

アメリカ時代のわかと嘉吉

　すでに幾たびも述べたとおり、遠くアメリカに流浪して売春生活になずんでいたわかの生まれ変わることのできたのは、キャメロン＝ハウスという〈愛の家〉のあったおかげであった。その〈愛の家〉の保護と薫陶《くんとう》を受けた女性であったからこそ、彼女は、その最後の仕事として売春婦更生施設の創設と経営を選んだのである。そしてこのことは、わかの終生の思想となった〈母性尊重思想〉に立ちもどって言うならば、〈娼婦〉すなわち〈生めない女〉をこの地上からひとりでも無くそうという悲願の発露であり、そのための運動であって、つまりは幡ヶ谷母子寮や保育園で実践された彼女の〈母性保護運動〉の最後の帰結であるとしなくてはならないのだ。

売春婦更生施設としての幡ヶ谷女子学園の仕事が、山田わかという数奇《さっき》な運命を生きた女性のいわば〈ライフ＝ワーク〉にほかならぬだけに、わたしは、この学園を出た女性たちがそののち幸福になったと信じたい。だが、わかの例を見てもわかるとおり、ひとたび暗黒の世界に足を踏み入れた女性が本当に立ち直るには、その身を〈社会的〉に救済してくれる施設とともに、その〈人間〉としての側面への副木《そえぎ》として、山田嘉吉のような〈男性〉の必要なことも事実なのだ。そして、幡ヶ谷女子学園にその身を置いた女性たちの幾人がそのような男性とめぐり逢えたかと問えば、この階級社会にはそうした男性はそれこそ暁天の星であって、確かなデータは持たぬけれど、おそらくはその大半が、ついにその星に出逢えなかっただろうと言うほかはないのである――

母国を遠くはなれてアメリカの最果《さいは》ての町シアトルの娼館街に沈みながら、そこで立井信三郎という男性と知り合い、その導きでサンフランシスコに逃げたおかげでキャメロン＝ハウスへ駆けこむことができ、そこへ駆けこんだまさにその故に山田嘉吉と出逢うことのできた山田わかは、たしかに、幸運な上にも幸運の星に恵まれていたのであろう。しかし、彼女がこの社会における最底辺に位置する〈売春婦〉という境涯から、選ばれたわずかな人のみに許される〈女流評論家〉という椅子にまで着けたのは、ひとえにそういう幸運の星に恵まれていたからだとしてしまう考えには、わたしは絶対に与《くみ》するわけに行かない。彼女がその稀有《けう》な人生を貫きとおした背後には、そのたまたま恵まれた幸運を生かすべくつとめた彼女の凄まじいばかりの〈意思〉と〈努力〉があったのであり、そしてその意思と努力こそが彼女に栄光をもたらした根源のモメントであったと信ずるからである。

わたしは、前に引いた彼女の嘉吉へのデジケートの言葉——処女評論集『恋愛の社会的意義』出版にあたってその扉に彼女が書きつけた言葉を、再度思い出さないではいられない。「文明生活に無くてならぬ文字を殆んど其の最初から彼は私に教へました」と記し、「以来約二十年一日の如く彼は私の蒙を啓《ひら》く事につとめて参りました」と綴る彼女の正直な告白は、なるほど嘉吉への感謝であり彼の偉大さを讃美するものであるが、しかしわたしの眼には、その背後に、わかのそれこそ血のにじむような意思と努力のあることが見えるのだ。

いかに優しくていかに理解のある夫に恵まれようとも、アメリカ人を相手の娼婦〈アラビヤお八重〉だった位置から女流評論家になるためには、彼女自身の〈意思〉と〈努力〉と〈忍耐〉とが不可欠であった。元来が貧しい半農半漁の村の小学校へ四年間通っただけの学力しか持たず、数年ののちにはアメリカへ流れ出て荒廃の生活に入り、日本語すら半ば忘れてしまっていたような状態から学習をはじめ、しかも歳はといえば間もなく三十になろうとしていたのだから、その困難と焦燥は言語に絶したと思われる。彼女は、幾百回、学習はもちろん夫をも自分をも投げ出してしまいたい衝動に駆られたことか。だが彼女は、そうした衝動に走って安易な道に就くことなく、〈努力〉し〈忍耐〉して遂にみずからの〈意思〉を貫徹したのである。

すなわち彼女は勝ったのだが、しかし、それでは何に勝ったのかと言えば、それは自分に打ち克《か》ったのだと言わなくてはならないだろう。そして〈自己〉に完全に打ち克ったからこそ、かつて娼婦アラビヤお八重としてわれとわが身を金銭に換えていた当の町の会堂で、いささかも前歴を恥ずることなく、人びとの前に堂々と立つこともできたのであった。

女流評論家としての山田わかは、十冊ほどの著書と二冊の訳書のほか、「東京朝日新聞」の「女性相談」欄の回答者として多くの悩める女性たちを励ますという仕事をし、また実際活動として母性保護運動とその思想的帰結としての幡ヶ谷女子学園をこの世に残した。しかしわたしは、彼女の残したこれらのいずれよりも、彼女の人生の歩みそのものの方に幾十倍も価値があると信ずる者だ。彼女の生涯は、人生のどん底にあって呻吟《しんぎん》しているすべての女性に、また人眼《ひとめ》には幸福そうに見えても実は人生の壁に行きあたって苦悩しているすべての人に、まず、頭《こうべ》を上げてみずからとたたかえと教え、みずからと果敢にたたかう人には、かならずや山田嘉吉のような助力者が現われるであろうことを示唆してくれる。そして、彼女の生涯がこのようなものであるからこそ、わたしは、御遺族のお気持を心に重く抱きながらも、彼女の数奇にして偉大なる生涯を白日の下に出さなくてはならなかったのである。

たけなわと言うにはまだ少し早い春の日はすでに春き、心なしかうすら寒《うすず》くなってきたので、わたしはかかえていたコートを羽織り、なお幡ヶ谷女子学園のある町をそぞろ歩いた。世界にも類例のない人生を歩んだ人の生涯を総括する仕事がこの庶民的な町でいとなまれていたのだ。そう思うと、胸にこみ上げて来る熱いものがあって、わたしは、その、にぎやかな商店街があるかと思えば篠林の鬱蒼と茂る小径もあるその町を、いつまでもいつまでも立ち去ることができなかったのであった――

あとがき

大正・昭和前期に活躍した女流評論家の山田わかを評伝したこの一冊に『あめゆきさんの歌』という書名をあたえましたが、大方の人が、はて、聞きなれない言葉だな――と思われるにちがいありません。東北地方には〈あめゆき〉という言葉があって、それは春先の水分を多く含んだ雪、漢字で書けば〈雨雪〉であって、これが降って来ると幼ない子どもたちは〈あめゆきさん〉と呼びかけるそうですが、この書物でわたしの使ったのはその意味ではありません。そうではなくて、わたしの新しく作った言葉で、〈アメリカへ行った日本女性〉または〈アメリカの暗黒街へ身を沈めた日本女性〉といった意味を持たせたのです。

かつて日本から中国大陸や東南アジアへ流れ出て行ったいわゆる海外売春婦は、日本における中国の古称〈唐《から》〉にちなみ、〈唐へ行った女性〉という意味で〈からゆきさん〉と呼ばれていました。この造語法に従って、〈アメリカへ行った日本女性〉という内包で〈アメ行きさん〉なる言葉を作りましたが、漢字に両仮名まじりではいかにも坐りが悪いので、見た眼にやわらかな平仮名綴りで〈あめゆきさん〉としたわけです。そして、山田わかの評伝の書名にこの〈あめゆきさん〉の文字を冠したのは、本文を読んでくだされればわかるとおり、彼女がその若き日に正《まさ》しく〈あめゆきさん〉のひとりであったからでした。

この『あめゆきさんの歌』の完成で、わたしは、海外売春婦について三冊の書物を書き上げたことになります。すなわち、『サンダカン八番娼館』（昭和四十七年）と『サンダカンの墓』（昭和四十九年）および本書で、わたしとしては三部作のつもりです。

省みますとわたしは、この三作を、およそ予想しなかった幸運に導かれて取材し且つ執筆することができました。知人たちの羨んでくれるその幸運ぶりについては、それぞれの篇に虚飾なく書き記してありますので、詳しくはそれに就いていただくよりありませんが、わたしとしては、それらの幸運はわたし個人のものではないと考えています。

社会的に長く抑圧されつづけてきた女性という特殊な階層には、その歴史に正当に組みこまれなければならないのにこれまで無視されていた幾多の哀史があるのですが、わたしの取材がスムーズに行ったのは、実は、それら無視されて埋れた歴史事実が、代弁者を必要としており、その近くまで歩いて行ったわたしをとらえたからだと思うのです。その意味でわたしを導いてくれた幸運は、わたしという人間が特別な星の下に生まれたからでもなければ人なみすぐれた才能に恵まれているから手にすることができたのでもなく、代弁者を真に必要としている女性史事実に近づこうとする人には、およそ誰にでも公平にあたえられるものだと信じて疑いません。

しかしながら、無視されて埋もれた女性史事実を掘り起こし、苛酷な人生を送った女性たちの声の代弁者となるということは、他方に、そのことによって迷惑を蒙る人を生み出すおそれなしとしません。そして、この『あめゆきさんの歌』に限って言いますと、被伝者が社会的に著名な方であるだけにそのおそれも大きく、かと言って他の場合と違い彼女の実名を伏せるわけにもゆかず、結局、第一部に記したとおり、御遺族――養孫＝山田弥平治さんの賛意を得られぬままに筆を進めなくてはなりませんでした。

御遺族の賛意を得られなかったことは、国内・国外の取材活動中はもちろん執筆中もわたしの心を重くしつづけ、二年余りかかってようやく脱稿に漕ぎつけた昨秋、とうとう極点に達しました。わたしの眼前には明けても暮れても山田わかの姿が立っており、わたしとしては、底辺女性史を綴ることの意味を自身に問いつづけないではいられないのです。すなわち、わたしはノイローゼ状態に陥ってしまったわけで、数ヵ月間は肉体的にも精神的にも惨憺たるありさまでした。

新しい年を迎えた頃からどうやら立ちなおり、この本の出版にもようやく心を踏切り、挿入する写真類を求め、非難を覚悟の上で神奈川県横須賀市久里浜の浅葉家――山田わかの実家を訪ねました。ところがそこで、意外にも、山田弥平治さんの諒解のもとに、浅葉家に保存されていた山田嘉吉・わか夫妻のアメリカ時代の写真一葉を貸していただくことができたのです。

参議院議員会館の市川房枝さんの部屋で弥平治さんにお逢いしてから三年が経っており、その間に弥平治さんの胸中がどのように変ったのか、わたしには知るべくもありません。けれどわたしには、この三年の歳月を山田嘉吉・わか夫妻の遺族としての立場で悩みぬかれた弥平治さんが、窮極・底辺女性史に寄せるわたしの真心を認めてくださり、それだからこそ写真借用について寛大な態度を取ってくださったのだ――と思えてならないのです。山田弥平治さんおよびその他の御遺族の方々にたいして、今はただ、ひたすら感謝のほかはありません――

それから、終りに附け加えますと、この書物の場合にもまた実に多くの方よりお力添えを受けました。聞書きを取らせていただいた方は本文に記したとおりですが、そのほか山高しげりさんからは母性保護運動時代のわかについてお教えを、かつて「週刊朝日」の名編集長であった扇谷正造氏よりは、「強姦の子、生んで育てよ」の章に用いた資料を教示していただきました。更に元文部大臣の松田竹千代、茅原華山の令孫であられる茅原健、日本社会事業大学教授の五味百合子氏に加えて、近藤幸江・渡辺敏一・後藤襄・竹内実氏にもお世話になりました。ここに、厚くお礼を申し上げる次第です。

なお、悲しい思いのいたしますのは、前記した山高しげりさんが昨年亡くなられたのと、本書執筆のそもそもの端緒を作ってくださったサンフランシスコの「北米毎日新聞」社長の清水巖氏が、わたしのアメリカ取材旅行より帰国していくばくもなく幽冥裡の人となられたことです。この小著を見ていただけないのを残念に思いつつ、衷心より哀悼の意を表して、あとがきを結ぶことにいたします――

一九七八年三月十日

山崎朋子

文春文庫版のためのあとがき

『あめゆきさんの歌』と題する山田わかの伝記を世に送ってから三年あまりの歳月が経ちました。その反響は、前著『サンダカン八番娼館』ほどではなかったけれど、しかし、やはりわたしの思い及ばないものであったと言わなくてはなりません。

そのひとつに、出版の翌春に行われたテレビ＝ドラマ化があります。プロダクション・テレビマン＝ユニオンの製作で、新藤兼人氏の脚本、今野勉氏の演出による二時間半のいわゆる長時間ドラマですが、三週間のアメリカ＝ロケーションのおかげで、日本国内はもとより、サンフランシスコやシアトルの新聞・雑誌にも大きく取り上げられ、話題を呼びました。

このテレビ＝ロケーションには、アメリカ取材でお世話になった在留邦人の方が幾人も協力出演して下さり、テレビ関係者と同道したわたしは再会の喜びに浸ることができたのです。そして、わかが講演の舞台に立ったシアトルの旧日本館ホールのアメリカ人持ち主は、その古色蒼然たる建物を日米交渉史の記念建築物として残そうと、州政府にたいして運動をはじめているという話も耳にしました。

けれども、わたしにとって何よりも嬉しかったのは、このテレビ放映の直後に受け取った一通の手紙です。それは、本文中にも登場する嘉吉・わか夫妻のアメリカ時代からの親友であった弁護士山崎今朝弥氏の長男であられる山崎堅吉氏からのものですが、一読したわたしは驚かずにはいられませんでした。――と言いますのは、なんと、山田わかは、生前に自伝の原稿を用意し、その発表を切望していたが家族に容《い》れられず、その説得方を故山崎氏に依頼し、長男の堅吉氏は老齢の父親の介添えとして何回も山田家に足を運んだ――という内容だったからです。

テレビ゠ドラマには、山田わかの遺族の了承を得られぬままに執筆するわたしの苦悩がありありと描き出されており、それを御覧になった山崎堅吉氏は、そういうわたしの苦しみを少しでも柔らげることになるのなら――とペンを取って下さったというわけでした。つまりわたしは、評論家山田わかの前身を書くことによって、遺族や亡き山田わかに申しわけないことをしているのではないかと悩み、ノイローゼ状態に陥っていたのでしたが、故人に関しては、その悩みは不要であるということが分ったのです。

山田わか自伝の発表が、山崎弁護士の再三の説得によっても家族に同意されなかった理由がどこにあるのかは不明ですが、しかし、「あなたは、わかさんの意志を、不充分かも知れないが叶えてあげたことになるのですよ」と、親しく語ってくださった山崎堅吉氏の前で、わたしは、不覚にも目頭が熱くなるのを押さえることができませんでした。そしてそれと同時に、最後まで発表をためらった自分自身に対して、勇気をふるって出版して良かった——と思わずにはいられなかったのです。こうしたいきさつがあっただけに、これまで殆ど女性史上に登場することの無かった山田わかの名前が、最近出版される女性史関係の雑誌や書物に見られるようになったのは、わたしとしてはまことに喜びにたえません。

また、もうひとつ御報告しておきたいのは、この書物が、国際女性学会のメンバーでもあり翻訳家でもある広中和歌子氏とその友人の編集者兼翻訳家アン＝コスタント氏のお力で英訳され、来年早々講談社インターナショナルから出版されることです。このことは、日本の工業製品は貿易摩擦を起すほど海外諸国に進出していても、文化的な産物は紹介されることがきわめて少い現状から見て、実に喜ばしいことです。と共に、より直接的には、わたしのアメリカ取材に協力を惜しまれなかったアメリカ各地の日系一世や二世の方々が、英語しか理解できなくなっている次の世代の在米邦人に、自身の歴史の一端を残したいと懇望されていることへの小さな手助けとなるのではないかと思います。英訳本誕生の前から、数十冊単位での購入申込があるのは、おそらく、そのあらわれと考えて良いのでしょう。

なお、アラビヤお八重をシアトルの暗黒街から救出した新聞記者立井信三郎氏の御遺族の岸田義子氏が、老齢をもかえりみず単身ではるばると渡米され、サンフランシスコはコルマの立井信三郎氏の墓に詣でられたこと、『サンダカン八番娼館』のときと同じく劇団「文化座」がこの作品を舞台化し、全国を上演して回ったことも附け加えておきたいと思います。

最後に、『あめゆきさんの歌』の執筆の際に大変お世話になり、その上、テレビ化にあたっては出演までしてくださった市川房枝先生が今年の初めに永眠されたことも記さないわけには行きません。市川先生のもとには、婦人保護施設に入所している女性たちから、この本やテレビ＝ドラマを見て「勇気づけられました」のお便りが届けられ、その一通を見せて頂いた日のことが、昨日のことのように思い出されます。――謹んで市川房枝先生の御冥福を祈り、ペンを置くことにいたします。

一九八一年七月

山崎朋子

解　説

城戸久枝

二〇一七年、朝日文庫に収められた『サンダカンまで』。底辺女性史の研究家でノンフィクション作家でもある山崎朋子さんの半生を自ら綴った作品である。縁あって私は解説を書くこととなった。当時、私は四十一歳。小学一年生の息子を持つ母親としても、子育てをしながら現地に赴き、長期間滞在しながら取材を続ける山崎さんの姿勢にどこかあこがれを抱き、共感し、母として、妻として、そして一人の物書きとして、自分と重なるところを探しながら、読み進めていった記憶がある。あれから八年。私自身の環境も変わった。四十九歳になり、息子が中学二年生になった今、今度は『あめゆきさんの歌　山田わかの数奇なる生涯』に出合ったことに、改めて深い縁を感じている。

『あめゆきさんの歌』は『サンダカン八番娼館』、『サンダカンの墓』と合わせて、サンダカン三部作ともいわれている。山崎さんが、天草に住む元からゆきさんの老婆、おサキさんと三週間をともに過ごし、壮大な物語として書き上げた『サンダカン八番娼館』を読み終えたとき、私はなんとも言えない高揚感に包まれていた。なんとしても、からゆきさんだった女性の半生を描き残さなければならないという、執念にも近い著者の情熱が私の心を刺激し続けていたことをはっきりと覚えている。その続編『サンダカンの墓』からもまた、異郷で命を落とした無数のからゆきさんの存在を残さねばならないという使命感が溢れ出ているように感じた。だが、『あめゆきさんの歌』は、他の二作とは少し違っていた。

いや、この作品を読み始めたとき、『サンダカン八番娼館』での高揚感を思い出していたのは確かだ。一九七五年、サンフランシスコから日本へ帰る飛行機の中——。「わたしはこの旅で、アメリカに、サンフランシスコに、後ろ髪を引かれないではいられないものに出逢ってしまっていた」。食事会で出会った老人が山崎さんに、山田わかという女流評論家を知っているかとたずねた。平塚らいてうが編集長をつとめた『青鞜』のメンバーであり、昭和の戦前期には、朝日新聞の身上相談欄の回答者として絶大な人気があった山田わか。老人は、山田わかが、かつて、アメリカで「アラビアお八重」という名で知られる白人専門の娼婦だったというのだ。

「ひとたびその苦界に落ち込んだ女性にたいする世間の眼は非常にきびしく、それが彼女たちの新生をさまたげることが多いのだ。そんななかで、しかも現代ならばいざ知らず明治末期より大正期にかけてという女性蔑視のはげしい時代に、売春婦より評論家に転身した女性があったと言われて、誰が本気にできようか——」

そんな衝動が山崎さんを突き動かす。山田わかのことを調査しはじめた山崎さんは、渡米前に、わかが生前親しかった当時参議院議員だった市川房枝をたずねる。市川は、わかの過去について、平塚らいてうから聞いた話として、『わたしは構わないんだけれど、お父さんが厭がるから、わたしは誰にも話さないのよ。だから、誰にも言わないでね』と念を押したそうですよ。そんなわけだから、おわかさん、滅多な人にはその話したことがないはずで、当時知ってた人は極く極くわずかでしかないはず」と話した。さらに平塚らいてうの紹介で、山田わかの孫にあたる男性を紹介され、会うことになる。だが、そのお孫さんから、山田わかに関する取材を拒否されてしまうのである。

しかし、遺族から拒絶されても、山田わかへの取材をやめることはしなかった。なぜ、それほどまでに、山崎さんは、山田わかの半生にこだわり続けていたのか……。

今年戦後八十年を迎える。私自身、戦争体験者への聞き書きを行うなかで、一つだけ決めていたことがある。本人の了承を得ない限り、文章にしないということだ。物書きとしては甘い認識かもしれないし、どこまで守れているかはわからないが、私自身はこれまでそういう思いを抱いて、取材を続けてきたつもりだ。だから、山崎さんが遺族からの了解を得られていないことが引っかかった。彼女を掻き立てるものは一体何なのか。いや、それだけではない。これまでの山崎さんの作品では、本人はもちろん、取材対象への配慮が十分というくらいになされていたはずだ。『サンダカン八番娼館』は、原稿発表により、自分がこれまでお世話になった天草の人々に迷惑がかからないか――取材から発表まで四年を要した理由をそう書いている。『サンダカンの墓』でも、元からゆきさんの名前はすべて仮名だと記したうえで「差別意識の強い今の社会では、彼女たちの本名も残念ながら伏せて置かざるを得ないのです」と綴っている。

ところが、三部作の最後をしめくくる『あめゆきさんの歌』は、遺族の承諾を得ないまま、取材を推し進めていく。それはなぜなのか……。そんな引っかかりがありながらも、しかし私は、山崎さんの描く山田わかの半生にどんどん引き込まれていった。

山田わか、旧姓浅葉わかは、現在の横須賀市久里浜に生まれた。経済的に困窮していた実家を助けるため、たった一人渡米したわかは、おんな女衒《ぜげん》の言葉に騙され、娼婦の町に売り飛ばされた。再度渡米した山崎さんは、彼女を知る人を訪ね、暮らしたであろう街を歩く。渡米前に得た情報によると、サンフランシスコで娼婦をしており、のちに夫となる山田嘉吉に助けられ、日本に帰国したというものだった。ところが、かつてを知る人々や新聞をあたるなかで、その情報が間違っていたことが判明する。一九三八年、山田わかの再渡米時に合わせて連載された「アメリカ新聞」によると、わかが実際にアラビアお八重として娼婦をしていたのはシアトルだった。そして、彼女を救い出したのは、山田嘉吉ではなく、立井信三郎という若い新聞記者だった。命がけの逃避行の末、二人はサンフランシスコにたどり着くが、わかは立井の元を去り、娼館から逃げてきた女性の更生施設であるキャメロン＝ハウスへと逃げ込んだ。立井は、わかへの面会を求めて、当時彼女が通っていた手芸教室に乗り込み、会えないとわかると、その場で自殺してしまうのである。山田嘉吉とは、わかが通っていた私塾の教師と生徒という関係だった。小学四年生までしか学校に通えなかったわかに、嘉吉は手取り足取り、勉学を教えた。そして、一九〇六年、わかが二十七歳のとき、二人で日本に帰国した。――なんと波乱万丈の人生であろう。そして、山田わかの半生を残す意義が、山崎さんにより随所に書き記されているのである。

「彼女がこの社会における最底辺に位置する〈売春婦〉という境涯から、選ばれたわずかな人のみに許される〈女流評論家〉という椅子にまで着けたのは、ひとえにそういう幸運の星に恵まれていたからだとしてしまう考えには、わたしは絶対に与するわけには行かない。彼女がその稀有な人生を貫きとおした背後には、そのたまたま恵まれた幸運を生かすべくつとめた彼女の凄まじいばかりの〈意思〉と〈努力〉があったのであり、そしてその意思と努力こそが彼女に栄光をもたらした根源のモメントであったと信ずるからである」

「無数の〈あめゆきさん〉たちの恨みを晴らすためにも、山田わかの生涯を一冊の書物に書き上げなくてはならない――と心に決したのであった」

改めて記すまでもなく、日本に帰国してから、山田わかは、『青鞜』のメンバーとなり、女流評論家として大活躍するわけだが、当の本人は、自身の過去の経歴について、どうとらえていたのだろうか。

一九三七年、講演に訪れたシアトルでの一場面に、わか自身の本音が垣間見える。

当時、シアトルには、「アラビアお八重」時代のわかのことを知る人が少なからずいた。満席となった講演会場で、ヤジが飛ぶなか、わかは言った。

「わたくしは、皆様の前に立てる女ではございません。しかし、わたくしは生まれ変りました。そうして、地獄から生まれ変って来た女だからこそ、ここに立って、皆様にお話したいことが胸いっぱいにあるのでございます」

自分は皆様の前に立てるような女ではない。地獄から生まれ変わって来た女の生き様をみてほしい――。自らの半生をすべて受け止め、肯定するようなわかの言葉が、悲惨な最期を迎えたであろうあまたの名もなき娼婦たちの代弁者となった山崎さんを突き動かしたのではないかと感じた。もしかしたら、その運命を受け入れ、乗り越え、女性評論家に成り上がった山田わかの生き様に、山崎さんは自身の姿を重ねていたのかもしれない。血のにじむ努力を重ねて地位を勝ち取った山田わかの激しさが、娼婦たちの悲しみと憎しみを晴らしていかねばならないという山崎さんの激しさにもつながるように感じて妙に納得した。

一方で、遺族に了承を得ていないといううしろめたさが、この取材のあいだずっと彼女の上にのしかかっていた。あとがきを読み、本書の冒頭にある夫妻の写真が、遺族から提供されたものだと知り、心のどこかにあった棘《とげ》が取れたような気がした。それがどのような形であれ、遺族が著者の思いを受け入れてくれたのかもしれないと……。

私は今、物書きと並行して、社会福祉士としての道を歩んでいる。残念ながら、今もなお、日本社会の底辺では、恵まれない環境で苦しみながら暮らす女性たちが数多くいるのが現実だ。そんな時代だからこそ、人肉の道を歩まねばならなかった女性の叫びが、慟哭《どうこく》が、そして強い意志で自らの人生を切り開いた女性の歩みが、このような形で、再び世に産み落とされることに深い意義を感じるのである。

（きど・ひさえ／ノンフィクションライター、社会福祉士）

『あめゆきさんの歌』
単行本　文藝春秋、一九七八年四月刊
文　庫　文春文庫、一九八一年十月刊

編集付記

一、本書は文春文庫『あめゆきさんの歌』を底本とし、新規解説を付したものである。

一、底本中、明らかな誤植と考えられる箇所は訂正し、ふり仮名を適宜加除した。適宜、単行本も参照した。

一、本文中、今日の人権意識に照らして不適切な表現が見られるが、著者が故人であること、執筆当時の時代背景や作品の歴史的意義を考慮し、底本のままとした。

中公文庫

あめゆきさんの歌《うた》

——山田《やまだ》わかの数奇《さっき》なる生涯《しょうがい》

2025年 3 月25日　初版発行

著　者　山《やま》崎《ざき》　朋《とも》子《こ》

発行者　安 部 順 一

発行所　中央公論新社

〒100-8152　東京都千代田区大手町 1-7-1

電話　販売 03-5299-1730　編集 03-5299-1890

URL https://www.chuko.co.jp/

DTP　嵐下英治

印　刷　三晃印刷

製　本　小泉製本

Published by CHUOKORON-SHINSHA, INC.

Printed in Japan　ISBN978-4-12-207636-5 C1123

定価はカバーに表示してあります。落丁本・乱丁本はお手数ですが小社販売部宛お送り下さい。送料小社負担にてお取り替えいたします。

中公文庫既刊より

各書目の下段の数字はISBNコードです。978 - 4 - 12が省略してあります。

あ-72-1
流転の王妃の昭和史
愛新覚羅《あいしんかくら》浩《ひろ》
満洲帝国皇帝弟に嫁ぐも、終戦後は夫と離れ次女を連れて大陸を流浪、帰国後の苦しい生活と長女の死……激動の人生を綴る自伝的昭和史。〈解説〉梯久美子
205659-6

う-3-7
生きて行く私
宇野千代
〝私は自分でも意識せずに、自分の生きたいと思うように生きて来た〟ひたむきに恋をし、ひたすらに前を見つめて歩んだ歳月を率直に綴った鮮烈な自伝。
201867-9

う-3-17
青山二郎の話・小林秀雄の話
宇野千代
稀代の目利きと不世出の批評家を無垢の眼で捉えた全文集。両者と大岡昇平による著者をめぐるエッセイを併録。文庫オリジナル。〈解説〉林秀雄・宇月原晴明
206811-7

は-54-4
愉快なる地図 台湾・樺太・パリへ
林芙美子
旅だけがたましいのいこいの場所──台湾、満洲、欧州など、肩の張らない三等列車一人旅を最上とする著者の若き日の旅。文庫オリジナル。〈解説〉川本三郎
207200-8

ふ-18-1
旅路
藤原てい
戦後の超ベストセラー『流れる星は生きている』の著者が、三十年の後に、激しい試練に立ち向かって生きた人生を辿る感動の半生記。〈解説〉角田房子
201337-7

ふ-18-5
流れる星は生きている
藤原てい
昭和二十年八月、ソ連参戦の夜、夫と引き裂かれた妻と愛児三人の壮絶なる脱出行が始まった。敗戦下の苦難に耐えて生き抜いた一人の女性の厳粛な記録。
204063-2

よ-47-1
洟《はな》をたらした神
吉野せい
詩人である夫とともに開墾者として生きた女性の年代記。残酷なまでに厳しい自然、弱くも逞しくもある人々、夫との愛憎などを、質実かつ研ぎ澄まされた言葉でつづる。
205727-2